EUROPA-FACHBUCHREIHE
für wirtschaftliche Bildung

Büro 2.1

Kaufmann/Kauffrau für Büromanagement

Lernsituationen

plus Aufgaben als Anhang

3. Ausbildungsjahr

2. Auflage

Debus Ellies Gieske Hidde Keiser Kramer Laroche Schneider Scholz

VERLAG EUROPA-LEHRMITTEL
Nourney, Vollmer GmbH & Co. KG
Düsseldorfer Straße 23
42781 Haan-Gruiten

Europa-Nr.: 77196

EUROPA LEHRMITTEL

Verfasser

Martin Debus, 45659 Recklinghausen
Cordula Ellies, 37075 Göttingen
Anita Gieske, 56424 Staudt
Stephanie Hidde, 45659 Recklinghausen
Dr. Gerd Keiser †, 45897 Gelsenkirchen
Holger Kramer, 40764 Langenfeld
Andreas Laroche, 46535 Dinslaken
Alexander Schneider, 76857 Eußerthal
Annika Scholz, 45665 Recklinghausen

Verlagslektorat

Anke Hahn

2. Auflage 2019

Druck 5 4 3 2 1

Alle Drucke derselben Auflage sind parallel einsetzbar, da sie bis auf die Behebung von Druckfehlern untereinander unverändert sind.

ISBN 978-3-8085-2467-1

Alle Rechte vorbehalten. Das Werk ist urheberrechtlich geschützt. Jede Verwertung außerhalb der gesetzlich geregelten Fälle muss vom Verlag schriftlich genehmigt werden.

© 2019 by Verlag Europa-Lehrmittel, Nourney, Vollmer GmbH & Co. KG, 42781 Haan-Gruiten
Umschlag, Satz: Grafische Produktionen Jürgen Neumann, 97222 Rimpar
Umschlagkonzept: tiff.any GmbH, 10999 Berlin
Umschlagfoto: © Galyna Andrushko–shutterstock.com
Druck: Medienhaus Plump GmbH, 53619 Rheinbreitbach

Vorwort

Das vorliegende Unterrichtswerk ist als **Arbeitsbuch** für Auszubildende im Ausbildungsberuf **„Kaufmann/Kauffrau für Büromanagement"** konzipiert. Der Band **Lernsituationen** ist Bestandteil des umfassenden Europa-Programms **Büro 2.1**; er ermöglicht die Entwicklung einer beruflichen Handlungskompetenz zur Bearbeitung von Geschäfts- und Büroprozessen in den kaufmännischen Abteilungen von Unternehmen der verschiedensten Wirtschaftsbereiche oder im öffentlichen Dienst.

Büro 2.1 ist ein **modernes Komplettprogramm**. Es folgt dem kompetenzorientierten Rahmenlehrplan nach dem Lernfeldkonzept. Die Unterrichtswerke des Programms (**Informationsbände** und **Arbeitsbücher mit Lernsituationen** für alle Jahrgangsstufen – jeweils mit **Lehrerlösungen 2-in-1**, **Hefte zur Informationsverarbeitung** in Excel, Word und PowerPoint, **Lernspiele**, konventionelle und digitale **Prüfungsvorbereitung** für Teil 1 und Teil 2 der gestreckten Abschlussprüfung sowie **Office now!** inkl. digitalem Vokabeltrainer für den Englischunterricht) sind aufeinander abgestimmt. So werden handlungs- und fachsystematische Strukturen miteinander verschränkt und alle Anforderungen des Ausbildungsberufes von der fachlichen Aufgabenerfüllung bis hin zu einem reflektierten Verständnis von Handeln in beruflichen Zusammenhängen abgedeckt. Ein Vorschlag für eine **kompetenzorientierte didaktische Jahresplanung** unterstützt die Arbeit im Bildungsgang.

Der Band **„Lernsituationen 3. Ausbildungsjahr"** umfasst die **Lernfelder 9 - 13** des Rahmenlehrplans:

Lernfeld 9: Liquidität sichern und Finanzierung vorbereiten

Lernfeld 10: Wertschöpfungsprozesse erfolgsorientiert steuern

Lernfeld 11: Geschäftsprozesse darstellen und optimieren

Lernfeld 12: Veranstaltungen und Geschäftsreisen organisieren

Lernfeld 13: Veranstaltungen und Geschäftsreisen organisieren

In den **handlungsorientierten Lernsituationen** spiegeln **unterschiedliche Modellbetriebe** die Vielfältigkeit der Praxis und schaffen den für die Entwicklung einer ganzheitlichen, prozessorientierten Handlungskompetenz jeweils notwendigen Bezugsrahmen.

Tipp: Zur unterrichtlichen Vertiefung und Vorbereitung auf die Prüfungen finden sich am Ende des Arbeitsbuches **weitere zahlreiche Aufgaben** und **Fälle** zu den einzelnen Lernfeldern.

Neu in dieser Auflage

Die **Lernsituationen** für das 3. Ausbildungsjahr sind **in allen Lernfeldern überarbeitet:**
Insbesondere die **Arbeitsaufträge** sind durchgehend **optimiert** und die **Passgenauigkeit** der Orientierung am Rahmenlehrplan, dem AKA-Prüfungskatalog Kaufmann/Kauffrau für Büromanagement sowie den Originalprüfungen ist noch weiter **erhöht** worden.

Der **Download-Bereich** ist **erweitert** worden.

Hier sind im öffentlichen Download-Bereich unter *www.europa-lehrmittel.de/77196* **weitere Materialien** hinterlegt.

Zudem stehen **registrierten Lehrern** in einem **geschützten Download-Bereich Materialien** zur Verfügung, die ihnen die Unterrichtsarbeit erleichtern. Details zu den Materialien befinden sich im Lösungsband.

Ihr Feedback ist uns wichtig!

Wenn Sie mithelfen möchten, dieses Buch für die kommenden Auflagen noch weiter zu optimieren, schreiben Sie uns unter *lektorat@europa-lehrmittel.de*. Das Autorenteam freut sich auf Anregung und Unterstützung durch Kritik und wünscht erfolgreiches Arbeiten mit dem neuen Lehrwerk.

Sommer 2019 — Autoren und Verlag

Liquidität sichern und Finanzierung vorbereiten

©Picture-Factory-fotolia.com

Wie Unternehmen Liquidität sichern und Finanzierung vorbereiten

1 - Sie identifizieren Zahlungsströme und beurteilen die Liquiditätslage.

©Butch-fotolia.com

2 - Sie sichern die Liquidität des Unternehmens.

©Visual Concepts-fotolia.com

3 - Sie unterscheiden Rechtsformen der Unternehmen.

©fotodo-fotolia.com

4 - Sie wählen geeignete Finanzierungsarten aus.

©Marco2811-fotolia.com

5 - Sie entscheiden über Leasing oder Kreditfinanzierung und über Factoring.

Vergleich: Kreditfinanzierung (Darlehen) vs. Leasing			
Darlehen		Leasing	
'dabfluss	Aufwand	Geldabfluss	Aufwar

6 - Sie schätzen die Eignung unterschiedlicher Kreditsicherheiten ein.

©SBH-fotolia.com

©ag visuell-fotolia.com

Liquidität sichern und Finanzierung vorbereiten

Die Kompetenzentwicklung umfasst, …

… Handlungsspielräume bei der Sicherung der Liquidität zu erkennen.

Geschäftsprozesse und Zahlungsströme	Liquidität als Unternehmensziel	Betriebliche Finanzierung	Kapitalbedarfsrechnung und Liquiditätsplanung

… Maßnahmen zur Sicherung der Liquidität zu ergreifen.

Bonitätsprüfung und Terminkontrolle	Zahlungsverzug	Mahnverfahren	Verjährung von Forderungen

… Rechtsformen der Unternehmen zu unterscheiden.

Kaufmannseigenschaften, Firma, Handelsregister	Einzel-unternehmung	Kommandit-gesellschaft	Gesellschaft mit beschränkter Haftung

… den Zusammenhang von Investition und Finanzierung zu kennen und über Finanzierungsarten zu entscheiden.

Überblick über Finanzierungsarten	Eigenfinanzierung	Fremdfinanzierung

… über Leasing oder Kreditfinanzierung und über Factoring zu entscheiden.

Vertragsgestaltung von Leasing	Entscheidung über Leasing oder Kreditkauf	Funktionen von Factoring	Ablauf von Factoring

… die Eignung unterschiedlicher Kreditsicherheiten einzuschätzen.

Blankokredit, Bürgschaft	Pfandrecht, Sicherungsübereignung	Grundpfandrechte

Der Modellbetrieb im Lernfeld 9

Unternehmensbeschreibung

Firma **Geschäftszweck** **Geschäftssitz** **Registergericht**	**Ergo-Sports GmbH** Einzel- und Großhandel für Trainings- und Fitnessgeräte Hochstr. 12, 44787 Bochum Amtsgericht Bochum HRB 1628 Steuernummer: 360/2000/0111 USt-IdNr.: DE13637393	
Gesellschafter **Geschäftsführer**	Timo Reif, Dr. Beate Mohr Timo Reif, Dr. Beate Mohr	
Telefon – Telefax **Homepage** **E-Mail**	0234 6412-1 www.ergo-sports.com info@ergosports.de	0234 6412-9
Bankverbindung	Deutsche Bank AG IBAN: DE40 4307 0000 1683 2244 00 BIC: DEUTDEDE430	
Auszug aus dem Absatzprogramm	**Auszug aus dem Sortiment:** • Trainings- und Fitnessgeräte • Sportlernahrung **Dienstleistungen:** Lieferung, Montage	
Weitere Informationen für die Bearbeitung der Lernsituationen		
Verantwortungsbereiche: **Verkauf, Montage** **Einkauf, Verwaltung**	 Timo Reif Dr. Beate Mohr	
Auszug aus der Kundendatei	McGym Ltd Wellness-Loft Joy & Fit Factory KG Ben Aflach (Privatkunde)	
Beschäftigte insgesamt **davon als Auszubildende**	8 Svenja Lange, (Kfr. für Büromanagement, 3. Ausbildungsjahr) Bodo Bogner, (Sport- und Fitnesskaufmann, 3. Ausbildungsjahr)	

Lernsituation 1:
Zahlungsströme identifizieren und die Liquiditätslage beurteilen

Die Ergo-Sports GmbH ist ein neu gegründetes Einzel- und Großhandelsunternehmen für Trainings- und Fitnessgeräte. Timo Reif, bisher im elterlichen Radmarkt Reif KG beschäftigt, und Dr. Beate Mohr, bisher wissenschaftliche Mitarbeiterin an einer Universität im Fachbereich Sport mit den Schwerpunkten Trainingslehre und Biomechanik, haben als geschäftsführende Gesellschafter das Unternehmen vor einem Jahr mit großem Engagement und mit Unterstützung durch den Radmarkt ins Leben gerufen.

©PhotoSG-fotolia.com

Das Unternehmen hat den Geschäftsbereich „Trainings- und Fitnessgeräte" vom Radmarkt Reif KG übernommen und von den bestehenden Geschäftsbeziehungen profitiert. Zudem tragen exzellente Kontakte von Dr. Beate Mohr zu Sportanbietern im regionalen Umfeld in den Bereichen Freizeit-, Gesundheits-, Trend- und Rehasport dazu bei, weitere Kunden zu akquirieren und zu binden.

Die Ergo-Sports GmbH hat sich somit in kurzer Zeit sicher auf dem Markt positioniert. Zum Kundenkreis zählen neben der „Laufkundschaft" insbesondere Fitness-Studios, Rehaeinrichtungen und Hotels. Das Leistungsspektrum reicht von der Planung und Beratung bis zur Realisierung der individuellen Kundenwünsche durch Montage vor Ort.

Inzwischen beschäftigt das Unternehmen 8 Mitarbeiter, der positive Trend bei den Umsätzen ist ungebrochen.

Die verantwortungsvollen Gründer analysieren regelmäßig den wirtschaftlichen Erfolg ihres Unternehmens. Dabei werden unterschiedliche Aspekte wie z. B. Marktanteile und Kostensituation in den Fokus gestellt, und selbstverständlich bezieht sich die Unternehmensanalyse stets auch auf die finanzielle Situation, zu deren Beurteilung u. a. folgende Fragen gestellt werden:

- ➔ Wie stellt sich unsere Finanzlage dar?
- ➔ Sind wir mit ausreichend Liquidität versorgt, um unsere Zahlungsverpflichtungen fristgerecht erfüllen zu können?
- ➔ Sollten nicht benötigte liquide Mittel angelegt werden?
- ➔ Welche Instrumente geben uns Hinweise auf Kapitalbedarf und Liquiditätsstatus?
- ➔ Werden auch die Ziele „Rentabilität", „Sicherheit" und „Unabhängigkeit" hinreichend beachtet?

Arbeitsaufträge

1. Die gegenwärtige Unternehmenssituation der Ergo-Sports GmbH ist durch erfolgreiche Geschäftsprozesse gekennzeichnet, die zur Realisierung der angestrebten Umsatz- und Gewinnziele beitragen. „Erfolgswirksame Geschäftsprozesse sind jedoch nicht immer in gleichem Maße liquiditätswirksam", so Dr. Mohr. „Damit wir jederzeit liquide und rentabel sind, müssen wir sowohl die **Liquiditäts-** als auch die **Erfolgssituation** genau analysieren."

   a) Überlegen Sie, welche Geschäftsprozesse der Ergo-Sports GmbH **liquiditätswirksam** sind. Beschreiben Sie hierzu 3 Beispiele für **Einnahmen** und 3 Beispiele für **Ausgaben**.

Einnahmen (Beispiele):

Ausgaben (Beispiele):

b) Stellen Sie fest, ob es sich bei den folgenden Geschäftsfällen um liquiditätswirksame und/oder erfolgswirksame Geschäftsprozesse handelt.

Nr.	Geschäftsprozess	Liquiditätswirksam		Erfolgswirksam	
		Einnahme	Ausgabe	Ertrag	Aufwand
1.	Verkauf eines gebrauchten Pkw zum Buchwert				
2.	Verkauf von Waren auf Ziel				
3.	Kauf eines Schreibtisches auf Ziel				
4.	Zahlung von Zinsen				
5.	Barverkauf von Waren				
6.	Kauf von Waren auf Ziel				
7.	Überweisung der USt-Zahllast				
8.	Versand einer Rechnung für Montage vor Ort				
9.	Abschreibung auf Sachanlagen				
10.	Bareinkauf von Hilfsstoffen				

2. Die Sicherung der Liquidität ist für die Geschäftsführer ein wichtiges wirtschaftliches Ziel. Angestrebt wird die **optimale Liquidität**, denn Überliquidität führt zu einer unnützen Einschränkung der Rentabilität, Unterliquidität kann zu Zahlungsschwierigkeiten führen. Beschreiben Sie am Beispiel der Ergo-Sports GmbH, wodurch tendenziell Über- bzw. Unterliquidität eintreten kann.

Ursachen für Überliquidität:

Ursachen für Unterliquidität:

3. Neben der **Aufrechterhaltung der Zahlungsbereitschaft** sind **Rentabilität, Sicherheit und Unabhängigkeit** nicht zu vernachlässigende finanzwirtschaftliche Ziele der Ergo-Sports GmbH. Nach Abschluss des ersten Geschäftsjahres liegen folgende vereinfachte Bilanz- und Erfolgsdaten vor.

Positionen der Bilanz zum 31.12.20.. (1. Geschäftsjahr)	EUR
Anlagevermögen	170 000,00
Umlaufvermögen	
Vorräte/Waren	90 000,00
Forderungen	32 000,00
Flüssige Mittel	14 000,00
Gesamtvermögen	**306 000,00**
Eigenkapital	125 000,00
Fremdkapital	
Langfristige Verbindlichkeiten	150 000,00
Kurzfristige Verbindlichkeiten	31 000,00
Gesamtkapital	**306 000,00**

Zur Bewertung des wirtschaftlichen Erfolgs wurden die folgenden Daten ermittelt:

Positionen der Gewinn- und Verlustrechnung zum 31.12.20..	EUR
Erträge	651 000,00
Aufwendungen	626 000,00
Jahresüberschuss	

Das durchschnittlich eingesetzte Eigenkapital betrug 112 500,00 EUR.

a) Verschaffen Sie sich mithilfe der folgenden **Kennziffern** einen Überblick über die finanzwirtschaftliche Lage der Ergo-Sports GmbH. Tragen Sie auch jeweils die Formeln ein.

Kennziffern/Formeln	Berechnung	Aussage
Eigenkapitalrentabilität		
„Goldene Finanzierungsregel"		
Liquidität 1. Grades		
Liquidität 2. Grades		
Liquidität 3. Grades		

b) Nehmen Sie auf der Grundlage der 5 ermittelten Kennzahlen Stellung zur **Situation der Ergo-Sports GmbH am Geschäftsjahresende.**

Stellungnahme:

4. Die Ergo-Sports GmbH erhält vom Bundesligaclub VfL Bochum einen Auftrag für die Einrichtung eines Kraftraums im clubeigenen Stadion. Der Lieferer der Ergo-Sports GmbH bietet die Trainingsgeräte für einen Gesamtpreis von 60 000,00 EUR mit einem Zahlungsziel von 20 Tagen an.

   Von der Lieferung der Trainingsgeräte seitens des Lieferanten bis zum Zahlungseingang durch den VfL Bochum sind folgende **Planungen** vorgesehen:

   ➔ Die Ergo-Sports GmbH gewährt ihren Kunden ein Zahlungsziel von 26 Tagen.

   ➔ Zwecks weiterer Terminabsprachen zur Montageplanung verbleiben die Trainingsgeräte 10 Tage im Lager der Ergo-Sports GmbH.

   ➔ Für den Aufbau der Geräte werden 6 Tage eingeplant.

   ➔ Die Rechnung geht beim VfL Bochum 8 Tage nach Aufbau der Geräte ein.

   ➔ Die Montagekosten für den Aufbau belaufen sich auf 1 600,00 EUR pro Tag.

   ➔ Alle weiteren Aufwendungen für den gesamten Zeitraum von der Lieferung bis zum Zahlungseingang werden mit insgesamt 4 000,00 EUR veranschlagt.

a) Ermitteln Sie den **Kapitalbedarf** für den Auftrag des VfL Bochum.

Kapitalbedarfsrechnung

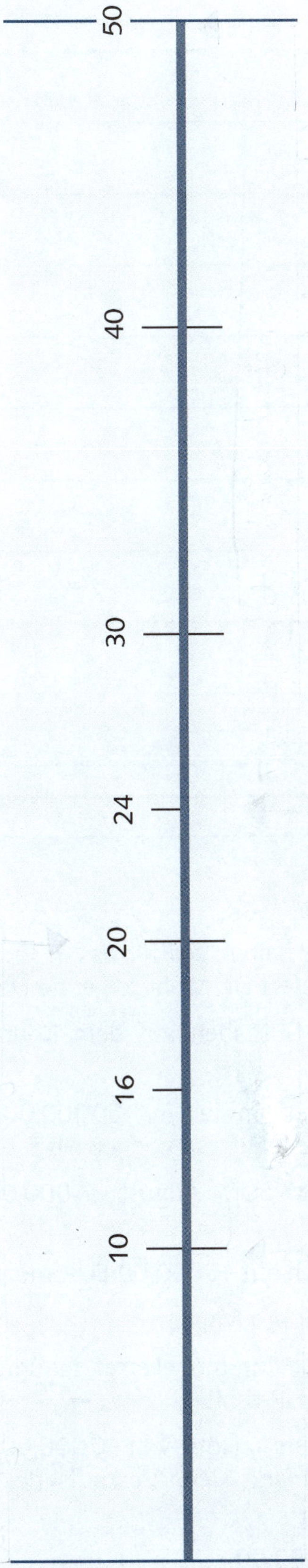

Finanzierung von Wareneinsatz für ______ Tage = ______ EUR

Finanzierung von Montagekosten für ______ Tage = ______ EUR

Finanzierung von weiteren Aufwendungen für ______ Tage = ______ EUR

Wareneinsatz ______ EUR

Montagekosten ______ EUR

weitere Aufwendungen ______ EUR

Kapitalbedarf für den gesamten Auftrag ______ EUR

b) Beschreiben Sie anhand der Auftragsbearbeitung zur Einrichtung des Kraftraums für den VfL Bochum den Zusammenhang von Finanzierung (Kapitalbeschaffung) und Investition (Kapitalbindung).

Zusammenhang von Finanzierung und Investition:

5. Um eine verlässliche Prognose über die Liquiditätslage zu erhalten, soll für das 3. Quartal des laufenden Geschäftsjahres ein **Liquiditätsplan** erstellt werden. Dazu liefert Dr. Mohr folgende Daten:

- ➔ Der Wert des Kassenbestandes zusammen mit dem Guthaben auf dem Kontokorrentkonto zum 01. Juli 20.. beträgt 11 000,00 EUR.
- ➔ Die monatlichen Einnahmen aus Umsatzerlösen werden im Juli mit 50 000,00 EUR veranschlagt, danach wird für die folgenden Monate mit einer Umsatzsteigerung von jeweils 5 % gerechnet.
- ➔ Die geplanten Wareneinkäufe betragen: Juli 24 000,00 EUR, August 34 000,00 EUR, September 32 000,00 EUR.
- ➔ Die Ausgaben für Personal- und Sachkosten belaufen sich auf 16 000,00 EUR monatlich.
- ➔ Die Zins- und Tilgungszahlungen betragen 1 000,00 EUR pro Monat.
- ➔ Für die alte Büroeinrichtung, die bereits im Juni durch neue Büromöbel ersetzt wurde, konnte ein Käufer gefunden werden, der im Juli einen Preis von 3 000,00 EUR zahlt.
- ➔ Im September ist der Kaufpreis des neuen Kleintransporters in Höhe von 40 000,00 EUR fällig. Der alte Transporter soll bereits im August auf dem freien Automarkt einen Verkaufserlös von 4 000,00 EUR erbringen.
- ➔ Das Kreditlimit auf dem Kontokorrentkonto beträgt 20 000,00 EUR.

Erstellen Sie den Liquiditätsplan. Unterbreiten Sie bei einer **Über- bzw. Unterliquidität** gegebenenfalls **Finanzierungsvorschläge**.

Liquiditätsplan der Ergo-Sports GmbH: 3. Quartal 20..			
Quartalsplan (Beträge in EUR)	**Juli**	**August**	**September**
Kontostand/Kasse			
Einnahmen Einnahmen aus Umsatzerlösen Sonstige Einnahmen			
Summe Einnahmen			
Ausgaben Wareneinkäufe Personal- und Sachkosten Zinsen und Tilgung Investitionen			
Summe Ausgaben			
Überschuss bzw. Fehlbetrag			
Saldo (Kontostand/Kasse)			

Finanzierungsvorschläge:

Lernsituation 2:
Liquidität sichern

Die Liquiditätssicherung ist für die Ergo-Sports GmbH von existenzieller Bedeutung und deshalb Chefsache im Unternehmen. Um Zahlungsverzögerungen und Zahlungsausfällen vorzubeugen, wird bei Neukunden grundsätzlich eine Bonitätsprüfung durchgeführt. Weiterhin werden regelmäßig die Zahlungseingänge mithilfe der Offene-Posten-Liste kontrolliert und gegebenenfalls wird gemahnt.

©Visual Concepts-fotolia.com

Der Mitarbeiter Clemens Feldhaus hat heute die Anfrage eines Neukunden entgegengenommen. Wegen des nicht unbedeutenden Auftragsvolumens leitet er folgende Telefonnotiz an die Geschäftsführer Timo Reif und Dr. Beate Mohr weiter.

Memo/Telefonnotiz — Ergo-Sports GmbH

Datum 16.06.20..	**Uhrzeit** 10:20
Name des Unternehmens Joy & Fit Factory KG	**Gesprächspartner** Dirk Bunse
Straße Blumendelle 1	**PLZ, Ort** Castrop-Rauxel
Telefon 0142 600-042	**E-Mail** info@joy-fit.com

Mit der Bitte um

- [ ] Kenntnisnahme
- [x] Bearbeitung
- [ ] Angebot
- [ ] Rückruf
- [ ] Weiterleitung an: ____________
- [ ] ____________

Notizen zum Gespräch

- Kontaktaufnahme durch Dirk Bunse, Geschäftsführer von Joy & Fit Factory, auf Empfehlung
- Interesse an Einrichtung eines Trainingsraums
- Auftragsvolumen ca. 30000,00 EUR
- Bitte um Beratungsgespräch; Vorschlag: 20.06., 11:30 Uhr, bei uns im Hause

Gespräch entgegengenommen von Feldhaus	**Unterschrift** *Feldhaus*

Arbeitsaufträge

© Schufa Holding AG

© Verband der Vereine Creditreform e.V.

1. Die Geschäftsführer sind grundsätzlich an dem Auftrag der Joy & Fit Factory KG interessiert. Da es sich um einen Neukunden handelt, ist vor Auftragsannahme zunächst die **Bonität** des Kunden zu prüfen. Noch vor der Einladung zu einem persönlichen Gespräch nutzt die Ergo-Sports GmbH hierfür stets das Scoring-Verfahren von Wirtschaftsauskunfteien (z. B. Creditreform, SCHUFA) als möglichst objektive Entscheidungshilfe.

   a) Erläutern Sie – ggf. unter Nutzung von Informationen aus dem Internet – was man grundsätzlich unter einem **Scoring-Verfahren** versteht.

   Scoring-Verfahren:

   b) Recherchieren Sie, welche **Daten** Wirtschaftsauskunfteien bei einer **Unternehmensauskunft** auswerten.

   Bei einer Unternehmensauskunft von Wirtschaftsauskunfteien berücksichtigte Daten:

2. Die Bonitätsprüfung ist erfolgt. Es kommt zum Abschluss des geplanten Auftrags und zur Auftragsdurchführung. Nach Lieferung und Beendigung der Montagearbeiten wird am 20.08.20.. die Rechnung über den Bruttopreis von 38 080,00 EUR an die Joy & Fit Factory KG verschickt. Die Rechnung wird umgehend von Clemens Feldhaus in der Offene-Posten-Liste vermerkt.

Offene-Posten-Liste vom 20.08.20.., Seite 2									
Kunde	Rechnung					Zahlungseingang			Mahnung
	Nr.	Betrag (EUR)	Datum	Zahlungsziel (lt. Kaufvertrag ab Rechnungsdatum)	Fälligkeit	Datum	Betrag (EUR)	offen	
McGym Ltd.	282	11 186,00	14.06.	10 Tage 2 % Skonto/ 30 Tage netto	14.07.	14.07.	6 786,00	4 400,00	10.08.
Wellness-Loft	288	2 618,00	08.07.	10 Tage 3 % Skonto/ 30 Tage netto	07.08.	07.08.	2 618,00	0,00	
Ben Aflach (privat)	309	4 760,00	19.07.	keine Vereinbarung	19.07.			4 760,00	
Joy & Fit Factory KG	318	38 080,00	20.08.	10 Tage 2 % Skonto/ 30 Tage netto	19.09.			38 080,00	

a) Entscheiden Sie anhand der Offene-Posten-Liste begründet, für welche Rechnungen der Unternehmenskunden am 20.08.20.. **Zahlungsverzug** vorliegt, indem Sie die Voraussetzungen für das Vorliegen von Zahlungsverzug prüfen.

Voraussetzungen für Zahlungsverzug:

Unternehmenskunden	Zahlungsverzug ja	Zahlungsverzug nein	Begründung/Prüfen der Voraussetzungen
McGym Ltd.			
Wellness-Loft			
Joy & Fit Factory KG			

b) Stellen Sie anhand folgender Rechnung begründet fest, ob für den Privatkunden Ben Aflach **Zahlungsverzug** vorliegt. Prüfen Sie in diesem Zusammenhang auch die 30-Tage-Regelung; unterstellen Sie eine Postlaufzeit von 1 Tag.

Ergo-Sports GmbH
Trainings- und Fitnessgeräte

Ergo-Sports GmbH

Ergo-Sports GmbH, Hochstr. 12, 44787 Bochum

Herrn
Ben Aflach
Erlenweg 14
44792 Bochum

Ihr Zeichen:
Ihre Nachricht vom:
Unser Zeichen: FE
Unsere Nachricht vom:

Name:
Telefon: 0234 6412-1
Telefax: 0234 64129
E-Mail: info@ergosports.de

Datum: 19.07.20..

Rechnungs-Nr. 412

Wir danken für Ihren Auftrag/Ihre Bestellung und stellen Ihnen folgende Positionen in Rechnung:

Lieferung/Leistung erbracht am 19.07.20..

Anzahl	Artikelbezeichnung	Einzelpreis	Gesamtpreis
1	Crosstrainer Ergo MX 2	1 890,00 EUR	1 890,00 EUR
1	Laufband Sprinter fit	1 130,00 EUR	1 130,00 EUR
1	Trainingsbank Asus fun	740,00 EUR	740,00 EUR
6	Hanteln Vito	40,00 EUR	240,00 EUR
		gesamt	**4 000,00 EUR**
		+ 19 % USt	760,00 EUR
		Rechnungsbetrag	**4 760,00 EUR**

Bitte überweisen Sie den Rechnungsbetrag ohne Abzug auf unser unten genanntes Konto.

B. Mohr

Dr. Beate Mohr
Ergo-Sports GmbH

Handelsregister: HRA 1628
USt-IdNr.: DE13637393
Erfüllungsort und Gerichtsstand: Bochum

Internet-Adresse:
www.ergo-sports.com

Bankverbindung
IBAN DE40 4307 0000 1683 2244 00
BIC DEUTDEDE430

Prüfen von Zahlungsverzug:

3. Unterstellen Sie, dass die Rechnung an den Privatkunden Ben Aflach den notwendigen **Hinweis nach § 286 III BGB** enthält.

a) Wie könnte ein solcher Hinweis formuliert sein?

Hinweis nach § 286 III BGB auf der Rechnung:

b) Ermitteln Sie das **Datum**, an dem **Zahlungsverzug** nach § 286 III BGB eintritt, wenn die Postlaufzeit der Rechnung an Ben Aflach 1 Tag beträgt.

Eintritt des Zahlungsverzuges nach § 286 III BGB:

c) Überlegen Sie, wie die Ergo-Sports GmbH **Zahlungsverzug** auch schon **vor Ablauf der 30 Tage** herbeiführen könnte.

Herbeiführen des Zahlungsverzuges vor Ablauf der gesetzlichen 30-Tage-Frist:

d) Stellen Sie fest, welchen **Verzugsschaden** die Ergo-Sports GmbH nach § 288 BGB bei Zahlungsverzug grundsätzlich berechnen darf.

Verzugsschaden nach § 288 BGB:

4. Das kaufmännische Mahnverfahren gegen die McGym Ltd. wird fortgesetzt. Erstellen Sie eine **2. Mahnung** an die McGym Ltd., Wiesenpad 12, 44793 Bochum mit Datum 17.08.20.. Stellen Sie den Verzugsschaden nach § 288 BGB mit in Rechnung. Unterstellen Sie als Basiszinssatz – 0,88 % und gehen Sie nach der deutschen kaufmännischen Zinsmethode (30/360-Methode) vor.

©fotodo-fotolia.com

Ergo-Sports GmbH
Trainings- und Fitnessgeräte

Ergo-Sports GmbH

Ergo-Sports GmbH, Hochstr. 12, 44787 Bochum

Ihr Zeichen:
Ihre Nachricht vom:
Unser Zeichen:
Unsere Nachricht vom:

Name:
Telefon: 0234 6412-1
Telefax: 0234 64129
E-Mail: info@ergosports.de

Datum:

Handelsregister: HRA 1628
USt-Id.-Nr.: DE13637393
Erfüllungsort und Gerichtsstand: Bochum

Internet-Adresse:
www.ergo-sports.com

Bankverbindung
IBAN DE40 4307 0000 1683 2244 00
BIC DEUTDEDE430

5. McGym Ltd. reagiert auch auf die 2. Mahnung nicht. In einer 3. Mahnung stellt die Ergo-Sports GmbH bei einem Basiszinssatz von – 0,88 % Verzugszinsen von insgesamt 42,67 EUR auf den ausstehenden Betrag von 4 400,00 EUR in Rechnung. Ermitteln Sie anhand der geforderten Verzugszinsen das **Datum, an dem die 3. Mahnung erfolgte**. Unterstellen Sie, dass die Ergo-Sports GmbH Zinsen nach der 30/360-Methode (deutsche kaufmännische Zinsrechnung) ermittelt.

Berechnung von Zinstagen: ______________________________

____

____

____

6. Nachdem die McGym Ltd. auch **nach der 3. Mahnung** keine Zahlung leistet, beratschlagen die Geschäftsführer über die weitere **Vorgehensweise**. Einige Fragen sind allerdings noch offen. Unterbreiten Sie rechtssichere Lösungsvorschläge.

Fragen	Lösungsvorschläge
Kann die Ergo-Sports GmbH weiterhin auf Erfüllung des Vertrages und auf Schadensersatz bestehen?	
Kann die Ergo-Sports GmbH auch vom Vertrag zurücktreten und Schadensersatz statt der Leistung verlangen?	
Darf die Ergo-Sports GmbH auch höhere Verzugszinsen als die im BGB genannten Zinssätze in Rechnung stellen?	
Muss die Ergo-Sports GmbH sich für das kaufmännische Mahnverfahren an offizielle Regelungen halten?	
Ist das gerichtliche Mahnverfahren unbedingte Voraussetzung, damit die Ergo-Sports GmbH Klage auf Zahlung erheben kann?	

Fragen	Lösungsvorschläge
Bei welchem Gericht muss die Ergo-Sports GmbH das gerichtliche Mahnverfahren beantragen?	
Welche Maßnahme kann die Ergo-Sports GmbH ergreifen, wenn der Schuldner rechtzeitig Widerspruch gegen den Mahnbescheid erhebt?	
Welche Maßnahme kann die Ergo-Sports GmbH ergreifen, wenn der Schuldner nichts gegen den Mahnbescheid unternimmt?	
In welchen Fällen kann die Ergo-Sports GmbH nach Zustellung des Vollstreckungsbescheides die Zwangsvollstreckung beantragen?	

7. Stellen Sie für den Fall der McGym Ltd. fest, wann die Ansprüche der Ergo-Sports GmbH grundsätzlich **verjähren**. Nutzen Sie dazu den folgenden Zeitstrahl und unterstellen Sie einen Beginn im Jahr 2019.

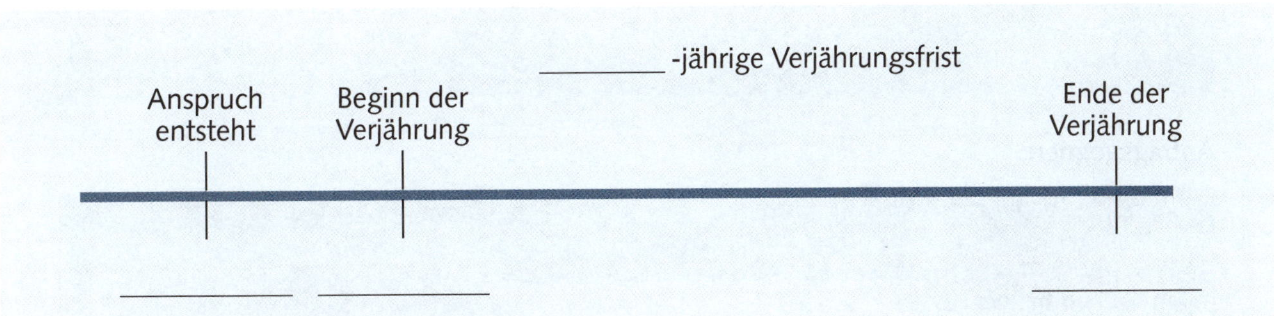

8. Klären Sie, welche Auswirkung die **Zustellung eines Mahnbescheides** an die McGym Ltd. und welche Auswirkung ein anschließender **behördlicher Vollstreckungsbescheid** auf die Verjährungsfrist hätten.

Auswirkung der Zustellung eines Mahnbescheides auf die Verjährungsfrist:

____

Auswirkung der Zustellung eines behördlichen Vollstreckungsbescheides auf die Verjährungsfrist:

____

9. Füllen Sie für den 14.10.20.. den **Antrag auf Erlass eines Mahnbescheides** aus (Online-Mahnantrag siehe auch unter www.online-mahnantrag.de). Antragsteller: Ergo-Sports GmbH, Antragsgegner: McGym Ltd.

Antragsteller:

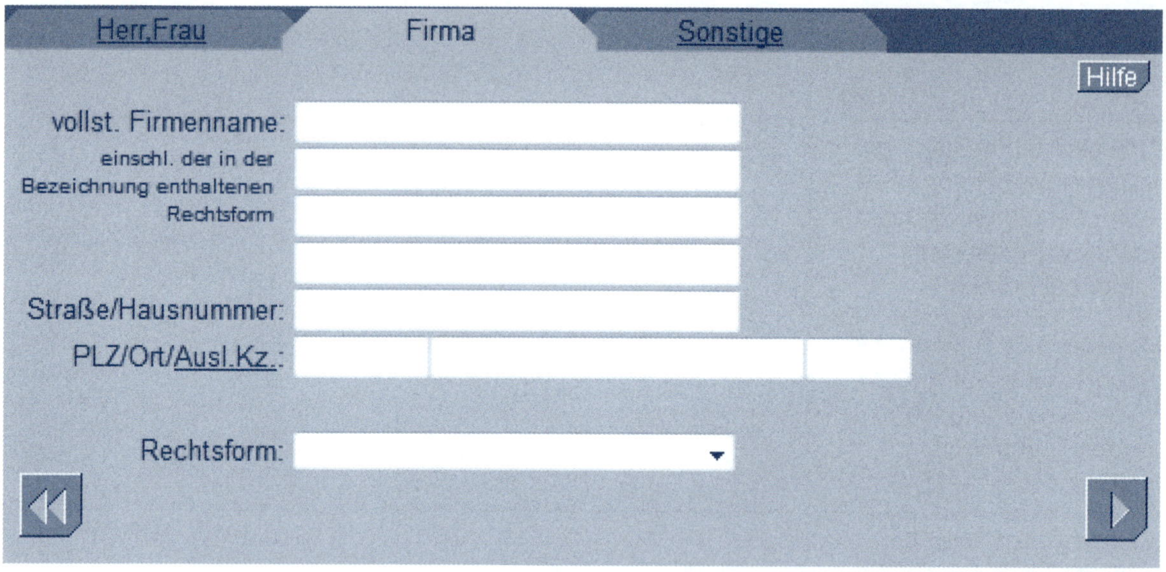
Herr,Frau | Firma | Sonstige

Hilfe

vollst. Firmenname: einschl. der in der Bezeichnung enthaltenen Rechtsform

Straße/Hausnummer:

PLZ/Ort/Ausl.Kz.:

Rechtsform:

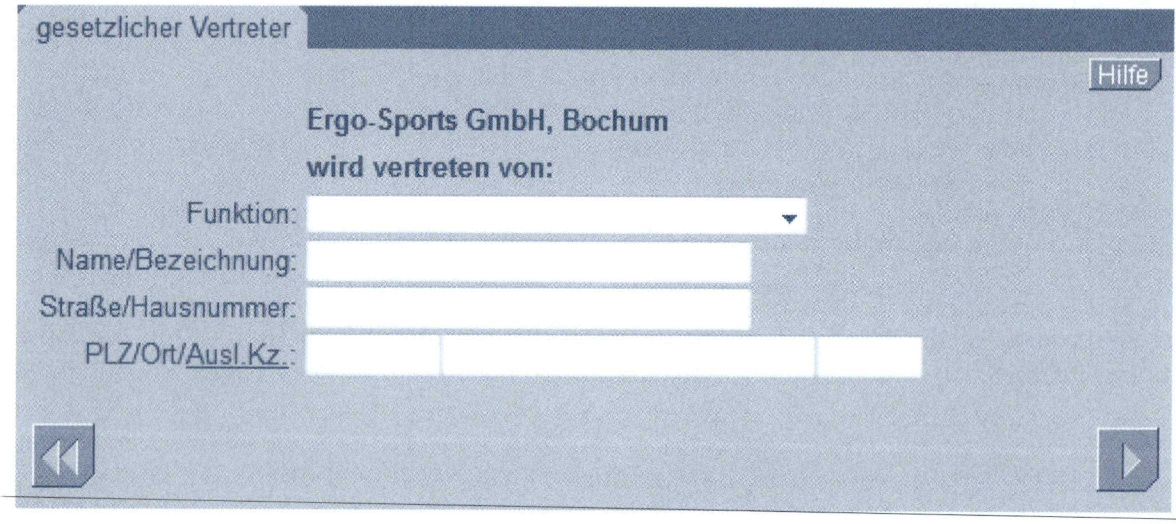
gesetzlicher Vertreter

Hilfe

Ergo-Sports GmbH, Bochum
wird vertreten von:

Funktion:

Name/Bezeichnung:

Straße/Hausnummer:

PLZ/Ort/Ausl.Kz.:

Antragsgegner:

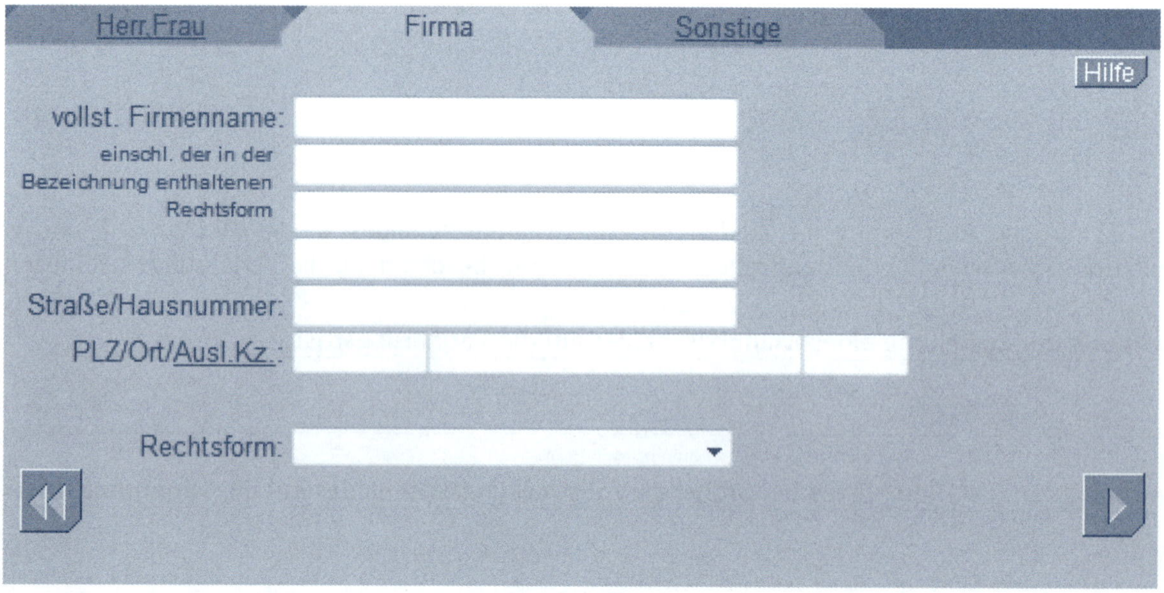
Herr,Frau | Firma | Sonstige

Hilfe

vollst. Firmenname: einschl. der in der Bezeichnung enthaltenen Rechtsform

Straße/Hausnummer:

PLZ/Ort/Ausl.Kz.:

Rechtsform:

gesetzlicher Vertreter

Hilfe

McGym Ltd, Bochum

wird vertreten von:

Funktion: Manager

Name/Bezeichnung: Berg

Straße/Hausnummer:

PLZ/Ort/Ausl.Kz.:

Katalog. Anspruch | Sonst. Anspruch | ausgerechneter Zins

Hilfe

Kat.-Nr.:

Kaufvertrag(11)

Nähere Angaben zum Anspruch:

Rechnung wenn andere:

Rechnungsnr. o.ä.: (Rechnungsnr./Kontonr./Kundennr./...)

Anspruch vom: bis:

Betrag:

☐ Der Antragsteller ist Kreditgeber (auch Zessionar) und der Anspruch beruht auf Verbraucherdarlehensvertrag (§§491 ff BGB).

laufende Zinsen

Hilfe

Laufende Zinsen zu Anspruch:

Kaufvertrag

Zinssatz: ☑ -Punkte über dem Basiszins

Verzinsung

zu verz. Betrag: (nur wenn abweichend von Hauptforderung)

ab / vom: bis :

(Ab Zustellung des Mahnbescheids wenn kein Datum angegeben)

Lernsituation 3:
Rechtsformen der Unternehmen unterscheiden

Timo Reif und Dr. Beate Mohr haben ihr Unternehmen in der Rechtsform einer GmbH gegründet. Ihr beauftragter Anwalt und Notar hat sie über die rechtlichen Regelungen zur GmbH umfassend informiert. Dabei wurde den Gesellschaftern schnell klar, dass das Gesetz nicht alle Rechtsvorgaben für die unterschiedlichsten Erscheinungsformen einer GmbH abdecken kann. Wesentliche Regelungen, die der besonderen Struktur einer bestimmten GmbH entsprechen, müssen deshalb in der Satzung der GmbH festgelegt werden.

©fotodo-fotolia.com

Nach Beratung und Protokollierung durch ihren Notar haben sich Timo Reif und Dr. Mohr in ihrer Satzung u. a. auf folgende Inhalte geeinigt:

Auszug aus der Satzung der Ergo-Sports GmbH

§ 3 Beginn und Dauer der Gesellschaft

Die Gesellschaft ist auf unbestimmte Dauer geschlossen.

Das Geschäftsjahr beginnt am 01. Januar eines Jahres und endet am 31. Dezember.

§ 4 Stammkapital, Stammeinlagen

Das Kapital wird in der Satzung auf 100 000,00 EUR festgelegt. Timo Reif übernimmt 60 000,00 EUR, Dr. Beate Mohr 40 000,00 EUR. Beide Stammeinlagen werden vollständig eingezahlt.

§ 5 Geschäftsführung und Vertretung

Zu Geschäftsführern werden Timo Reif und Dr. Beate Mohr bestellt. Beide besitzen Einzelvertretungsvollmacht. Timo Reif betreut ausschließlich die Bereiche Verkauf und Montage.

§ 6 Wichtige Einzelentscheidungen

Wichtige Einzelentscheidungen (z. B. Verwendung des Jahresüberschusses) sind der Gesellschafterversammlung vorbehalten.

Als für den Verkauf verantwortlicher Geschäftsführer muss Timo Reif auch die Zahlungsfähigkeit bzw. Kreditwürdigkeit von Neukunden einschätzen. Dabei spielt die Frage nach der Haftung bei Streitigkeiten aus den Kaufverträgen oft eine entscheidende Rolle. Erste Hinweise auf die Bonität seiner Neukunden erhält Timo Reif bereits aus den Handelsregistereintragungen.

©fotodo-fotolia.com

Heute sind die Unternehmensdaten von mehreren Neukunden zu analysieren. Die Auszubildende Svenja Lange hat bereits erste Informationen u. a. aus den Handelsregistereintragungen zusammengestellt:

Mühlbecks Fitnesshotel

Bernd Mühlbeck Fitnesshotel e. Kfm.

Dinslaken

Geschäftsinhaber: Bernd Mühlbeck

Tag der Eintragung ins HR: 15.07.1995

Bernd Mühlbeck ist ein seit vielen Jahren erfolgreicher Hotelier. In seinem Privatvermögen befinden sich mehrere Immobilien, Oldtimer-Pkw und eine Yacht.

RehaFit GmbH

Hannover

geschäftsführende Gesellschafter:
Lea Brand und Katrin Loose

Gezeichnetes Kapital: 150 000,00 EUR

Tag der Eintragung ins HR: 15.05.1995

Das Unternehmen betreibt in Norddeutschland mehrere Reha-Center, die immer an ein größeres Krankenhaus angebunden sind.

Die Rücklagen betragen ca. das Doppelte des gezeichneten Kapitals.

Spofi UG

Braunfels

Geschäftsführender Gesellschafter: Klaus Jonge
Gesellschafter: Hannah Jonge

Gezeichnetes Kapital: 1200,00 EUR

Gegenstand des Unternehmens:
Online-Verkauf von Sportlernahrung

Tag der Eintragung ins HR: 10.01. dieses Jahres

Klaus Jonge ist Sportstudent. Seine Ehefrau Hannah Jonge bereitet sich gerade auf die Prüfung zur Steuerfachwirtin vor.

Marc Sprinter KG

Mannheim

Komplementär:
Marc Sprinter, Einlage: 16 000,00 EUR

Kommanditisten:
Petra Sprinter, Einlage: 20 000,00 EUR
Volker Subet, Einlage: 12 000,00 EUR

Gegenstand des Unternehmens:
Betrieb eines Sportstudios

Tag der Eintragung ins HR: 22.07.2012

Nennenswertes Privatvermögen ist bei Marc Sprinter nicht vorhanden. Petra Sprinter, die Ehefrau von Marc Sprinter, gilt als vermögend. Das Paar hat Gütertrennung vereinbart.

Arbeitsaufträge

1. Ordnen Sie die aufgeführten Firmierungen den verschiedenen **Arten der Firmenbildung** zu.

	Personenfirma	Sachfirma	Fantasiefirma	gemischte Firma
Bernd Mühlbeck Fitnesshotel e. Kfm.				
RehaFit GmbH				
Spofi UG				
Marc Sprinter KG				

2. Entscheiden Sie, in welcher **Abteilung des Handelsregisters** die Unternehmen eingetragen sind und welche **Kaufmannsart** vorliegt.

	Abteilung A	Abteilung B	Ist-kaufmann	Kann-kaufmann	Form-kaufmann
Bernd Mühlbeck Fitnesshotel e. Kfm.					
RehaFit GmbH					
Spofi UG					
Marc Sprinter KG					

3. Unterstützen Sie Timo Reif bei der Einschätzung der **Zahlungsfähigkeit** bzw. der **Kreditwürdigkeit** der **Neukunden**. Klären Sie zunächst jeweils die Frage der Haftung für entstandene Verbindlichkeiten und entscheiden Sie abschließend, ob eine Geschäftsbeziehung aufgenommen werden sollte.

Bernd Mühlbeck Fitnesshotel e. Kfm.

Haftung:

Zahlungsfähigkeit/Kreditwürdigkeit:

RehaFit GmbH

Haftung:

Zahlungsfähigkeit/Kreditwürdigkeit:

Spofi UG

Haftung:

Zahlungsfähigkeit/Kreditwürdigkeit:

Mark Sprinter KG

Haftung:

Zahlungsfähigkeit/Kreditwürdigkeit:

4. Lutz Mühlbeck stellt sich bei Timo Reif als Inhaber der neuen „Mühlbecks Fitnessherberge" vor. Timo Reif ist erstaunt und stellt fest, dass Lutz Mühlbeck nicht mit dem erfolgreichen Unternehmer Bernd Mühlbeck verwandt ist. Beide Fitnesseinrichtungen liegen in derselben Stadt.

   Prüfen Sie, ob und gegebenenfalls welche **Verstöße gegen Bestimmungen des Handelsgesetzbuches (HGB) zur Firmierung** vorliegen.

   Grundsätze der Firmierung – Bestimmungen des HGB:

5. Die Marc Sprinter KG befand sich noch im letzten Jahr in der Verlustzone. Der ehemalige **Komplementär** Gisbert Hübscher ist deshalb aus Vorsichtsgründen zum Jahresende aus dem Unternehmen ausgeschieden.

   Recherchieren Sie im HGB, ob Gisbert Hübscher **nach seinem Austritt** noch für die vorhandenen Schulden **haftet**.

   Haftung eines ausscheidenden Komplementärs:

6. Mittlerweile befindet sich die Marc Sprinter KG aber wieder in der Gewinnzone mit einem Jahresüberschuss von aktuell 57920,00 EUR. Nach Verteilung gemäß den gesetzlichen Vorgaben soll der Restgewinn im Verhältnis 8 : 3 : 3 verteilt werden.

   a) Berechnen Sie den **Gesamtgewinn** jedes Gesellschafters.

Gesellschafter	Kapitalanteil (EUR)	4 % Zinsen auf die Einlage (EUR)	Anteil am Restgewinn (EUR)	Gesamtgewinn (EUR)
Mark Sprinter Komplementär				
Petra Sprinter Kommanditistin				
Volker Subet Kommanditist				
Summe				

b) Die Gesellschafter beschließen, 40 % des Gesamtgewinns den Kapitalkonten zuzuführen. Marc Sprinter hat im laufenden Jahr bereits vorab 12 000,00 EUR des ihm zustehenden Gewinns für private Zwecke entnommen (Privatentnahme).

Berechnen Sie für jeden Gesellschafter den **Auszahlungsbetrag** und das neue **Endkapital** auf seinem **Kapitalkonto**.

©rcx-fotolia.com

Gesellschafter	Anfangs-kapital (EUR)	Gesamt-gewinn (EUR)	Zuführung zum Kapitalkonto (EUR)	Auszahlungs-betrag (EUR)	Endkapital (EUR)
Mark Sprinter Komplementär					
Petra Sprinter Kommanditistin					
Volker Subet Kommanditist					

7. Timo Reif hat die Prüfung der potenziellen Neukunden abgeschlossen und möchte nun eine endgültige Entscheidung über die Aufnahme von Geschäftsbeziehungen treffen. Er ist jedoch unsicher, ob er aufgrund der **gesetzlichen Bestimmungen** sowie der **Satzung** der Ergo-Sports GmbH dazu **alleine** berechtigt ist.

   a) Entscheiden Sie anhand der Regelungen zu **Geschäftsführung** und **Vertretung** über Timo Reifs Anliegen.

   Regelungen zu Geschäftsführung und Vertretung:

b) Untersuchen Sie, ob Timo Reif

ba) ohne Abstimmung mit Dr. Mohr weitere Geschäftsräume anmieten darf.

___

___

___

bb) ohne Abstimmung mit Dr. Mohr über die Einstellung zusätzlicher Mitarbeiter entscheiden darf.

___

___

bc) Kaufverträge mit Kunden auch gegen den Willen von Dr. Mohr abschließen darf.

___

___

___

8. Laut § 6 der Satzung ist in der Ergo-Sports GmbH die Gesellschafterversammlung zuständig für die Entscheidung über die Verwendung des Jahresüberschusses. Timo Reif und Dr. Mohr ziehen in Erwägung, 40 % des Jahresüberschusses von 25000,00 EUR, der im 1. Geschäftsjahr erwirtschaftet wurde, in die Gewinnrücklagen einzustellen und den Rest nach Kapitalanteilen an die Gesellschafter auszuschütten. Berechnen Sie, wie hoch die **Ausschüttung** an die beiden Gesellschafter wäre.

Berechnungen zum auszuschüttenden Restgewinn:

Gesellschafter	Kapitalanteil (EUR)	Anteil am Restgewinn/ Ausschüttung (EUR)
Timo Reif		
Dr. Beate Mohr		
Summe		

Lernsituation 4:
Den Zusammenhang von Investition und Finanzierung kennen und geeignete Finanzierungsarten auswählen

Die beiden geschäftsführenden Gesellschafter der Ergo-Sports GmbH, Timo Reif und Dr. Beate Mohr, sind sich darüber einig, dass aus Konkurrenzgründen und wegen der außerordentlich guten Kundennachfrage weitere Investitionen notwendig sind. Insbesondere soll auch der Markt für Fitness-, Wellness- und Gesundheitsnahrung, der bisher nur am Rande bedient wurde, erschlossen werden.

©Marco2811-fotolia.com

Im Vertrauen auf eine anhaltend positive Geschäftsentwicklung beraten die Gesellschafter über Möglichkeiten, die Erweiterung der Unternehmensaktivitäten zu finanzieren.

Dr. Mohr: „Wir können uns mit einem erweiterten Angebot für unsere Fitness- und Trainingsgeräte sowie neuen Produkten im Nahrungsergänzungsbereich nur auf den Markt wagen, wenn wir bereit sind, uns zu vergrößern. Dazu brauchen wir neue fähige und motivierte Mitarbeiter und zusätzlich finanzielle Mittel in Höhe von ca. 100000,00 EUR."

Timo Reif: „Unsere Hausbank müsste doch ein Interesse daran haben, die von uns geplanten Investitionen zu finanzieren. Schließlich verbessern wir unsere Leistungsfähigkeit und fördern das Unternehmenswachstum. Wir sollten dann auch gleich einen neuen Kleintransporter finanzieren. Da ist definitiv die nächste Investition fällig."

Dr. Mohr: „Timo, wir müssen aufpassen, dass wir unsere Flexibilität und Unabhängigkeit nicht aufgeben und weiterhin mit einer soliden Kapitaldecke planen. Allerdings werden unsere eigenen finanziellen Reserven nicht für alle geplanten Investitionen ausreichen, und zwar selbst dann nicht, wenn wir uns – wie am Ende des 1. Geschäftsjahres auch – letztlich wieder dazu entscheiden, auf eine Gewinnausschüttung zu verzichten. Für die Anschaffung eines neuen Transporters könnten wir über eine Leasingalternative nachdenken."

Timo Reif: „Meine Mutter, Petra Reif, Komplementärin im Radmarkt Reif KG, hat bereits wiederholt angeboten, sich als Gesellschafterin ohne Geschäftsführungsbefugnis mit einem Geschäftsanteil von 25000,00 EUR am Eigenkapital unserer GmbH zu beteiligen. Ich kann die Angelegenheit nochmals mit ihr besprechen."

Dr. Mohr: „Das sind viele gute Ideen, Timo. Vorab werden wir uns anhand der aktuellen Halbjahresbilanz einen Überblick über die bisher von uns gewählten Finanzierungsarten verschaffen. Auf dieser Basis treffen wir dann weitere Entscheidungen. Außerdem wird sich unsere Hausbank für die aktuellen Bilanzkennzahlen interessieren."

Arbeitsaufträge

1. Die anhaltend gute Auftragslage hat in den letzten Monaten zu überdurchschnittlichen Zuwachsraten geführt. Aufträge können immer häufiger nur mit längeren Lieferfristen durchgeführt werden. Die geplanten Erweiterungsinvestitionen sollen spätestens zu Beginn des neuen Geschäftsjahres realisiert sein.

   Um sich einen Überblick über die bisherigen Finanzierungsmaßnahmen zu verschaffen, hat Dr. Beate Mohr für das zweite Geschäftsjahr eine Halbjahresbilanz erstellt:

Aktiva	Halbjahresbilanz der Ergo-Sports GmbH zum 30. Juni 20.. (2. Geschäftsjahr)		Passiva
A. Anlagevermögen		**A. Eigenkapital**	
1. Grundstücke und Gebäude	90000,00	1. Gezeichnetes Kapital	100000,00
2. Maschinen und Anlagen	35000,00	2. Gewinnrücklagen	40000,00
3. Fuhrpark	15000,00	**B. Verbindlichkeiten**	
4. Büromöbel und Geschäftsausst.	30000,00	1. Langfristige Verbindlichkeiten	150000,00
B. Umlaufvermögen		2. Verbindlichkeiten aus LL	46000,00
1. Vorräte/Waren	125000,00	3. Sonstige Verbindlichkeiten	5000,00
2. Forderungen aus LL	36000,00		
3. Kasse	2000,00		
4. Bank	8000,00		
	341000,00		341000,00

a) Stellen Sie fest, welche Bilanzposten zur **Eigenfinanzierung bzw. Fremdfinanzierung** und zur **Innenfinanzierung bzw. Außenfinanzierung** gehören.

Bilanzposten	Eigen-finanzierung	Fremd-finanzierung	Innen-finanzierung	Außen-finanzierung
Gezeichnetes Kapital				
Gewinnrücklagen				
Langfristige Verbindlichkeiten				
Verbindlichkeiten aus LL				
Sonstige Verbindlichkeiten				

b) Ermitteln Sie die Höhe der derzeitigen **Außenfinanzierung** sowie der derzeitigen **Innenfinanzierung**.

Höhe der Außenfinanzierung:

Höhe der Innenfinanzierung:

2. Nach intensiven Vorüberlegungen sollen folgende **Investitionen** durchgeführt werden:
   - ➔ Anbau mit neuer Ausstellungsfläche 60000,00 EUR;
   - ➔ Neue Maschinen zum Einsatz im Lager 15000,00 EUR;
   - ➔ Ergänzung und Erneuerung der Betriebs- und Geschäftsausstattung 25000,00 EUR.

   Folgende **Möglichkeiten zur Finanzierung** werden diskutiert:
   - ➔ Aufnahme von Petra Reif als Gesellschafterin ohne Geschäftsführungsbefugnis mit einem Geschäftsanteil in Höhe von 25000,00 EUR;
   - ➔ Abbau der Vorräte in Höhe von 15000,00 EUR;
   - ➔ Aufnahme eines langfristigen Darlehens bei der Hausbank über 50000,00 EUR;
   - ➔ Schließen der Finanzierungslücke durch Liefererkredite;
   - ➔ Auf eine Gewinnausschüttung wird verzichtet.

a) Stellen Sie dar, wie sich die **Umsetzung der Investitionen** und der angestrebten Finanzierung auf die **Bilanz** auswirken würde.

Aktiva	**Halbjahresbilanz der Ergo-Sports GmbH nach Finanzierung und Investition**		**Passiva**
A. Anlagevermögen		**A. Eigenkapital**	
1. Grundstücke und Gebäude		1. Gezeichnetes Kapital	
2. Anlagen		2. Gewinnrücklagen	
3. Fuhrpark			
4. Büromöbel und Geschäftsausst.		**B. Verbindlichkeiten**	
		1. Langfristige Darlehen	
B. Umlaufvermögen		2. Verbindlichkeiten aus LL	
1. Vorräte/Waren		3. Sonstige Verbindlichkeiten	
2. Forderungen aus LL			
3. Kasse			
4. Bank			
________	________	________	________

b) Berechnen Sie die Eigenkapitalquote, den Deckungsgrad I sowie die Liquidität 1. und 2. Grades für die Ergo-Sports GmbH vor und nach der geplanten Finanzierung und Investition. Tragen Sie auch jeweils die Formeln ein.

Bilanzkennziffern/Formeln	vor Finanzierung und Investition	nach Finanzierung und Investition
Eigenkapitalquote		
Deckungsgrad I		
Liquidität 1. Grades		
Liquidität 2. Grades		

c) Beurteilen Sie die gewählten **Finanzierungsmöglichkeiten** im Hinblick auf das Unternehmensziel **„finanzielle Unabhängigkeit"**.

Beurteilung der finanziellen Unabhängigkeit bei Eigenfinanzierung:

Beurteilung der finanziellen Unabhängigkeit bei Fremdfinanzierung:

d) Beurteilen Sie die gewählten **Finanzierungsmöglichkeiten** im Hinblick auf die Veränderung der **Liquiditätssituation**.

Auswirkung der Finanzierung auf die Liquiditätssituation:

3. Timo Reif weist in einer internen Besprechung darauf hin, dass das tatsächliche Eigenkapital in der Bilanz des Unternehmens durch die **Bildung stiller Rücklagen** zu niedrig ausgewiesen sei.

   a) Erklären Sie, wie stille Rücklagen entstehen, und erläutern Sie dies jeweils an einem Beispiel.

Bildung von stillen Rücklagen:

b) Zeigen Sie, wie sich die **Bildung bzw. Auflösung stiller Rücklagen** auf den Erfolg (Gewinn/Verlust) auswirkt, und erklären Sie, warum eine stille Rücklage als Eigenkapitalreserve verstanden werden kann.

Auswirkung von stillen Rücklagen auf den Erfolg:

4. Als erster konkreter Schritt in Sachen **Fremdfinanzierung** soll nun das Darlehen über 50000,00 EUR auf den Weg gebracht werden. In einem Gespräch mit der Kreditberaterin der Hausbank wird das Finanzierungsgeschäft besprochen. Die Kreditberaterin unterbreitet folgende Angebote:

Ratendarlehen	
Darlehensbetrag:	50000,00 EUR
Laufzeit:	5 Jahre
Jahreszinssatz (nominal):	3,0 % p. a.
Zinsen und Tilgung:	Ende des Jahres
Sicherheiten:	noch zu vereinbaren

Annuitätendarlehen	
Darlehensbetrag:	50000,00 EUR
Laufzeit:	5 Jahre
Jahreszinssatz (nominal):	3,0 % p. a.
Zinsen und Tilgung:	Ende des Jahres
Sicherheiten:	noch zu vereinbaren
Annuität:	10917,73 EUR

a) Erstellen Sie für das Ratendarlehen einen Zins- und Tilgungsplan nach folgendem Muster:

Ratendarlehen					
Jahr	**Schuld zu Beginn des Jahres**	**Tilgung am Ende des Jahres**	**Zinsen am Ende des Jahres**	**Darlehensrate**	**Restschuld am Ende des Jahres**
1	50000,00	10000,00	1500,00	11500,00	40000,00
2					
3					
4					
5					
Summe					

b) Erstellen Sie für das Annuitätendarlehen einen Zins- und Tilgungsplan nach folgendem Muster:

Annuitätendarlehen					
Jahr	**Schuld zu Beginn des Jahres**	**Tilgung am Ende des Jahres**	**Zinsen am Ende des Jahres**	**Annuität** (Darlehensrate)	**Restschuld am Ende des Jahres**
1	50 000,00	9 417,73	1 500,00	10 917,73	40 582,27
2					
3					
4					
5					
Summe					

c) Beschreiben Sie die **Unterschiede zwischen den beiden Zins- und Tilgungsplänen** hinsichtlich Tilgung, Zinsen und Liquiditätsbelastung, und sprechen Sie eine Empfehlung aus.

Beschreibung der Zins- und Tilgungspläne:

Empfehlung:

5. Die Ergo-Sports GmbH erhält von der ortsansässigen Genossenschaftsbank ein weiteres Angebot zur Kreditfinanzierung.

Auszug aus dem Finanzierungsangebot:

Ihre Kreditanfrage

Sehr geehrte Frau Dr. Mohr, sehr geehrter Herr Reif,
nach eingehender Prüfung Ihrer Kreditanfrage unterbreiten wir Ihnen folgendes Angebot:

Endfälligkeitsdarlehen (Festdarlehen) über:	50 000,00 EUR
Laufzeit:	5 Jahre
Gesamtzinsbelastung:	7 250,00 EUR

Für weitere Auskünfte stehen wir Ihnen gerne zur Verfügung...

a) Berechnen Sie den **Zinssatz** des **Endfälligkeitsdarlehen (Festdarlehen)**.

Berechnung des Zinssatzes:

b) Beurteilen Sie, ob das **Endfälligkeitsdarlehen (Festdarlehen)** für die Ergo-Sports GmbH eine **geeignete Finanzierungsalternative** ist.

Endfälligkeitsdarlehen (Festdarlehen) als Finanzierungsalternative:

6. Aufgrund der gegenwärtig leicht angespannten Liquiditätslage hat die Ergo-Sports GmbH zur kurzfristigen Finanzierung eines Auftrags ihr Kontokorrentkonto mit 20 000,00 EUR zu einem Prozentsatz von 9,0 % p. a. überzogen. Für den entsprechenden Zeitraum hat die Bank 120,00 EUR Zinsen berechnet. Ermitteln Sie die Laufzeit der Überziehung.

Berechnung der Laufzeit:

Lernsituation 5:
Über Leasing und Factoring entscheiden

Die beiden geschäftsführenden Gesellschafter der Ergo-Sports GmbH, Timo Reif und Dr. Beate Mohr, haben beschlossen, eine weitere notwendige Investition zu tätigen: Für das Auslieferungs- und Montageteam soll der Transporter „Crafter EcoProfi" angeschafft werden. Mit allen gewählten Sonderausstattungen beträgt der Kaufpreis 38000,00 EUR netto. Eine Finanzierung aus Eigenmitteln ist zurzeit jedoch nicht möglich.

©Alexey Dubovskiy-fotolia.com

Timo Reifs Wunsch entsprechend hat Dr. Mohr eine Finanzierungsanfrage an die Hausbank gestellt und ein Angebot zur Kreditfinanzierung erhalten.

Das Autohaus, in dem die beiden Gesellschafter sich nach einem geeigneten Fahrzeug umgesehen haben, unterstützt Dr. Mohrs Vorschlag, alternativ eine Finanzierung über Leasing vorzunehmen, und vermittelt ein Angebot der Car-Leasing AG.

Timo Reif, der für die wöchentliche Unterweisung der beiden Auszubildenden zuständig ist, nutzt die Gelegenheit, um die Auszubildenden an Finanzierungsfragen heranzuführen. Sie erhalten den Auftrag, sich zunächst über Leasing zu informieren.

Timo Reif: „Herr Bogner, woher kommt der Begriff ‚Leasing' und was bedeutet er?"

Bodo Bogner: „Leasing ist aus dem Englischen ‚to lease' abgeleitet und lässt sich mit ‚mieten, pachten' übersetzen. Der Leasinggeber überlässt dem Leasingnehmer das Leasingobjekt für einen bestimmten Zeitraum und verlangt für die Nutzung eine vereinbarte Leasingrate."

Timo Reif: „Leasing bezeichnet man als Sonderform der Finanzierung. Können Sie das bitte erklären, Frau Lange?"

Svenja Lange: „Leasing ist eine Sonderform der Fremdfinanzierung, weil der Leasinggeber Sachkapital und nicht Geldkapital zur Verfügung stellt."

Timo Reif: „Sie sind offensichtlich beide in Sachen ‚Leasing' gut vorbereitet; und mit den Grundzügen der Kreditfinanzierung kennen Sie sich ja ohnehin bereits aus. Dann können Sie nun die unterschiedlichen Finanzierungsangebote prüfen und mir nachher einen Finanzierungsvorschlag unterbreiten."

Arbeitsaufträge

1. Ermitteln Sie unter Berücksichtigung des Finanzierungsangebotes der Hausbank, wie sich eine **Kreditfinanzierung** des Transporters per Ratendarlehen auf die **Liquidität** bzw. den **Erfolg** der Ergo-Sports GmbH auswirken würde. Nutzen Sie dazu die Tabelle „Kreditfinanzierung" (Ratendarlehen).

FAX

An: Ergo-Sports GmbH
0234 64129

Von: Henrik Graf, Deutsche Bank
Filiale City-Center, Bochum

Finanzierungsangebot Datum: 20.09.20..

Angebot: Ratendarlehen zur Finanzierung eines Geschäftswagens

Name/Firma:	Ergo-Sports GmbH
Straße:	Hochstr. 12
PLZ/Ort:	44787 Bochum
Telefon:	0234 6412-1
HR-Nummer:	HRB 1628
Geschäftsführer:	Dr. Bernd Mohr, Timo Reif

Finanzierungsgegenstand:	KFZ
Bezeichnung des Objektes:	Crafter EcoProfi
Lieferant:	Volkswagen
Anschaffungswert:	38 000,00 EUR
Nutzungsdauer:	6 Jahre
Kreditlaufzeit (Tilgungszeit):	4 Jahre (48 Monate)
Kreditzinssatz:	6,0 % p. a. von der Restschuld
Sicherungsmöglichkeiten:	nach Absprache

Beginn:
Der Kreditvertrag beginnt mit dem auf die Vertragsunterzeichnung folgenden Monatsersten und wird auf die oben genannte Laufzeit geschlossen. Eine vorzeitige Kündigung ist nicht möglich.

SEPA-Lastschriftmandat:
Der Finanzierungsnehmer ermächtigt die Deutsche Bank bis auf Widerruf den jeweils fälligen Betrag durch Lastschrift von unten genanntem Konto einzuziehen.

Deutsche Bank AG
BIC: DEUTDEDE430
IBAN: DE40 4307 0000 1683 2244 00

Ort und Datum:

Unterschrift Finanzierungsnehmer: Unterschrift Finanzierungsgeber:

Kreditfinanzierung (Ratendarlehen)					
Jahr	Tilgung (EUR)	Zinsen (EUR)	Abschreibung (EUR)	Liquiditätsabfluss (EUR)	Aufwand (EUR)
1					
2					
3					
4					
5					
6					
Σ					

2. Stellen Sie unter Berücksichtigung des Finanzierungsangebotes der Car-Leasing AG fest, wie sich das **Leasen des Transporters** auf die Liquidität bzw. den Erfolg der Ergo-Sports GmbH auswirken würde. Nutzen Sie dazu die Tabelle „Finance-Leasing". Unterstellen Sie, dass nach Ablauf der Grundmietzeit das Fahrzeug von der Ergo-Sports GmbH erworben wird.

Auszug aus dem Finanzierungsangebot der Car-Leasing AG:

Finance-Leasingvertrag mit Kaufoption für Unternehmer

Leasinggeber:	Car-Leasing AG, Essen
Leasingnehmer:	Ergo-Sports GmbH, Bochum
Finanzierungsgegenstand:	KFZ
Bezeichnung des Objektes:	Crafter EcoProfi
Lieferant:	Volkswagen
Anschaffungswert:	38 000,00 EUR
Nutzungsdauer:	6 Jahre
Leasinglaufzeit (Grundmietzeit):	4 Jahre (48 Monate)
monatliche Leasingrate:	2,0 % vom Anschaffungswert
Kaufoption:	10 000,00 EUR zu Beginn des 5. Jahres (nach Ablauf der Grundmietzeit)

Der Leasingvertrag beginnt mit dem auf die Vertragsunterzeichnung folgenden Monatsersten und wird auf die oben genannte Laufzeit geschlossen. Eine vorzeitige Kündigung während der Grundmietzeit ist nicht möglich.

Finance-Leasing				
Jahr	Leasingrate (EUR)	Abschreibung (EUR)	Liquiditätsabfluss (EUR)	Aufwand (EUR)
1				
2				
3				
4				
5				
6				
Σ				

3. Unterbreiten Sie einen **Finanzierungsvorschlag**.

a) **Vergleichen** Sie die beiden **Finanzierungsalternativen quantitativ** hinsichtlich ihrer Liquiditäts- und Aufwandsbelastung.

Vergleich: Kreditfinanzierung (Ratendarlehen) vs. Leasing					
Kreditfinanzierung		Leasing		Differenz (Kreditfinanzierung – Leasing)	
Liquiditätsabfluss (EUR)	Aufwand (EUR)	Liquiditätsabfluss (EUR)	Aufwand (EUR)	Liquiditätsabfluss (EUR)	Aufwand (EUR)

b) **Beurteilen** Sie die beiden **Finanzierungsalternativen** hinsichtlich ihrer Liquiditäts- und Aufwandsbelastung sowie weiterer (qualitativer) Aspekte und unterbreiten Sie einen **Finanzierungsvorschlag**.

Beurteilung der Finanzierungsalternativen in quantitativer und qualitativer Hinsicht:

Pro und Contra Kreditfinanzierung:

Pro und Contra Leasing:

Finanzierungsvorschlag:

4. **Dr. Mohr:** „Die Entscheidung zwischen Kreditkauf oder Leasing ist gar nicht so leicht zu treffen. Würden unsere Kunden eher und noch zuverlässiger zahlen, hätten wir weniger Arbeit und mehr Liquidität! Aber es ist leider gerade genau andersherum: Immer häufiger fordern die Kunden längere Zahlungsziele und einer unserer großen Kunden befindet sich in akuten Zahlungsschwierigkeiten."

Das nehmen die Geschäftsführer der Ergo-Sports GmbH zum Anlass, darüber nachzudenken, wie sie ihre Liquiditätssituation verbessern und sich vor Forderungsausfällen wirksam schützen können. Besonders interessant scheint in diesem Zusammenhang die folgende Information der Ruhr **Factoring** & Service GmbH zu sein.

Auszug aus dem Werbeprospekt zum Full-Service-Factoring der Ruhr Factoring & Service GmbH

- Factoring ist eine bewährte Form umsatzkongruenter Finanzierung, mit der Sie Ihren Forderungsbestand reduzieren und folglich hohe Liquidität erreichen können. Verkaufen Sie uns Ihre Forderungen! Ihr Geld (bis zu 90 %) erhalten Sie sofort – so lassen sich Einkaufsvorteile und Skonti nutzen.
- Bei uns können Sie ganz sicher sein! Denn neben der Liquiditätsabsicherung sorgen wir auch für eine weitgehende Risikoabsicherung. Vor insolvenzbedingten Forderungsausfällen können wir Sie zu 100 % schützen.
- Wir betreiben ein Full-Service-Factoring und übernehmen das gesamte Kontokorrentmanagement. Im Online-Verfahren informieren wir Sie ständig über die Entwicklung Ihrer Forderungen.

Für Ihre Kunden ändert sich nichts. Denn Ihr Kunde ist bei uns auch dann König, wenn er offene Rechnungen bezahlen muss. Schließlich wissen wir, wie wichtig gute Geschäftsbeziehungen sind.

a) Beschreiben Sie, welche **Funktionen** der Factor im Rahmen eines **Full-Service-Factorings** übernimmt.

Funktionen des Full-Service-Factoring:

b) Dr. Mohr erklärt den Auszubildenden, dass die Ergo-Sports GmbH überlegt, einige der bestehenden Forderungen an die Ruhr Factoring & Service GmbH zu verkaufen, um die aktuelle Liquiditätssituation zu verbessern. Zum besseren Verständnis skizziert er kurz den **Ablauf des Factoring**. Ergänzen Sie das Schaubild durch Zuordnung der folgenden Vorgänge:

(1) Warenbestellung des Kunden

(2) Lieferung der Ware

(3) Prüfen der Kundenbonität durch Factor

(4) Verkauf der Forderung

(5) Zahlung des verminderten Kaufpreises

(6) Zahlung des vollen Kaufpreises

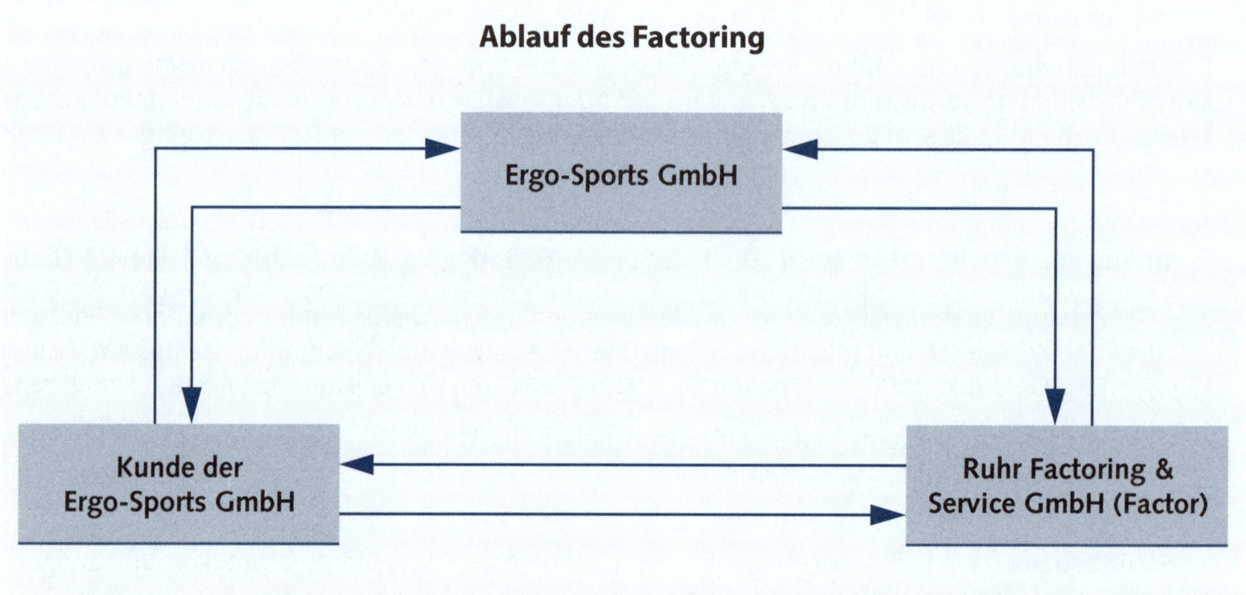

c) Dr. Mohr ist der Ansicht, **Factoring** könne auch zu einer **verbesserten Eigenkapitalquote** führen. Er bittet die Auszubildenden, dafür eine Erklärung zu liefern.

Verbesserung der Eigenkapitalquote durch Factoring:

d) Erörtern Sie, auch unter Berücksichtigung des Auszugs aus dem Werbeprospekt der Ruhr Factoring & Services GmbH, ob **Factoring** für die Ergo-Sports GmbH zur **Risikoabsicherung und Liquiditätssicherung** geeignet ist.

Eignung von Factoring für die Risikoabsicherung und Liquiditätssicherung der Ergo-Sports GmbH:

Lernsituation 6:

Mit Sicherheit ins Risiko – oder: Kreditsicherheiten einschätzen

Ein professioneller Umgang in der Ergo-Sports GmbH mit den wesentlichen finanzwirtschaftlichen Entscheidungen hat bislang dafür gesorgt, dass das finanzielle Gleichgewicht immer gewährleistet war.

Die bisherige Zusammenarbeit mit der Hausbank hat sich für beide Seiten als vertrauensvoll und verlässlich erwiesen. Dennoch ist die Bank aufgrund eigener wirtschaftlicher Interessen und gesetzlicher Vorgaben bei der Vergabe von Krediten an Kreditsicherheiten gebunden.

©Marco2811-fotolia.com

Um darüber zu verhandeln, wie die Darlehen über 50 000,00 EUR für die Betriebserweiterung und über 38 000,00 EUR für die Anschaffung eines Kleintransporters besichert werden können, hat Henrike Graf als Kreditberaterin der Hausbank die beiden Geschäftsführer der Ergo-Sports GmbH um einen Gesprächstermin gebeten. Dafür haben Timo Reif und Dr. Beate Mohr viel Verständnis.

Dr. Mohr: „Nicht nur die Banken und unsere Lieferanten müssen sich vor Forderungsverlusten schützen, sondern wir als Ergo-Sports GmbH müssen die Forderungen gegenüber unseren Kunden ebenso absichern. Forderungausfälle können schnell zu finanziellen Engpässen führen, und alle Forderungen an einen Factor zu verkaufen wird viel zu teuer. Da sollten wir andere Mittel und Wege wählen."

Timo Reif: „Stimmt, darum müssen wir uns kümmern. Die Schwierigkeiten mit unserem Kunden McGym Ltd. haben das ja mehr als deutlich gezeigt.

Zumindest sind wir als Schuldner wirklich gut aufgestellt: Auf unsere Bitte hin hat die Bank im letzten Monat erst das Kreditlimit auf unserem Kontokorrentkonto ohne weitere Sicherheiten erhöht, wir genießen also offensichtlich großes Vertrauen. Und wir haben bei Bedarf noch die Bürgschaftszusage meiner Mutter."

Dr. Mohr: „Unsere Hausbank hat eben – genau wie unsere Lieferanten auch – die Erfahrung gemacht, dass es für uns selbstverständlich ist, unseren Zahlungsverpflichtungen ordnungsgemäß nachzukommen. Und das werden wir in Zukunft auch bei unseren Kunden noch besser sicherstellen …"

Arbeitsaufträge

1. Die Ergo-Sports GmbH erhält von der McGym Ltd. einen neuen Auftrag über den Kauf und die Montage von Trainingsgeräten für 20 000,00 EUR. Da die McGym Ltd. bereits in der Vergangenheit wegen Zahlungsverzugs negativ aufgefallen ist, soll der neue Auftrag durch einen einfachen **Eigentumsvorbehalt** gesichert werden.

a) Erläutern Sie, welcher Rechtsanspruch mit einem **einfachen Eigentumsvorbehalt** verbunden ist und welche Risiken die Ergo-Sports GmbH damit eingeht.

Rechtsanspruch bei einfachem Eigentumsvorbehalt:

→ Die Ware bleibt bis zur vollständigen Bezahlung Eigentum der

→ Zahlt der Kunde nicht, hat die Ergo-Sports GmbH einen Herausgabeanspruch

Einschätzung der verbleibenden Risiken für die Ergo-Sports GmbH:

b) Grenzen Sie den **erweiterten** und den **verlängerten Eigentumsvorbehalt** vom einfachen Eigentumsvorbehalt ab und geben Sie der Ergo-Sports GmbH eine begründete Empfehlung.

Rechtsanspruch bei erweitertem Eigentumsvorbehalt: ______________________________

____

Rechtsanspruch bei verlängertem Eigentumsvorbehalt: ______________________________

____

____

Empfehlung: ______________________________

____

2. Dr. Mohr und Timo Reif begeben sich auf den Weg, um den Gesprächstermin mit ihrer Kreditberaterin bei der Hausbank wahrzunehmen.

Timo Reif: „Die Erhöhung des Kreditspielraums auf unserem Kontokorrentkonto ohne besondere Auflagen zeigt, dass wir als Personen eine vortreffliche Bonität bei unserer Bank genießen."

Dr. Mohr: „Wir haben aufgrund unserer Kreditwürdigkeit sozusagen einen Blankokredit erhalten. Dabei schaut die Bank aber nicht nur auf uns als Personen, sondern schätzt auch unseren materiellen Geschäftswert ein."

Überlegen Sie, was die Hausbank dazu veranlasst haben könnte, der Ergo-Sports GmbH einen **Blankokredit** einzuräumen. Stellen Sie hierzu fest, welche persönlichen Merkmale der Gesellschafter und welche geschäftlichen Merkmale der Ergo-Sports GmbH ausschlaggebend gewesen sein dürften.

Blankokredit: Merkmale der Kreditwürdigkeit	
persönliche Merkmale, z. B.	**geschäftliche Merkmale, z. B.**
➔ persönlicher Ruf der Geschäftsführer (Timo Reif aus der Familie des florierenden Radmarktes Reif KG; Dr. Beate Mohr mit geschätzten Kontakten im Bereich von Gesundheits-, Freizeit- und Rehasport)	➔ Branche (boomende Branche mit besten Zukunftsaussichten)

3. Dr. Beate Mohr und Timo Reif treffen auf Frau Graf, ihre Kreditberaterin bei der Hausbank.

Dr. Mohr: „Frau Graf, Sie wissen ja bereits, dass wir heute mit Ihnen über die Kreditsicherungen für den Ratenkredit zur Finanzierung unseres Transporters und über Ihre Vorstellungen zur Besicherung des langfristigen Darlehens für unsere Betriebserweiterung verhandeln wollen."

Kreditberaterin Graf: „Natürlich, ich habe mich bereits in das von Ihnen zur Verfügung gestellte Material eingelesen."

Timo Reif: „Wir sind auf Ihre Beratung gespannt und haben uns zur Vorbereitung auf unser Gespräch gut über die infrage kommenden Kreditsicherheiten informiert. Wir würden uns gerne als erstes den Kredit zur Finanzierung des Transporters über 38 000,00 EUR vornehmen."

Kreditberaterin Graf: „Dann schauen wir mal … Grundsätzlich kommt als Sicherheit die von Ihnen vorgeschlagene Bürgschaft infrage. Eine Ausfallbürgschaft reicht allerdings nicht aus, sondern es muss eine selbstschuldnerische Bürgschaft vereinbart werden."

Timo Reif: „Ich denke, meine Mutter Petra Reif, Komplementärin in der Reif KG, würde für uns auch eine selbstschuldnerische Bürgschaft übernehmen."

a) Kreditberaterin Graf erläutert zunächst die Vertragsbeziehungen und Konsequenzen bei einer **selbstschuldnerischen Bürgschaft**. Ergänzen Sie das Schaubild durch Zuordnung der folgenden Vorgänge:

(1) Kreditvertrag,

(2) Bürgschaftsvertrag,

(3) Nichtrückzahlung,

(4) Zahlungsaufforderung,

(5) Zahlung,

(6) Ausgleichsforderung.

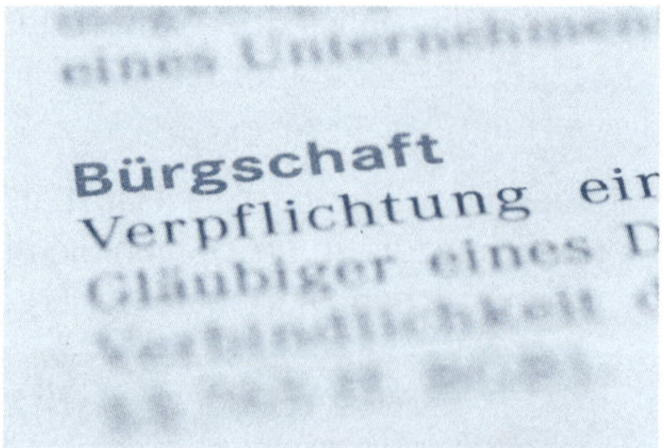

©Marco2811-fotolia.com

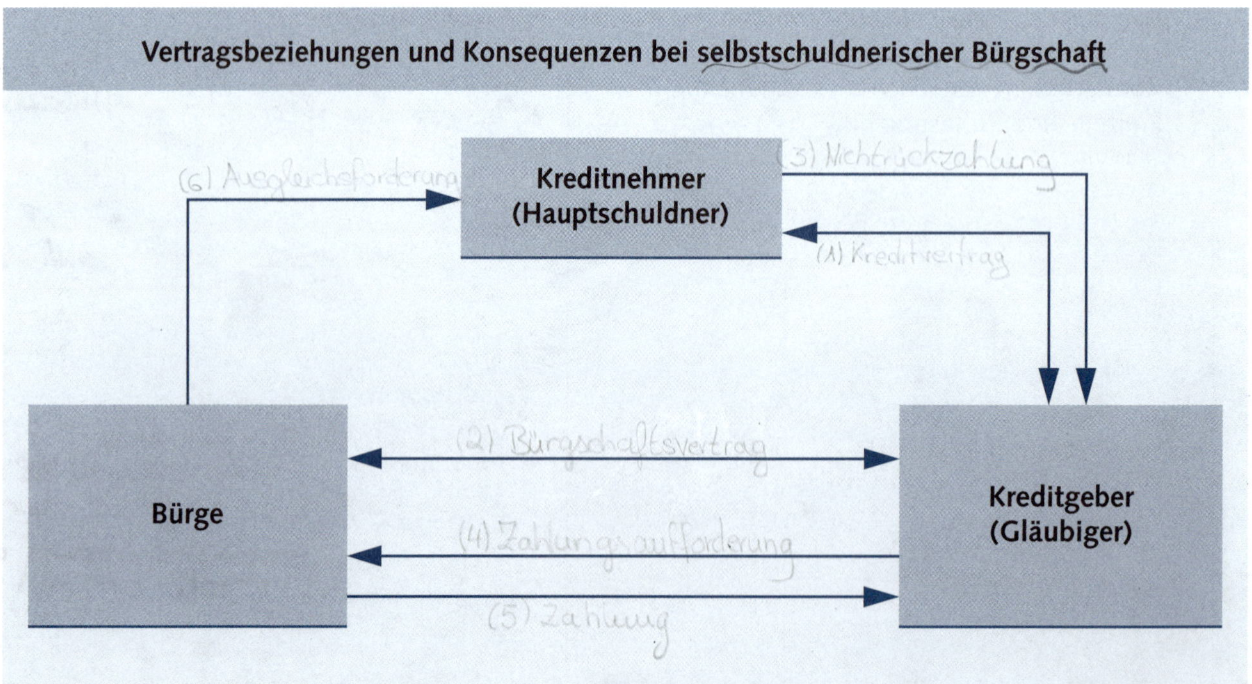

b) Timo Reif hat noch einige Fragen zur **Bürgschaft**, die zusammen mit der Kreditberaterin anhand der Regelungen des BGB geklärt werden. Ergänzen Sie die Antworten unter Nutzung der Auszüge aus dem BGB auf der folgenden Seite.

Fragen zur Bürgschaft	Regelungen des BGB
Wie wirkt sich bei einer Ausfallbürgschaft das Recht auf „Einrede der Vorausklage" aus?	
Ist das Recht auf „Einrede der Vorausklage" bei einer selbstschuldnerischen Bürgschaft ausgeschlossen?	
Welches Risiko besteht für Petra Reif bei Übernahme einer selbstschuldnerischen Bürgschaft?	
Was versteht man unter einer „Ausgleichsforderung"?	
Gelten für den Bürgschaftsvertrag grundsätzlich Formvorschriften oder kann er auch in elektronischer Form abgeschlossen werden?	
Was versteht man unter einer Mitbürgschaft?	

Auszüge aus dem BGB zum Themenkreis „Bürgschaft"

§ 766 Schriftform der Bürgschaftserklärung

Zur Gültigkeit des Bürgschaftsvertrags ist schriftliche Erteilung der Bürgschaftserklärung erforderlich. Die Erteilung der Bürgschaftserklärung in elektronischer Form ist ausgeschlossen. Soweit der Bürge die Hauptverbindlichkeit erfüllt, wird der Mangel der Form geheilt.

§ 768 Einreden des Bürgen

(1) Der Bürge kann die dem Hauptschuldner zustehenden Einreden geltend machen. Stirbt der Hauptschuldner, so kann sich der Bürge nicht darauf berufen, dass der Erbe für die Verbindlichkeit nur beschränkt haftet.

(2) Der Bürge verliert eine Einrede nicht dadurch, dass der Hauptschuldner auf sie verzichtet.

§ 769 Mitbürgschaft

Verbürgen sich mehrere für dieselbe Verbindlichkeit, so haften sie als Gesamtschuldner, auch wenn sie die Bürgschaft nicht gemeinschaftlich übernehmen.

§ 771 Einrede der Vorausklage

Der Bürge kann die Befriedigung des Gläubigers verweigern, solange nicht der Gläubiger eine Zwangsvollstreckung gegen den Hauptschuldner ohne Erfolg versucht hat (Einrede der Vorausklage). Erhebt der Bürge die Einrede der Vorausklage, ist die Verjährung des Anspruchs des Gläubigers gegen den Bürgen gehemmt, bis der Gläubiger eine Zwangsvollstreckung gegen den Hauptschuldner ohne Erfolg versucht hat.

§ 772 Vollstreckungs- und Verwertungspflicht des Gläubigers

(1) Besteht die Bürgschaft für eine Geldforderung, so muss die Zwangsvollstreckung in die beweglichen Sachen des Hauptschuldners an seinem Wohnsitz und, wenn der Hauptschuldner an einem anderen Orte eine gewerbliche Niederlassung hat, auch an diesem Orte, in Ermangelung eines Wohnsitzes und einer gewerblichen Niederlassung an seinem Aufenthaltsort versucht werden.

§ 773 Ausschluss der Einrede der Vorausklage

(1) Die Einrede der Vorausklage ist ausgeschlossen:

1. wenn der Bürge auf die Einrede verzichtet, insbesondere wenn er sich als Selbstschuldner verbürgt hat,
2. wenn die Rechtsverfolgung gegen den Hauptschuldner infolge einer nach der Übernahme der Bürgschaft eingetretenen Änderung des Wohnsitzes, der gewerblichen Niederlassung oder des Aufenthaltsorts des Hauptschuldners wesentlich erschwert ist ...

§ 774 Gesetzlicher Forderungsübergang

(1) Soweit der Bürge den Gläubiger befriedigt, geht die Forderung des Gläubigers gegen den Hauptschuldner auf ihn über. Der Übergang kann nicht zum Nachteil des Gläubigers geltend gemacht werden. Einwendungen des Hauptschuldners aus einem zwischen ihm und dem Bürgen bestehenden Rechtsverhältnis bleiben unberührt.

(2) Mitbürgen haften einander nur nach § 426.

§ 426 Ausgleichungspflicht, Forderungsübergang

(1) Die Gesamtschuldner sind im Verhältnis zueinander zu gleichen Anteilen verpflichtet, soweit nicht ein anderes bestimmt ist.

Kann von einem Gesamtschuldner der auf ihn entfallende Beitrag nicht erlangt werden, so ist der Ausfall von den übrigen zur Ausgleichung verpflichteten Schuldnern zu tragen.

(2) Soweit ein Gesamtschuldner den Gläubiger befriedigt und von den übrigen Schuldnern Ausgleichung verlangen kann, geht die Forderung des Gläubigers gegen die übrigen Schuldner auf ihn über. Der Übergang kann nicht zum Nachteil des Gläubigers geltend gemacht werden.

Auszüge aus dem HGB zum Themenkreis „Bürgschaft"

§ 1 Istkaufmann

(1) Kaufmann im Sinne dieses Gesetzbuchs ist, wer ein Handelsgewerbe betreibt.

(2) Handelsgewerbe ist jeder Gewerbebetrieb, es sei denn, dass das Unternehmen nach Art oder Umfang einen in kaufmännischer Weise eingerichteten Geschäftsbetrieb nicht erfordert.

§ 343 Begriff der Handelsgeschäfte

(1) Handelsgeschäfte sind alle Geschäfte eines Kaufmanns, die zum Betrieb seines Handelsgewerbes gehören.

§ 350 Formfreiheit

Auf eine Bürgschaft, ein Schuldversprechen oder ein Schuldanerkenntnis finden, sofern die Bürgschaft auf der Seite des Bürgen, das Versprechen oder das Anerkenntnis auf der Seite des Schuldners ein Handelsgeschäft ist, die Formvorschriften des § 766 Satz 1 und 2, ... des Bürgerlichen Gesetzbuchs keine Anwendung.

c) Klären Sie mithilfe der Paragrafen des BGB und des HGB zur Bürgschaft, ob eine **mündliche Bürgschaft**, die Petra Reif im Namen der Reif KG abgibt, rechtswirksam ist.

Formvorschrift für Bürgschaften unter Kaufleuten:

4. Timo Reif äußert Frau Graf gegenüber, dass auch die **Sicherungsübereignung** eine einfache und unproblematische Kreditsicherheit für den Transporter darstellen könnte. Ob die Ergo-Sports GmbH letztlich Eigentümer des Kfz ist oder nicht, spielt seines Erachtens keine wesentliche Rolle. Außerdem ist er der Meinung, dass die Betriebs- und Geschäftsausstattung als Kreditsicherheit verpfändet werden könnte. Dr. Mohr fällt ihm ins Wort: Besäße die Ergo-Sports GmbH Wertpapiere für 40 000,00 EUR, so hätte man diese zur Verpfändung anbieten können, für die Betriebs- und Geschäftsausstattung sei eine solche Vereinbarung aber überhaupt nicht denkbar!

a) Unterscheiden Sie **Sicherungsübereignung** und **Pfandrecht** anhand von Eigentum und Besitz.

	Sicherungsübereignung	Pfandrecht
Eigentum		
Besitz		

b) Prüfen Sie, inwiefern Betriebs- und Geschäftsausstattungen bzw. Finanzanlagen (Wertpapiere) grundsätzlich zur **Verpfändung** geeignet sind.

Eignung von beweglichen Vermögensgegenständen (Mobilien) zur Verpfändung:

c) Aufgrund unterschiedlicher Risiken ist Kreditberaterin Graf der Ansicht, dass die von Timo Reif vorgeschlagene Sicherungsübereignung nicht uneingeschränkt infrage kommt.

Prüfen Sie, welche **Risiken** die Bank mit der **Sicherungsübereignung** des Transporters einginge.

Risiken einer Sicherungsübereignung:

d) Unterbreiten Sie anhand der bisher erörterten **Kreditsicherungsmöglichkeiten** einen abschließenden Vorschlag zur Besicherung eines Ratendarlehens für die Anschaffung des Transporters.

Vorschlag zur Kreditsicherung des Ratendarlehens für den Transporter:

5. Nachdem die Kreditberaterin sich mit den Geschäftsführern auf Kreditsicherheiten für das Ratendarlehen über 38000,00 EUR geeinigt hat, ist der Kredit über 50000,00 EUR zur Finanzierung der Betriebserweiterung Gegenstand der Verhandlungen. Frau Graf erklärt, dass die Bank zur Absicherung des Kredits ein Grundpfandrecht verlangt.

   a) **Grundpfandrechte** bewirken, dass dem Kreditgeber ein Pfandrecht übertragen wird. Eine Übergabe als Faustpfand ist bei Immobilien jedoch nicht möglich.

   Klären Sie, wodurch bei Immobilien die Übergabe des Pfandes ersetzt wird.

   Pfandrecht bei Immobilien:

   b) Grundpfandrechte können als Hypothek oder als Grundschuld vereinbart werden. Beide unterscheiden sich erheblich. Die Hausbank der Ergo-Sports GmbH verlangt zur Absicherung des Kredits für die Betriebserweiterung eine Grundschuld.

   Erklären Sie, warum die Hausbank ausschließlich eine **Grundschuld** akzeptiert.

   Vorteile der Grundschuld aus Sicht der Bank:

   c) Dr. Mohr gibt zu bedenken, dass im Grundbuch bereits die Reif KG als Kreditgeber mit einer **erststelligen Grundschuld** über 40000,00 EUR eingetragen ist. Der Bilanzwert des Postens „Grundstücke und Gebäude" beträgt derzeit 90000,00 EUR.

   Stellen Sie fest, ob sich die bereits bestehende Grundbucheintragung nachteilig auf die Sicherheit der neuen, von der Hausbank geforderten Grundschuld auswirkt.

Auswirkung der Rangfolge von Grundschulden: ______________________________

____

____

____

____

____

____

____

____

____

____

d) Zum Abschluss der erfolgreichen Kreditverhandlungen erläutert Kreditberaterin Graf noch die **Vorgehensweise bei einer Grundschuld**. Ergänzen Sie das Schaubild durch Zuordnung der folgenden Vorgänge:

(1) Einigung über Eintragung der Grundschuld

(2) Veranlassung der Eintragung ins Grundbuch

(3) Erhalt der Grundschuld

(4) Kreditbereitstellung

Vorgehensweise bei einer Grundschuld

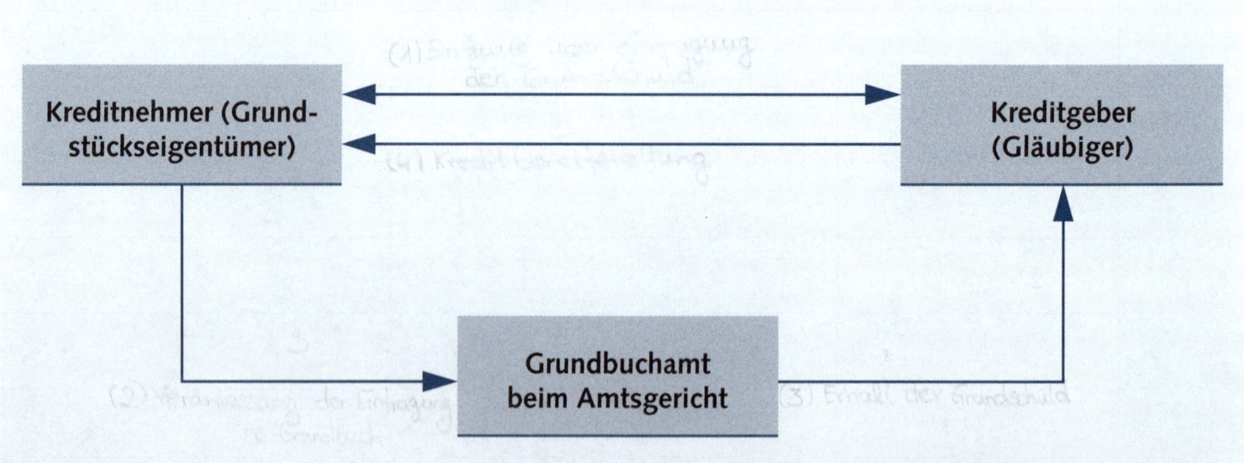

6. Nach Rückkehr von den Verhandlungen möchten die Geschäftsführer alle Informationen über mögliche Kreditsicherungen einschließlich der Eignung aus Sicht des Kreditnehmers (KN) und des Kreditgebers (KG) in einer Übersicht zusammenfassen, um zukünftig schneller einen Überblick gewinnen zu können. Sie sind beauftragt, die **Übersicht zu den Möglichkeiten der Kreditsicherung** nach folgendem Muster zu erstellen:

Kreditsicherheiten	allgemeine Kennzeichen	Beurteilung der Eignung aus Sicht des Kreditnehmers (KN)	Beurteilung der Eignung aus Sicht des Kreditgebers (KG)
Blanko (keine Kreditsicherheit)			
Bürgschaft (Ausfallbürgschaft, selbstschuldnerische Bürgschaft)			
Lombard (Pfand)			

Kreditsicherheiten	allgemeine Kennzeichen	Beurteilung der Eignung aus Sicht des Kreditnehmers (KN)	Beurteilung der Eignung aus Sicht des Kreditgebers (KG)
Sicherungsübereignung			
Grundpfandrechte			

Wertschöpfungsprozesse erfolgsorientiert steuern

©Picture-Factory-fotolia.com

Wie Unternehmen mit internem Rechnungswesen Absatzprozesse steuern

1 - Sie unterscheiden externes und internes Rechnungswesen.

©Marco2811-fotolia.com

2 - Sie ermitteln das Betriebsergebnis, erstellen und interpretieren eine Ergebnistabelle.

©Gina Sanders-fotolia.com

3 - Sie ermitteln die Selbstkosten für ein Produkt.

©Zerbor-fotolia.com

4 - Sie bestimmen die Kostenüberdeckung bzw. Kostenunterdeckung.

©thingamajiggs-fotolia.com

5 - Sie kalkulieren Handelswaren.

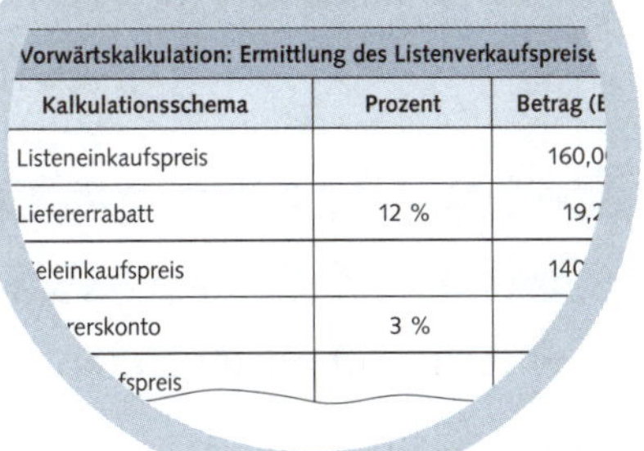

6 - Sie vergleichen die Aussagekraft von Kostenrechnungssystemen.

©kwarner-fotolia.com

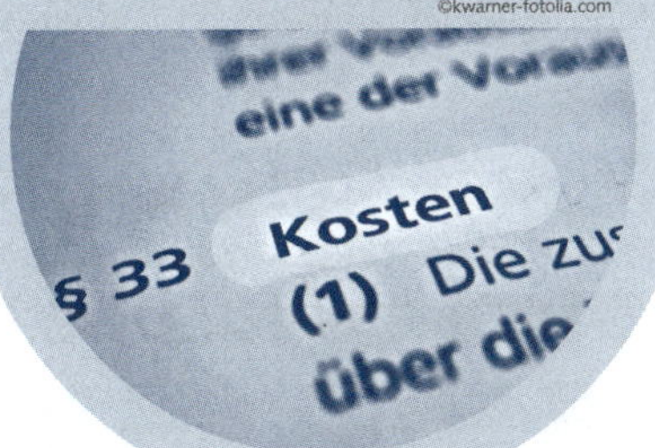

7 - Sie nutzen die Deckungsbeitragsrechnung.

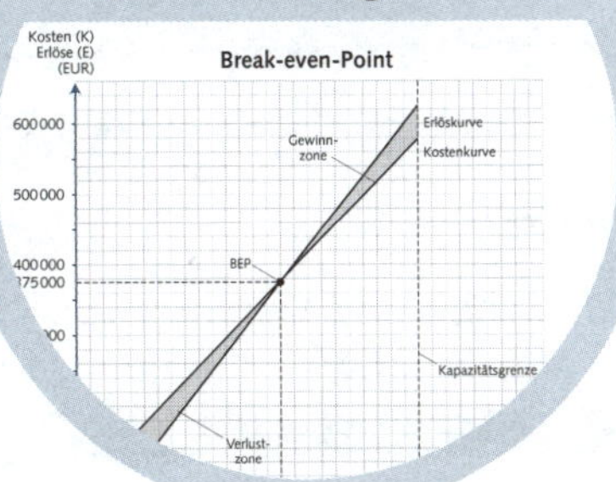

©ag visuell-fotolia.com

Wertschöpfungsprozesse erfolgsorientiert steuern

Die Kompetenzentwicklung umfasst, …

… die Zielsetzung von externem und internem Rechnungswesen zu unterscheiden.

Finanzbuchhaltung mit Gesamtergebnisrechnung	Kosten- und Leistungsrechnung mit Abgrenzungs- und Betriebsergebnisrechnung

… die Ergebnistabelle zu erstellen und zu interpretieren.

neutrale Aufwendungen, neutrale Erträge	Grundkosten, Anderskosten, Zusatzkosten	Betriebsergebnis, neutrales Ergebnis, Gesamtergebnis	Quellen des Unternehmens-erfolgs

… die Selbstkosten mithilfe der Vollkostenrechnung zu ermitteln.

Einzelkosten, Gemeinkosten	Betriebs-abrechnungsbogen	Gemeinkosten-zuschlagssätze	Kalkulationsschema

… die Kostenkontrolle mit Vor- und Nachkalkulation durchzuführen.

Istkosten, Normalkosten	Kostenüberdeckung, Kostenunterdeckung	Ursachen und Wirkung von Kostenabweichungen

… die kaufmännischen Rechenarten bedarfsgerecht anzuwenden.

Handelskalkulation	Vorwärts-, Rückwärts-, Differenzkalkulation	Kalkulationszuschlagssatz, Kalkulationsfaktor, Handelsspanne

… die Grenzen der Vollkostenrechnung zu erkennen.

Fixkosten, variable Kosten	Kostenfunktionen, Kostenverläufe	Gesetz der Massenproduktion

… die Teilkostenrechnung anzuwenden.

Break-even-Point	Preisuntergrenzen	Zusatzauftrag

Der Modellbetrieb im Lernfeld 10
Unternehmensbeschreibung

Firma **Geschäftszweck** **Geschäftssitz** **Registergericht**	**Büromöbel Rudolf Hoppe KG** Produktion/Handel mit Büromöbeln und Büroküchen Rheinstraße 61, 34127 Kassel Amtsgericht Kassel HRA 4018 Steuernummer: 560/4851/2311 Ust-IdNr.: DE 713 224 068
Komplementäre **Kommanditisten**	Rudolf Hoppe, Bernd Hoppe Karin Wagner, Jörg Wagner
Telefon – Telefax **Homepage** **E-Mail**	0561 280203-0 0561 280203-25 www.bueromoebel-hoppe.de info@bueromoebel-hoppe.de
Bankverbindung	Kasseler Sparkasse IBAN: DE23 5205 0353 0087 8082 65 BIC: HELADEF1KAS
Mitarbeiter	40 Mitarbeiter, davon 2 Auszubildende
Auszug aus dem Absatzprogramm	**Sortiment:** Büromöbel und Büroküchen **Dienstleistungen:** Lieferung und fachgerechter Aufbau
Fertigungsart	Serien- und Einzelfertigung
Materialien: **Rohstoffe** **Hilfsstoffe** **Betriebsstoffe** **Vorprodukte**	 u. a. Holz, Kunststoffe, Metalle u. a. Leim, Schrauben, Farben u. a. Strom, Wasser, Gas, Schmierstoffe u. a. Scharniere, Schlösser, Griffe, Elektrogeräte
Weitere Informationen für die Bearbeitung der Lernsituationen	
Abteilungen	Geschäftsleitung, Personalabteilung, Buchhaltung, Finanzabteilung, Einkauf, Verkauf, Technik und Entwicklung, Außendienst, Marketing, Produktion
Betreuung der Auszubildenden **Kaufmännischer Produktionsleiter** **Verkaufssachbearbeiterin** **Auszubildende**	Lena Zeils Robert Vaupel Karin Wagner Alexandra Sachs (Kauffrau für Büromanagement, 3. Ausbildungsjahr)

Lernsituation 1:
Externes und internes Rechnungswesen unterscheiden

Alexandra Sachs ist Auszubildende bei der Büromöbel Rudolf Hoppe KG, die Büromöbel produziert und vertreibt. Die Büromöbel werden mit eigenem Fuhrpark an die Kunden geliefert und dort fachgerecht aufgebaut. Aufgrund zahlreicher Kundenanfragen produziert und installiert das Unternehmen seit einigen Jahren auch kleinere Büroküchen.

©Daniel Ernst-fotolia.com

Alexandra Sachs hat von Dezember bis Februar bereits die Finanzbuchhaltung als Ausbildungsabteilung durchlaufen und arbeitet nun seit einigen Tagen im internen Rechnungswesen. Rudolf Hoppe, der als Komplementär das Familienunternehmen leitet, nimmt sich immer persönlich Zeit für ein Gespräch, wenn Auszubildende die Abteilung wechseln. Schließlich benötigt das Unternehmen auch in Zukunft qualifizierte Fachkräfte.

Alexandra Sachs: „Ich habe im Februar mitgeholfen, die Daten für unsere Bilanz 20.. zusammenzustellen, und nimmt man die Gewinn- und Verlustrechnung hinzu, dann stehen wir doch gut da. Das kann sich sehen lassen."

Rudolf Hoppe: „Stimmt. Die Bilanz und insbesondere die Gewinn- und Verlustrechnung sind für uns, aber auch für Dritte, z. B. für das Finanzamt, Gläubiger und Teilhaber, eine wichtige Informationsbasis. Leider lassen sich aber die Ursachen des Erfolgs weder in der Bilanz noch in der Gewinn- und Verlustrechnung eindeutig genug erkennen, um daraus Rückschlüsse für eine gute Unternehmensführung ziehen zu können".

Alexandra Sachs: „Ich verstehe, der Gesetzgeber schreibt uns in vielen Fällen vor, welche Daten wir nach außen zu geben haben. Intern wollen wir anders rechnen?"

Rudolf Hoppe: „Genau! Überlegen Sie: Der Gesetzgeber lässt es z. B. nicht zu, dass ich einen Unternehmerlohn für mich als Aufwand buche. Ich erwarte aber trotzdem eine Vergütung für meine Arbeit im Unternehmen. Oder: Der neu angeschaffte Firmen-Lkw wird in 8 Jahren für 65000,00 EUR nicht mehr zu bekommen sein. Abschreiben darf ich laut Gesetz aber nur von den Anschaffungskosten. Und es gibt noch viel mehr solcher Fälle.

Um gezielte unternehmerische Entscheidungen treffen zu können, muss ich die Daten der Geschäftsbuchführung aufbereiten und regelmäßig eine Kosten- und Leistungsrechnung durchführen. Die hilft mir auch dabei, angemessene Verkaufspreise für unsere Produkte und Dienstleistungen zu kalkulieren, denn es sollten ja letztlich alle Kosten gedeckt sein."

Alexandra Sachs: „Das ist klar, aber wie lassen sich denn die Kosten für einen Artikel genau ermitteln? Unsere Produkte werden doch aus vielen Einzelteilen und unter Beteiligung unterschiedlicher Abteilungen gefertigt. Wie sollen wir da sagen, was z. B. ein Seminarstuhl letztlich gekostet hat?"

Rudolf Hoppe: „Da gebe ich Ihnen recht. Wir haben also zunächst zwei Probleme zu lösen: Wir müssen grundsätzlich überlegen, was in der Kosten- und Leistungsrechnung anders gemacht wird als in der Geschäftsbuchführung. Und wir müssen einen Weg finden, wie wir die Kosten für einen Seminarstuhl ermitteln können.

Aber wir behandeln die Probleme nacheinander. Ich habe Ihnen hier für den ersten Schritt eine vereinfachte Gegenüberstellung aus dem Monat Oktober des letzten Jahres mitgebracht, die zeigt, wie die Geschäftsbuchführung das Gesamtergebnis bzw. die Kosten- und Leistungsrechnung das Betriebsergebnis berechnet hat."

©destina-fotolia.com

Gewinn- und Verlustrechnung der Geschäftsbuchführung (EUR)	
Erträge	
Umsatzerlöse	565 400,00
Nebenerlöse aus Vermietung	3 500,00
Periodenfremde Erträge	2 900,00
Zinserträge	1 300,00
Summe der Erträge	**573 100,00**
Aufwendungen	
Aufwendungen f. Rohstoffe	196 200,00
Aufwendungen f. Hilfsstoffe	27 000,00
Aufwendungen f. Betriebsstoffe	500,00
Aufwendungen f. Energie	16 000,00
Fremdinstandhaltung	4 300,00
Löhne	185 000,00
Gehälter	25 000,00
Abschreibungen	57 500,00
Mietaufwendungen	2 000,00
Versicherungsbeiträge	8 000,00
Verluste aus dem Abgang von Vermögensgegenständen	900,00
Periodenfremde Aufwendungen	8 000,00
Betriebliche Steuern	14 000,00
Summe der Aufwendungen	**544 400,00**
Summe der Erträge	573 100,00
– Summe der Aufwendungen	544 400,00
= Gesamtergebnis (Jahresüberschuss)	**28 700,00**

Betriebsergebnisrechnung der Kosten- und Leistungsrechnung (EUR)	
Leistungen	
Umsatzerlöse	565 400,00
Summe der Leistungen	**565 400,00**
Kosten	
Aufwendungen f. Rohstoffe	196 200,00
Aufwendungen f. Hilfsstoffe	27 000,00
Aufwendungen f. Betriebsstoffe	500,00
Aufwendungen f. Energie	16 000,00
Fremdinstandhaltung	4 300,00
Löhne	185 000,00
Gehälter	25 000,00
Kalkulatorische Abschreibungen	66 000,00
Mietaufwendungen	2 000,00
Versicherungsbeiträge	8 000,00
Betriebliche Steuern	14 000,00
Kalkulatorischer Unternehmerlohn	42 500,00
Summe der Kosten	**586 500,00**
Summe der Leistungen	565 400,00
– Summe der Kosten	586 500,00
= Betriebsergebnis (Betriebsverlust)	**– 21 100,00**

Arbeitsaufträge

1. Identifizieren Sie **Übereinstimmungen und Abweichungen zwischen Geschäftsbuchführung und Kosten- und Leistungsrechnung** im Hinblick auf die Begrifflichkeiten und auf die Werte.

Unterschiede in den Begrifflichkeiten:

Unterschiede in den Werten:

2. Erklären Sie mithilfe der Tabelle auf der folgenden Seite, warum in der Betriebsergebnisrechnung andere Werte als in der Gewinn- und Verlustrechnung angesetzt werden, bzw. ordnen Sie der dort vorgegebenen Begründung die entsprechenden Beispiele zu. Vergegenwärtigen Sie sich dazu zunächst die unterschiedlichen Verwendungszwecke bzw. Zielsetzungen von Geschäftsbuchführung und Kosten- und Leistungsrechnung.

Verwendungszweck/Ziel der Geschäftsbuchführung	Verwendungszweck/Ziel der Kosten- und Leistungsrechnung

Posten mit Unterschieden in den Werten	Begründung
	Erträge, die nicht in unmittelbarem Zusammenhang mit der Erstellung der eigentlichen betrieblichen Leistung stehen, werden im Betriebsergebnis nicht berücksichtigt.
Abschreibungen Kalkulatorische Abschreibungen	
Verluste aus dem Abgang von Vermögensgegenständen Periodenfremde Aufwendungen	
Kalkulatorischer Unternehmerlohn	

3. Stellen Sie fest, welche 4 Möglichkeiten grundsätzlich bestehen, Werte aus der Gewinn- und Verlustrechnung (Geschäftsbuchführung) in die Betriebsergebnisrechnung (Kosten- und Leistungsrechnung) zu übernehmen.

Möglichkeiten der Übernahme von Werten der Gewinn- und Verlustrechnung in die Betriebsergebnisrechnung:

Lernsituation 2:
Das Betriebsergebnis ermitteln – die Ergebnistabelle erstellen und interpretieren

©Daniel Ernst-fotolia.com

Alexandra Sachs hat die Grundprinzipien von Geschäftsbuchführung und Kosten- und Leistungsrechnung verstanden: Die Geschäftsbuchführung hat alle anfallenden Vorkommnisse entsprechend den gesetzlichen Vorschriften aufzuzeichnen, die Betriebsergebnisrechnung soll ermitteln, was der Betrieb mit seinem ordentlichen Kerngeschäft in einer bestimmten Periode tatsächlich erwirtschaftet. Um nun zu erfahren, welche Schritte im Einzelnen notwendig sind, damit die Daten der Geschäftsbuchführung korrekt in die Kosten- und Leistungsrechnung überführt werden, bittet sie Herrn Hoppe nochmal um ein Gespräch.

Alexandra Sachs: „Ich habe verstanden, dass Aufwendungen nicht gleich Kosten sind und Erträge nicht gleich Leistungen."

Rudolf Hoppe: „So pauschal ist das nicht korrekt. Wir werden für jede Position der Gewinn- und Verlustrechnung prüfen müssen, ob die Aufwendungen den Kosten bzw. die Erträge den Leistungen genau, zum Teil oder gar nicht entsprechen. Schließlich benötigen wir die genauen Beträge der Kosten und Leistungen, damit wir unser Betriebsergebnis berechnen können. Die Ergebnistabelle ist ein gutes Hilfsmittel, um dann bei den einzelnen Schritten, die zur Ermittlung des Betriebsergebnisses notwendig sind, den Überblick zu behalten."

Alexandra Sachs: „Eine Ergebnistabelle kenne ich noch gar nicht …"

Rudolf Hoppe: „Wir gehen der Reihe nach vor, dann werden Sie das System schnell erfassen! Sie wissen ja bereits, dass es Aufwendungen und Erträge gibt, die nicht in die Kosten- und Leistungsrechnung eingehen. Man bezeichnet diese Positionen als neutrale Aufwendungen bzw. neutrale Erträge. Mit diesem Schritt starten wir."

Arbeitsaufträge

1. Entscheiden Sie für jeden der folgenden Geschäftsfälle, ob er in der Kosten- und Leistungsrechnung als **neutraler** Aufwand bzw. neutraler Ertrag erfasst wird, und kreuzen Sie ggf. den Grund für die Zuordnung an.

Geschäftsfall	neutraler Aufwand	neutraler Ertrag	betriebsfremd	außerordentlich	periodenfremd
Ein vollständig abgeschriebener Pkw wird für 2000,00 EUR verkauft.					
Es werden Rohstoffe für 15000,00 EUR auf Ziel gekauft.					
Eine zwei Jahre alte Kehrmaschine mit einem Buchwert von 700,00 EUR wird für 500,00 EUR verkauft.					
Für das vergangene Geschäftsjahr überweist das Unternehmen eine Steuernachzahlung an das Finanzamt.					
Die jährliche Abschreibung für eine vermietete Produktionshalle wird verbucht.					
Für Wartungsarbeiten werden 1500,00 EUR überwiesen.					
Die Einnahme aus der Verpachtung einer derzeit nicht benötigten Produktionshalle geht auf dem Bankkonto ein.					
Die Bank schreibt uns Zinsen gut.					

2. **Rudolf Hoppe:** „Für eine gute Unternehmensführung ist es sehr hilfreich, die Kosten besonders differenziert betrachten zu können. Da die Geschäftsbuchführung aber nur Informationen über die Aufwendungen liefert, sind ein paar Überlegungen nötig, um die Kosten zu bestimmen. Die neutralen Aufwendungen und Erträge, die nicht zu den Kosten gehören, haben Sie ja bereits herausgefiltert. Jetzt gilt es, die verbleibenden Zweckaufwendungen in Grund- und Anderskosten aufzuteilen und anschließend festzustellen, welche Zusatzkosten noch anfallen."

   Alexandra Sachs: „Das sind ziemlich viele neue Fachbegriffe …"

   Rudolf Hoppe: „Ja, aber es gibt für jeden Begriff eine klare Definition. Und meine Skizze ist hoffentlich auch hilfreich... Versuchen Sie erst einmal, die folgenden Positionen den korrekten Kategorien in der Geschäftsbuchführung sowie in der Kosten- und Leistungsrechnung zuzuordnen."

   - ➔ Aufwendungen für Rohstoffe
   - ➔ Kalkulatorischer Unternehmerlohn
   - ➔ Periodenfremde Aufwendungen
   - ➔ Außerordentliche Aufwendungen
   - ➔ Gehälter
   - ➔ Aufwendungen für Energie
   - ➔ Betriebliche Steuern
   - ➔ Löhne
   - ➔ Aufwendungen für Hilfsstoffe
   - ➔ Bilanzielle Abschreibungen
   - ➔ Aufwendungen für Betriebsstoffe
   - ➔ Kalkulatorische Abschreibungen
   - ➔ Mietaufwendungen
   - ➔ Betriebsfremde Aufwendungen

Gesamtaufwendungen gemäß Geschäftsbuchführung			
Neutrale Aufwendungen (Nichtkosten)	**Zweckaufwendungen**		
	Grundkosten	**Anderskosten**	**Zusatzkosten**
		Kalkulatorische Kosten	
	Gesamtkosten als Bestandteil der Kosten- und Leistungsrechnung		

3. **Rudolf Hoppe:** „Nun haben Sie bereits neutrale Aufwendungen und neutrale Erträge identifiziert, die wir in der Kosten- und Leistungsrechnung getrennt erfassen und nicht in die Betriebsergebnisrechnung übernehmen, und Sie wissen, welche Kosten zu welcher Kostenkategorie gehören.

©Konstantinos Moraiti-fotolia.com

Als nächstes wäre zu klären, mit welchen Werten die einzelnen Positionen in der Kosten- und Leistungsrechnung angesetzt werden. Bei den Grundkosten ist das einfach, sie werden in der Betriebsergebnisrechnung mit dem gleichen Wert wie in der Geschäftsbuchführung angesetzt. Die Anderskosten – das sagt der Name ja schon – werden in der Kosten- und Leistungsrechnung mit einem anderen Wert als in der Geschäftsbuchführung erfasst."

Um die Auswirkungen von Anderskosten am Beispiel der kalkulatorischen Abschreibung zu erläutern, übergibt Herr Hoppe folgende Daten an Alexandra Sachs:

Der Anschaffungswert eines Dienst-Pkw für die Rudolf Hoppe KG betrug seinerzeit 30000,00 EUR und das Fahrzeug wird gemäß AfA-Tabelle über 6 Jahre abgeschrieben. Das Fahrzeug soll jedoch 8 Jahre lang genutzt werden, und voraussichtlich liegt der Wiederbeschaffungswert dann 20 % über dem Anschaffungswert.

a) Ermitteln Sie mit diesen Werten die **bilanzielle und kalkulatorische jährliche Abschreibung**. Unterstellen Sie lineare Abschreibung.

Bilanzielle Abschreibung:

Anschaffungskosten:

Nutzungsdauer lt. AfA-Tabelle:

jährliche bilanzielle Abschreibung:

Kalkulatorische Abschreibung:

jährliche kalkulatorische Abschreibung:

b) Zeigen Sie anhand der kalkulatorischen Abschreibung für den Dienst-Pkw, wie sich **Anderskosten**, die **kleiner als die entsprechenden Aufwendungen in der Geschäftsbuchführung** sind, auf das Betriebsergebnis im Vergleich zum Gesamtergebnis auswirken.

Auswirkungen von Anderskosten:

4. **Rudolf Hoppe:** „Ich habe Ihnen ja bereits in unserem ersten Gespräch angedeutet, dass ich es für notwendig halte, in unserer Kosten- und Leistungsrechnung auch einen kalkulatorischen Unternehmerlohn für mich und meinen Bruder zu berücksichtigen, obwohl das in der Geschäftsbuchführung nicht vorgesehen ist …"

   a) Erläutern Sie, warum eine Berücksichtigung dieser **Zusatzkosten** bei der Rudolf Hoppe KG sinnvoll ist.

   Sinnhaftigkeit der Berücksichtigung von Zusatzkosten in der KLR:

   b) Erklären Sie, welche Auswirkung der Ansatz von **Zusatzkosten** (hier: kalkulatorischer Unternehmerlohn) auf das Betriebsergebnis bzw. auf das Gesamtergebnis hat.

   Auswirkung von Zusatzkosten auf das Betriebsergebnis bzw. auf das Gesamtergebnis:

5. Rudolf Hoppe und Alexandra Sachs setzen ihr Gespräch fort.

©Konstantinos Moraiti-fotolia.com

Alexandra Sachs: „So, mit den Begrifflichkeiten der Kosten- und Leistungsrechnung komme ich jetzt klar, ich kann Grundkosten, Anderskosten und Zusatzkosten unterscheiden. Aber wie genau berechne ich denn jetzt aus den Werten der Gewinn- und Verlustrechnung unser Betriebsergebnis?"

Rudolf Hoppe: „Sie erstellen eine Ergebnistabelle. Dieses Instrument gewährleistet eine strukturierte Überführung der Werte aus der Geschäftsbuchführung in die Kosten- und Leistungsrechnung. Wenn man die Reihenfolge der Arbeitsschritte einhält, ist es ganz einfach, denn mehr als 5 Schritte sind nicht notwendig."

Entwerfen Sie ein Ablaufschema zur Erstellung der Ergebnistabelle, indem Sie die folgenden 5 Schritte in der richtigen Reihenfolge auflisten.

- ➔ Berechnung der Spaltensummen und Ermittlung der (Spalten-)ergebnisse
- ➔ Übertragung des GuV-Kontos in die Ergebnistabelle
- ➔ Entscheidungen fällen:
  - Sind die Erträge Leistungen bzw. die Aufwendungen Grundkosten?
  - Sind die Erträge bzw. Aufwendungen neutral?
  - Sind die Aufwendungen Anderskosten?
- ➔ Beurteilung der Ergebnisse aus kaufmännischer Sicht
- ➔ Zusatzkosten berücksichtigen

Ablaufschema zur Erstellung der Ergebnistabelle:

1. Schritt: ____________________

____

____

____

____

____

____

____

____

6. **Alexandra Sachs:** „Der Ablaufplan ist wirklich eine gute Hilfe, aber ich weiß jetzt noch nicht, welche Werte in welche Spalte der Ergebnistabelle einzutragen sind."

Rudolf Hoppe: „Das Verfahren ist dabei immer gleich, es macht also Sinn, ein Modell zu entwickeln, anhand dessen Sie genau erkennen können, welche Werte wohin gehören."

Erstellen Sie eine **modellhafte Ergebnistabelle**. Tragen Sie dazu die fehlenden Pfeile in die vorgegebene Übersicht ein, und zeigen Sie so, welcher Wert (GuV-Wert oder kalkulatorischer Wert) in welche Spalte der Ergebnistabelle aufzunehmen ist.

Modell zur Erstellung einer Ergebnistabelle

Fälle	Finanzbuchhaltung (= Rechnungskreis I)		Kosten- und Leistungsrechnung (= Rechnungskreis II)					
	Gesamtergebnisrechnung der Geschäftsbuchführung (GuV)		Abgrenzungsrechnung				Betriebsergebnisrechnung	
			Unternehmensbezogene Abgrenzung		Kostenrechnerische Korrekturen			
	1	2	3	4	5	6	7	8
	Aufwendungen	Erträge	Neutrale Aufwendungen	Neutrale Erträge	Betriebliche Aufwendungen	Verrechnete Kosten	Kosten	Leistungen
1. Fall: unveränderte Übernahme aus der Geschäftsbuchführung in die Betriebsergebnisrechnung: Aufwendungen = Kosten; Erträge = Leistungen								
a) Erträge = **Leistungen** (z. B. Umsatzerlöse)		GuV-Wert →						→ GuV-Wert
b) Zweckaufwendungen = **Grundkosten** (z. B. betriebliche Löhne)								
2. Fall: Unternehmensbezogene Abgrenzungen								
a) Neutrale Erträge (z. B. Zinserträge)								
b) Neutrale Aufwendungen (z. B. Spenden)								
3. Fall: Kostenrechnerische Korrekturen								
a) Anderskosten (z. B. kalkulatorische Abschreibungen)								
b) Zusatzkosten (z. B. kalkulatorischer Unternehmerlohn)								
Berechnung und Abstimmung der Ergebnisse	**Gesamtergebnis**	=	**Neutrales Ergebnis**			+	**Betriebsergebnis**	

7. **Rudolf Hoppe:** „Mit diesem Modell sind Sie auf einen ‚Praxistest' bestens vorbereitet, Frau Sachs! Bitte besorgen Sie aus der Buchhaltung die Gewinn- und Verlustrechnung für den Monat Dezember und lassen Sie sich ein Formular für die Ergebnistabelle geben."

   Alexandra Sachs erhält dort die folgende Gewinn- und Verlustrechnung sowie die Information, dass die kalkulatorische Abschreibung mit 66000,00 EUR und der kalkulatorische Unternehmerlohn mit 42500,00 EUR pro Monat angesetzt wird.

   Nehmen Sie in der folgenden **Ergebnistabelle** alle notwendigen Eintragungen und Berechnungen vor.

Soll — **8020 Gewinn- und Verlustkonto Dezember 20..** — **Haben**

6000	Aufwendungen f. Rohstoffe	198000,00	5000	Umsatzerlöse f. eig. Erzeugnisse	576250,00
6020	Aufwendungen f. Hilfsstoffe	30000,00	5401	Nebenerlöse aus Vermietung	3500,00
6030	Aufwendungen f. Betriebsstoffe	520,00	5600	Erträge aus Wertpapieren	2700,00
6050	Aufwendungen f. Energie	16600,00	5710	Zinserträge	1250,00
6160	Fremdinstandhaltung	4800,00			
6200	Löhne	191000,00			
6300	Gehälter	25000,00			
6520	Abschreibungen auf Sachanlagen	57500,00			
6700	Mietaufwendungen	2000,00			
6900	Versicherungsbeiträge	8000,00			
6960	Verluste a. d. A. v. VG	1500,00			
6990	Periodenfremde Aufwendungen	2000,00			
7000	Betriebliche Steuern	14000,00			
7600	Außerordentliche Aufwendungen	6400,00			
3000	Gewinn	26380,00			
		583700,00			583700,00

Rudolf Hoppe KG: Ergebnistabelle Dezember 20..									
Finanzbuchhaltung (= RK I)				Kosten- und Leistungsrechnung (= RK II)					
Gesamtergebnisrechnung der Geschäftsbuchführung (GuV)				Abgrenzungsrechnung				Betriebsergebnisrechnung	
				Unternehmensbezogene Abgrenzung		Kostenrechnerische Korrekturen			
		1	2	3	4	5	6	7	8
Konto		Aufwendungen	Erträge	Neutrale Aufwendungen	Neutrale Erträge	Betriebliche Aufwendungen	Verrechnete Kosten	Kosten	Leistungen
5000	Umsatzerlöse eig. Erzeugnisse								
5401	Nebenerlöse aus Vermietung								
5460	Erträge aus Wertpapieren								
5710	Zinserträge								
6000	Aufw. f. Rohstoffe								
6020	Aufw. f. Hilfsstoffe								
6030	Aufw. f. Betriebsstoffe								
6050	Aufw. f. Energie								
6160	Fremdinstandhaltung								
6200	Löhne								
6300	Gehälter								
6520	Abschreibungen								
6700	Mietaufwendungen								
6900	Versicherungsbeiträge								
6960	Verluste a. d. AG v. VG								
6960	Periodenfremde Aufw.								
7000	Betriebliche Steuern								
7600	Außerordentliche Aufw.								
	Kalk. Unternehmerlohn								
Summe (Spalten)									
Saldo (Ergebnis)									
Summe (gesamt)									
		Gesamtergebnis		Neutrales Ergebnis				Betriebsergebnis	

Lernsituation 2

8. Prüfen Sie, ob Ihre Eintragungen in der **Ergebnistabelle rechnerisch korrekt** sind, indem Sie eine Ergebniskontrolle durchführen.

Ergebniskontrolle:

9. Analysieren Sie alle ermittelten Ergebnisse (Gesamtergebnis, neutrales Ergebnis, Betriebsergebnis) aus kaufmännischer Sicht.

Analyse der Ergebnistabelle für Dezember 20..:

Lernsituation 3:
Die Selbstkosten für einen Seminarstuhl ermitteln

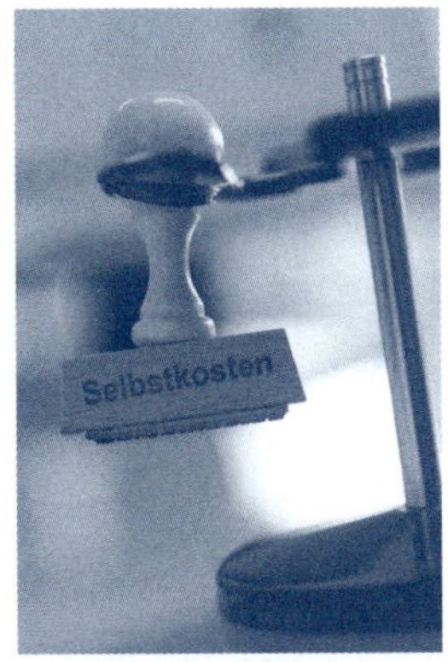

©Gina Sanders-fotolia.com

Alexandra Sachs weiß inzwischen, wie mithilfe der Ergebnistabelle u. a. die Kosten eines Betriebes berechnet werden können. Damit hat sie die Grundlage dafür geschaffen, sich einer weiteren entscheidenden Frage zu stellen: Wie lassen sich die Kosten für ein einzelnes Produkt berechnen? Denn klar ist: Um den Verkaufspreis sinnvoll festlegen zu können, muss man die Selbstkosten eines Produktes kennen, d. h. die Summe aller Kosten, die es verursacht.

Ihr nächster Auftrag von Herrn Hoppe lautet entsprechend, die Selbstkosten für einen Seminarstuhl „Audit" anhand der Zahlen aus dem letzten Monat zu ermitteln.

©Style-Photography-fotolia.com

Ihr liegt die Ergebnistabelle des Monats Dezember vor (vgl. Lernsituation 2) und von Herrn Vaupel, dem kaufmännischen Produktionsleiter, hat sie die Kosten für das Fertigungsmaterial und die Fertigungslöhne erfragt. Damit kennt sie zwar die Einzelkosten, aber ihr ist klar, dass die Einzelkosten nur ein Teil der gesamten Produktionskosten sind, die für den Seminarstuhl anfallen. Es bleibt noch die Frage, wie die anteiligen Gemeinkosten für einen Seminarstuhl „Audit" ermittelt werden können. Alexandra bittet ihre Ausbilderin Frau Zeils um Hilfe.

Alexandra Sachs: „Hallo Frau Zeils! Ich soll die Selbstkosten für den Seminarstuhl ‚Audit' ermitteln. Ich habe mir schon die Einzelkosten von Herrn Vaupel besorgt. Die Ergebnistabelle habe ich auch, aber wie ordne ich die angefallenen Gemeinkosten anteilig dem Stuhl zu?"

Frau Zeils: „Eine direkte Zuordnung der Gemeinkosten auf den Seminarstuhl ist nicht möglich. Daher ist das Verfahren ein wenig aufwändiger und beinhaltet mehrere Schritte. Für alle Schritte haben wir Formulare entwickelt, die Ihnen auch digital in einem Tabellenkalkulationsprogramm zur Verfügung stehen.

- ➔ Zunächst müssen wir die Gemeinkosten auf unsere 4 Kostenstellen Material, Fertigung, Verwaltung und Vertrieb verteilen. Dies ist bei Kostenstelleneinzelkosten aufgrund von Belegen meist recht leicht möglich. Bei Kostenstellengemeinkosten ist es ein wenig schwieriger; wir haben die dafür notwendigen Verteilungsschlüssel aber schon festgelegt.
- ➔ Wenn feststeht, wie viel Gemeinkosten jede der 4 Kostenstellen verursacht, können wir für jede einzelne Kostenstelle das Verhältnis der Gemeinkosten zu den Einzelkosten ermitteln.
- ➔ Im letzten Schritt übertragen wir diese prozentualen Verhältnisse auf den Seminarstuhl ..."

Arbeitsaufträge

1. Zeigen Sie am Beispiel der Kostenarten „betriebliche Steuern" und „Gehälter", warum eine direkte Zuordnung von **Gemeinkosten** auf einen einzelnen Kostenträger nicht möglich bzw. nicht praktikabel ist.

Problematik der Zuordnung von Gemeinkosten auf Kostenträger:

2. Der kaufmännische Produktionsleiter, Herr Vaupel, hat in der vorliegenden Tabelle des Monats Dezember 20.. schon einige Gemeinkostenarten verteilt. Übertragen Sie die restlichen Gemeinkosten aus der Ergebnistabelle (vgl. Lernsituation 2) in den Betriebsabrechnungsbogen (BAB I). Verteilen Sie diese Gemeinkosten nach den vorgegebenen Verteilungsschlüsseln auf die 4 Kostenstellen und bilden Sie die Summe der Gemeinkosten je Kostenstelle.

Rudolf Hoppe KG – Kostenstellenrechnung Dezember 20.. – BAB I (Angaben in EUR)

Gemeinkostenart	Gemeinkosten lt. KLR	Verteilungsschlüssel	Kostenstellen			
			Material	Fertigung	Verwaltung	Vertrieb
Aufw. f. Hilfsstoffe	30 000,00	Materialentnahmescheine	7 500,00	15 000,00	2 500,00	5 000,00
Aufw. f. Betriebsstoffe	520,00	Materialentnahmescheine	120,00	320,00	0,00	80,00
Aufw. f. Energie	16 600,00	Kwh	2 500,00	8 200,00	3 000,00	2 900,00
Fremdinstandhaltung		1 / 6 / 1 / 4				
Gehälter		1,5 / 4 / 6 / 1				
Kalk. Abschreibungen	66 000,00	Anlagendatei	12 500,00	42 250,00	5 000,00	6 250,00
Mietaufwendungen	2 000,00	Quadratmeter	1 000,00	0,00	500,00	500,00
Versicherungsbeiträge		1,5 / 5 / 2 / 1,5				
Betriebliche Steuern		2 / 10 / 1 / 1				
Kalk. Unternehmerlohn		2 / 12 / 4 / 2				
Summe						

3. Frau Zeils erklärt Alexandra Sachs den nächsten Arbeitsschritt: „Mit den Daten der Ergebnistabelle (vgl. Lernsituation 2) und des BAB I lässt sich nun für jede der 4 Kostenstellen das Verhältnis der Gemeinkosten zu den Einzelkosten berechnen. So wird für alle unsere Kostenstellen ein eigener **Gemeinkostenzuschlagssatz** festgelegt. Nehmen Sie für Ihre Berechnungen die vorbereitete Tabelle zur Hilfe."

   a) Tragen Sie zunächst in die Spalte „Gesamtkosten" des Kalkulationsschemas auf der folgenden Seite alle Werte für die Einzel- und Gemeinkosten ein. (Tipp: Die Selbstkosten müssen der Summe der Kosten aus der Ergebnistabelle der LS 2 entsprechen.)

   b) Benennen Sie in der rechten Tabellenspalte für jede Gemeinkostenart (Zeilen 2, 5, 8, 9) die jeweilige „Zuschlagsgrundlage". Definieren Sie den Begriff „Zuschlagsgrundlage" und geben Sie ein Beispiel.

   Definition „Zuschlagsgrundlage":

Beispiel:

c) Berechnen Sie auf Basis des um die EUR-Beträge ergänzten Kalkulationsschemas die **Gemeinkostenzuschlagssätze** der 4 Kostenstellen. Runden Sie auf 2 Nachkommastellen.

Berechnung der Gemeinkostenzuschlagssätze für die Rudolf Hoppe KG – Dezember 20..				
	Kalkulationsschema	**Gesamtkosten (EUR)**	**Gemeinkostenzuschlagssatz**	**Zuschlagsgrundlage**
1	Fertigungsmaterial			
2	+ Materialgemeinkosten		17,41%	Fertigungsmaterial (100%)
3	= Materialkosten (1 + 2)			
4	Fertigungslöhne			
5	+ Fertigungsgemeinkosten		60,56%	Fertigungslöhne (100%)
6	= Fertigungskosten (4 + 5)			
7	Herstellkosten (3 + 6)			
8	+ Verwaltungsgemeinkosten		6,40%	Herstellkosten (100%)
9	+ Vertriebsgemeinkosten		4,60%	Herstellkosten (100%)
10	= Selbstkosten (7 + 8 + 9)			

4. Sind nicht nur die Einzelkosten, sondern auch die Gemeinkostenzuschlagssätze bekannt, können die **Selbstkosten für ein einzelnes Produkt** berechnet werden. Kalkulieren Sie unter Anwendung der für die Rudolf Hoppe KG ermittelten Gemeinkostenzuschlagssätze und der von Herrn Vaupel vorgegebenen Einzelkosten die Selbstkosten eines Seminarstuhls „Audit“. Nutzen Sie dazu das folgende Kalkulationsschema.

Berechnung der Selbstkosten für einen Seminarstuhl „Audit“			
	Kalkulationsschema	**Gemeinkostenzuschlagssatz**	**Kosten für einen Seminarstuhl (EUR)**
1			
2			
3			
4			
5			
6			
7			
8		6,40 %	
9		4,60 %	
10	Selbstkosten		118,64

5. Überlegen Sie, welche **Voraussetzungen** gegeben sein müssten, damit das oben angewandte Verfahren der Zuschlagskalkulation die tatsächlichen Selbstkosten eines Seminarstuhls „Audit“ realistisch wiedergibt, und formulieren Sie entsprechende **Kritikpunkte**.

Kritik am Verfahren der Kalkulation mit Gemeinkostenzuschlagssätzen:

6. Rekonstruieren Sie, welche Schritte bzw. Verfahren nötig sind, um aus den Daten der Geschäftsbuchführung (GuV) die Selbstkosten für ein einzelnes Produkt berechnen zu können.

„Fahrplan“: Von den Aufwendungen der GuV zu den Selbstkosten eines Produktes		
Nr.	**Schritt**	**Verfahren**
1	aus den Aufwendungen die Gesamtkosten ermitteln	
2		BAB I
3	die Gemeinkostenzuschlagssätze berechnen	
4		Zuschlagskalkulation (Kalkulationsschema)

7. Als Alexandra Herrn Hoppe das Ergebnis ihrer Berechnungen für den Seminarstuhl „Audit“ vorlegt, wird schnell klar, dass die ermittelten Selbstkosten zu einem Angebotspreis führen, der am Markt nicht durchsetzbar ist. Mehrere Konkurrenten bieten solche Stühle deutlich billiger an. Wenn die Rudolf Hoppe KG z. B. auf ihre Gewinnmarge nicht verzichten will, müssen die Selbstkosten gesenkt werden.

   Untersuchen Sie die Kostenarten der Ergebnistabelle (vgl. Lernsituation 2) auf Möglichkeiten, die **Selbstkosten** unmittelbar zu **reduzieren** und somit einen günstigeren Angebotspreis zu ermöglichen.

Möglichkeiten zur Senkung der Selbstkosten:

Lernsituation 4:
Kostenüberdeckung bzw. Kostenunterdeckung bestimmen (Nachkalkulation)

Die Rudolf Hoppe KG hat in den letzten Monaten ein völlig neues Regalsystem für Großraumbüros entwickelt. Das System besteht vorwiegend aus flexibel einsetzbaren Container-Elementen, die bei offen gestalteten Innenräumen mit Sichtschutzblenden versehen werden können. Unterschiedlich zusammengestellt können sie die Funktion einer Geschäftstheke genauso wie die Schallschutzfunktion bei Callcenterarbeitsplätzen erfüllen.

Nun liegt Mitte Januar der erste Auftrag eines Kunden vor. Die Q-Tronic GmbH möchte 20 Container-Elemente mit einheitlicher Ausstattung bestellen und erwartet zügig ein Angebot. Alexandra Sachs wird von ihrer Ausbilderin gebeten, die Selbstkosten für das neue System zu bestimmen.

Frau Zeils hat bereits die Einzelkosten in der Entwicklungsabteilung angefragt:

Fertigungsmaterial: 90,00 EUR
Fertigungslöhne: 60,00 EUR

©Stefan Yang-fotolia.com

Alexandra Sachs überlegt: „Ich habe zwar gerade die Zuschlagssätze für den Dezember des Vorjahres berechnet, aber kann ich die auch auf den Januar übertragen? Die Gemeinkostenzuschlagssätze können doch nicht immer gleich sein. Ich schaue mir vorsichtshalber auch mal die Zahlen für November an."

Der kaufmännische Produktionsleiter, Herr Vaupel, stellt ihr die Daten für den November des Vorjahres in einer vorbereiteten Kostenstellenrechnung zur Verfügung.

Arbeitsaufträge

1. Ermitteln Sie anhand des folgenden BAB I die **Istgemeinkostenzuschlagssätze** für den Monat November 20..

Rudolf Hoppe KG – Kostenstellenrechnung November 20.. - BAB I (EUR)					
Gemeinkostenart	**Gesamtkosten lt. KLR**	**Kostenstellen**			
		Material	**Fertigung**	**Verwaltung**	**Vertrieb**
Aufw. f. Hilfsstoffe	31500,00	7250,00	15750,00	2750,00	5750,00
Aufw. f. Betriebsstoffe	500,00	110,00	320,00	0,00	70,00
Aufw. f. Energie	18000,00	3000,00	9000,00	3000,00	3000,00
Fremdinstandhaltung	4500,00	300,00	2100,00	250,00	1850,00
Gehälter	25000,00	3000,00	8000,00	12000,00	2000,00
Kalk. Abschreibungen	66000,00	12500,00	42250,00	5000,00	6250,00
Mietaufwendungen	3000,00	1000,00	0,00	500,00	1500,00
Versicherungsbeiträge	8000,00	1200,00	4000,00	1600,00	1200,00
Betriebliche Steuern	14000,00	2000,00	10000,00	1000,00	1000,00
Kalk. Unternehmerlohn	42500,00	4250,00	25500,00	8500,00	4250,00
Summe Istgemeinkosten					
Zuschlagsgrundlage		205000,00	190000,00	546530,00	546530,00
Istgemeinkostenzuschlagssatz					

2. Entwickeln Sie auf der Basis der Istgemeinkostenzuschlagssätze aus den Monaten November und Dezember einen begründeten Vorschlag, welche **Normalgemeinkostenzuschlagssätze** Alexandra Sachs für die Angebotskalkulation der Container-Elemente ansetzen soll.

Gemeinkostenzuschlagssätze der Kostenstellen			
	Istzuschlagssätze November 20..	**Istzuschlagssätze Dezember 20..**	**Vorschlag für Normalzuschlagssätze**
Materialgemeinkosten			
Fertigungsgemeinkosten			
Verwaltungsgemeinkosten			
Vertriebsgemeinkosten			

Begründung für die Höhe der Normalgemeinkostenzuschlagssätze:

3. **Kalkulieren** Sie die **Selbstkosten** für ein Container-Element mit Normalgemeinkostenzuschlagssätzen. Erklären Sie auch die Bedeutung dieser Selbstkosten für die Angebotskalkulation.

Vorkalkulation mit Normalgemeinkostenzuschlagssätzen: Berechnung der Selbstkosten für ein Container-Element		
Kalkulationsschema	**Normalgemeinkosten-zuschlagssätze**	**Kosten (EUR)**

Bedeutung der Selbstkosten für die Angebotskalkulation:

4. Anfang Februar 20.. erhält die Ausbilderin Frau Zeils die Istkostenaufstellung für den Monat Januar 20..

Frau Zeils: „Hallo Alexandra, ich habe heute die Zahlen der im Monat Januar tatsächlich angefallenen Kosten erhalten. Jetzt können wir die Nachkalkulation durchführen. Wir werden dazu die Istkosten des gesamten Unternehmens im Januar mit den entsprechenden Normalkosten vergleichen und die Kostenüberdeckung bzw. Kostenunterdeckung für unser Unternehmen feststellen."

a) Vergleichen Sie für den Monat Januar 20.. mithilfe des folgenden Formulars die Istkosten mit den Normalkosten und stellen Sie die Höhe der **Kostenüberdeckung bzw. -unterdeckung für jede Kostenstelle und für das Unternehmen insgesamt** fest. Ermitteln Sie zur Optimierung der Normalgemeinkostenzuschlagssätze auch die **Istgemeinkostenzuschlagssätze**. Werten Sie die Ergebnisse der Nachkalkulation anschließend aus.

Rudolf Hoppe KG
BAB I mit Istgemeinkosten und Istzuschlagssätzen: Nachkalkulation der Gemeinkosten für den Monat Januar 20.. (in EUR)

Januar 20..	Gemeinkostenarten	Gesamtkosten lt. KLR	Kostenstellen			
			Material	Fertigung	Verwaltung	Vertrieb
Fertigungsmaterial 210000,00 Fertigungslöhne 195000,00	Aufwendungen f. Hilfsstoffe	33000,00	7000,00	17250,00	3500,00	5250,00
	Aufwendungen f. Betriebsstoffe	1250,00	150,00	500,00	0,00	600,00
	Aufwendungen f. Energie	17000,00	2500,00	9500,00	2500,00	2500,00
	Fremdinstandhaltung	3500,00	200,00	2000,00	200,00	1100,00
	Gehälter	25000,00	3000,00	8000,00	12000,00	2000,00
	Kalkulatorische Abschreibungen	70000,00	12500,00	44500,00	5000,00	8000,00
	Mietaufwendungen	2000,00	500,00	0,00	500,00	1000,00
	Versicherungsbeiträge	8000,00	1200,00	4000,00	1600,00	1200,00
	Betriebliche Steuern	14000,00	2000,00	10000,00	1000,00	1000,00
	Kalkulatorischer Unternehmerlohn	42500,00	4250,00	25500,00	8500,00	4250,00
	Summe Istgemeinkosten					
	Zuschlagsgrundlage					
	Istgemeinkostenzuschlagssatz					
	Normalgemeinkostenzuschlagssatz					
	Zuschlagsgrundlage					
	Summe Normalgemeinkosten					
	Kostenüberdeckung					
	Kostenunterdeckung					
	Kostendeckung gesamt					

Lernsituation 4

Auswertung der Nachkalkulation:

b) Erklären Sie, warum i. d. R. **Gemeinkosten** von einer **Kostenüberdeckung bzw. Kostenunterdeckung** betroffen sind, und erläutern Sie jeweils anhand eines **Beispiels**, wodurch es zu Kostenüber- bzw. Kostenunterdeckungen kommen kann.

Kostenüberdeckung bzw. Kostenunterdeckung von Gemeinkosten:

c) Erörtern Sie, warum sowohl eine **Kostenüberdeckung** als auch eine **Kostenunterdeckung** die Rudolf Hoppe KG in **Schwierigkeiten** bringen kann.

Schwierigkeiten bei Kostenüberdeckung:

Schwierigkeiten bei Kostenunterdeckung:

Lernsituation 5:
Handelswaren kalkulieren

Die Ausbildungsleiterin, Frau Zeils, bittet Alexandra Sachs in ihr Büro.

Frau Zeils: „Hallo, Frau Sachs! Unser Verkauf braucht in dieser Woche etwas Unterstützung, da die halbe Mannschaft mit den Vorbereitungen zur Büromöbelmesse beschäftigt ist. Im dritten Ausbildungsjahr sind Sie ja zum Glück bereits mit der Handelskalkulation vertraut.

©by-studio-fotolia.com

Der ‚Auftrag Peters' muss dringend bearbeitet werden. Vor zwei Jahren hat Herr Peters die Verwaltungsräume seines Unternehmens „Volker Peters Metallverarbeitung e. K." mit der Büromöbelserie des Herstellers ZIRKE von uns neu ausstatten lassen und nun möchte er seine Büroausstattung um Rollcontainer mit Schubladen ergänzen. Können Sie sich bitte um diesen Auftrag kümmern?"

Alexandra Sachs nimmt diese Herausforderung gerne an. Nach telefonischer Rücksprache mit Herrn Peters steht fest, dass 25 Rollcontainer vom Typ BRC-1 benötigt werden.

In der **Liefererdatei** der Rudolf Hoppe KG sind für den Hersteller ZIRKE GmbH folgende Konditionen hinterlegt:

Rabatt:	12 %
Skonto:	3 %
Anteilige Bezugskosten:	40,00 EUR je 5 Rollcontainer

Für den Kunden Volker Peters Metallverarbeitung e. K. sind in der **Kundendatei** ebenfalls die entsprechenden Daten gespeichert:

Rabatt:	5 %
Skonto:	2 %
Lieferung:	frei Haus

Die Rudolf Hoppe KG kalkuliert im Unternehmenssegment „Handel mit Büromöbeln" mit einem Handlungskostenzuschlagssatz von 35 % und einem Gewinnzuschlagssatz von 10 %. Der Handel mit Büromöbeln wird grundsätzlich über Vertreter abgewickelt, die feste Verkaufsgebiete bearbeiten. Die Vertreterprovision beträgt derzeit 4 %.

Arbeitsaufträge

1. Führen Sie die **Angebotskalkulation** für den „Auftrag Peters" durch. Ermitteln Sie den Listenverkaufspreis für einen Rollcontainer.

   Der Listeneinkaufspreis für das Modell BRC-1 beträgt laut Warenwirtschaftssystem 160,00 EUR.

©Gina Sanders-fotolia.com

Vorwärtskalkulation: Ermittlung des Listenverkaufspreises				
Kalkulationsschema	**Prozent**	**Betrag (EUR)**	**Rechenweg/Prozentsätze**	
Listeneinkaufspreis		160,00	100 %	
– Liefererrabatt	12 %		12 %	
				100 %
			100 %	
				100 %
			100 %	
= Listenverkaufspreis				100 %

2. Das Angebot über die Rollcontainer geht Herrn Peters noch am gleichen Tag per Fax zu. Am nächsten Morgen bittet Karin Wagner, Kommanditistin und Verkaufssachbearbeiterin bei der Rudolf Hoppe KG, Alexandra zum Gespräch.

©Gina Sanders-fotolia.com

Karin Wagner: „Alexandra, Herr Peters hat bereits auf unser Angebot geantwortet und ist leider mit dem Angebotspreis für die Rollcontainer nicht zufrieden. Er interessiert sich sehr für das Modell BRC-1, ist aber nicht bereit, einen Listenpreis über 220,00 EUR zu zahlen."

Alexandra Sachs: „Wir werden ihm also kein Angebot machen?"

Karin Wagner: „So schnell geben wir nicht auf. Jetzt ermitteln wir zunächst, zu welchem Listeneinkaufspreis wir das Modell BRC-1 beschaffen müssten, damit wir Herrn Peters den gewünschten Preis anbieten können. Dann versuchen wir, mit der ZIRKE GmbH zu verhandeln, damit sie uns ein entsprechend günstigeres Angebot unterbreitet."

Führen Sie die **Rückwärtskalkulation** zur Ermittlung des benötigten Listeneinkaufspreises für den Rollcontainer BRC-1 durch.

Rückwärtskalkulation: Ermittlung des Listeneinkaufspreises				
Kalkulationsschema	**Prozent**	**Betrag (EUR)**	**Rechenweg/Prozentsätze**	
Listeneinkaufspreis				
= Listenverkaufspreis		220,00		

3. Alexandra Sachs präsentiert Frau Wagner ihre Berechnung: Die ZIRKE GmbH müsste auf fast 10 % vom ursprünglichen Listenpreis verzichten. Nach einem kurzen Telefonat mit ZIRKE erklärt Frau Wagner:

©Daniel Ernst-fotolia.com

Karin Wagner: „Ich werde Herrn Peters den Rollcontainer zum gewünschten Preis anbieten."

Alexandra Sachs: „Die ZIRKE GmbH geht also mit ihrem Preis auf den von mir ermittelten Listeneinkaufspreis runter?"

Karin Wagner: „Ganz im Gegenteil: Die ZIRKE GmbH veröffentlicht regelmäßig ihre Preise in gedruckten Verkaufskatalogen. Und meine Befürchtung, dass sie nicht von den veröffentlichten Listenverkaufspreisen abweicht, hat sich bei meinem Telefonat bewahrheitet. In der Vergangenheit haben wir bei ZIRKE auch nicht so viel bestellt, dass ich einen höheren Rabatt oder mehr Skonto hätte aushandeln können."

Alexandra: „Das heißt dann aber, dass sich unser geplanter Gewinn reduziert."

Karin Wagner: „Wenn wir den Auftrag haben wollen, bleibt uns wohl nichts anderes übrig... Wir berechnen jetzt erstmal, ob wir unter diesen Bedingungen mit dem Auftrag überhaupt noch Gewinn machen können."

Ermitteln Sie den **Gewinn in EUR und Prozent**, der für die Rudolf Hoppe KG verbleibt, wenn weder der Kunde Peters noch der Lieferant ZIRKE von ihren Preisvorstellungen abweichen. Entscheiden Sie begründet, ob der „Auftrag Peters“ unter diesen Bedingungen angenommen werden sollte.

Differenzkalkulation: Ermittlung des Gewinns				
Kalkulationsschema	**Prozent**	**Betrag (EUR)**	**Rechenweg/Prozentsätze**	
Selbstkosten				
= Barverkaufspreis				

Entscheidung für/gegen die Annahme des Auftrags:

4. Alexandra Sachs kommt in der Verkaufsabteilung gut zurecht, sie hat inzwischen zahlreiche weitere Aufträge selbstständig kalkuliert. Dabei ist ihr aufgefallen, dass sie immer mit den gleichen unternehmensinternen Zuschlagssätzen rechnet. Sie bespricht ihre „Entdeckung“ mit Frau Wagner.

   Alexandra Sachs: „Eigentlich sind unsere unternehmensinternen Zuschlagssätze, also der Handlungskostenzuschlagssatz, der Gewinnzuschlagssatz sowie das gewährte Kundenskonto und der Kundenrabatt immer gleich. Wenn sie sich nie verändern, dann könnte man doch diese Zuschläge in einem einzigen Prozentsatz oder in einem Multiplikator zusammenfassen.“

   Karin Wagner: „Gut aufgepasst! Es gibt tatsächlich verschiedene Verkürzungsverfahren für die Kalkulation, mit denen man in einem Rechenschritt vom Bezugspreis zum Listenverkaufspreis bzw. vom Listenverkaufspreis zum Bezugspreis kommt. Sie können das ja anhand der Zahlen aus dem „Auftrag Peters“ einmal ausprobieren: Der Bezugspreis für den Rollcontainer BRC-1 betrug 144,58 EUR und der Listenverkaufspreis 240,43 EUR.“

   a) Berechnen Sie anhand der ursprünglichen Kalkulation für den „Auftrag Peters“ (vgl. Arbeitsauftrag 1)
      - den **Kalkulationszuschlagssatz**,
      - den **Kalkulationsfaktor**,
      - die **Handelsspanne**,

      die in der Rudolf Hoppe KG im Unternehmenssegment „Handel mit Büromöbeln“ grundsätzlich gelten.

      Dokumentieren Sie Ihre Rechenwege unter Nutzung der jeweiligen Berechnungsformel.

Kalkulationszuschlagssatz:

Berechnungsformel	Rechenweg	Ergebnis

Kalkulationsfaktor:

Berechnungsformel	Rechenweg	Ergebnis

Handelsspanne:

Berechnungsformel	Rechenweg	Ergebnis

b) Manuelles Rechnen erfordert kaufmännisches Runden. Erklären Sie, warum in diesem Zusammenhang der **Kalkulationsfaktor** mit **4 Nachkommastellen** angegeben wird, während beim Kalkulationszuschlagssatz auf 2 Nachkommastellen gerundet wird.

Erklärung für die Angabe des Kalkulationsfaktors mit 4 Nachkommastellen:

5. Kurz vor Dienstende erhält Alexandra Sachs an ihrem Arbeitsplatz einen Anruf von Frau Wagner:

©Daniel Ernst-fotolia.com

„Alexandra, ich habe gerade noch einmal bezüglich der Rollcontainer recherchiert und mit unserem Lieferanten ZIRKE telefoniert. Es gibt ein neues, sehr hochwertiges Rollcontainermodell, das ich Herrn Peters ebenfalls anbieten möchte. Das Modell RO-A hätte einen Bezugspreis von 175,00 EUR. Außerdem habe ich in einem Prospekt unseres größten Mitbewerbers einen Rollcontainer SRZ entdeckt, der zu einem Verkaufspreis von 298,00 EUR netto angeboten wird".

Berechnen Sie den **Listenverkaufspreis** für das Modell RO-A sowie den **Bezugspreis**, den der Lieferant der Rudolf Hoppe KG für das Modell SRZ höchstens fordern darf, damit es Herrn Peters um 10,00 EUR unter dem Preis des Mitbewerbers angeboten werden kann. Nutzen Sie zur Kalkulation die entsprechenden **Verkürzungsverfahren** mit den in der Rudolf Hoppe KG üblichen Sätzen (vgl. Arbeitsauftrag 4).

Listenverkaufspreis RO-A:

oder:

Bezugspreis SRZ:

Lernsituation 6:
Die Grenzen der Vollkostenrechnung erfassen und die Teilkostenrechnung erklären

©deepvalley-fotolia.com

Die Produktion von Büroküchen wird in der Rudolf Hoppe KG als eigenständiger Bereich geführt. Daher lassen sich die Kosten sehr genau gegen die anderen Abteilungen abgrenzen.

Mit Markteintritt vor wenigen Jahren lief das Geschäft für die Rudolf Hoppe KG sofort sehr gut. Neue Kunden waren leicht zu gewinnen, denn viele Unternehmen blickten hoffnungsvoll in die Zukunft und investierten für ihre Mitarbeiter auch im Sozialbereich. Mit der Eintrübung der Unternehmenserwartungen sind die Absatzzahlen insbesondere beim Küchenblock „Mono“ inzwischen zurückgegangen. Die maximale Produktionskapazität von 600 Küchenblöcken ist nur noch zu 75 % ausgelastet. Der Bereich schreibt Verluste.

In dieser Situation erreicht die Rudolf Hoppe KG die Anfrage einer großen Wohnungsbaugesellschaft, die einen unwesentlich modifizierten Küchenblock „Mono“ in ihren Mietwohnungen als Kompaktküche einbauen möchte. Die Wohnungsbaugesellschaft ist bereit, einen Preis von 1900,00 EUR je Küche zu zahlen, und möchte 540 Küchen je Abrechnungsperiode abnehmen. Die Produktion wäre mit diesem Auftrag in den nächsten Jahren zu 90 % ausgelastet. Lediglich ein kleiner Rest an Büroküchen würde für weitere Kunden zur Verfügung stehen.

Alexandra Sachs wird gebeten, die Selbstkosten für den potenziellen Auftrag zu kalkulieren. Der kaufmännische Produktionsleiter übergibt ihr die notwendigen Grundinformationen (vgl. Arbeitsauftrag 1) und teilt ihr mit, dass die gegenwärtige Produktionsleistung von 450 Küchenblöcken 900000,00 EUR Gesamtkosten verursacht.

Arbeitsaufträge

1. Berechnen Sie mithilfe des Kalkulationsschemas, welche **Selbstkosten** in der Rudolf Hoppe KG nach **Vollkostenrechnung** für einen Küchenblock „Mono“ entstehen.

   Einzelkosten des Küchenblocks „Mono“:
   Fertigungsmaterial: 460,19 EUR   Fertigungslöhne: 653,99 EUR

   Auf Basis der angefallenen Gemeinkosten wurden für den Bereich Büroküchen folgende **Gemeinkostenzuschlagssätze** ermittelt:
   MGKZ 20,0 %   FGKZ 85,0 %   VwGKZ 8,5 %   VtGKZ 5,0 %

Stückkosten (Selbstkosten) für den Küchenblock „Mono“ nach Vollkostenrechnung		
Kalkulationsschema	**Gemeinkostenzuschlagssatz**	**Kosten (EUR)**
= Materialkosten		
= Fertigungskosten		
= Selbstkosten/Stück (VKR)		

2. Entscheiden Sie auf Basis der **Vollkostenrechnung** begründet, ob die Rudolf Hoppe KG den Auftrag der Wohnungsbaugesellschaft annehmen sollte.

Begründete Entscheidung über die Auftragsannahme nach Vollkostenrechnung:

3. Ermitteln Sie die Gesamtkosten (Selbstkosten), die laut Prognose der **Vollkostenrechnung** bei einer **Auslastung** von 0 %, 25 %, 50 %, 75 % und 100 % anfallen würden, und bestimmen Sie die zugehörige **Kostenfunktion**. Übertragen Sie die ermittelten Werte in das Koordinatensystem und zeichnen Sie die Kostenfunktion (Gesamtkostenkurve) nach Vollkostenrechnung ein. Kennzeichnen Sie auch die derzeitige Auslastung.

Gesamtkosten (Selbstkosten) für den Küchenblock „Mono" nach Vollkostenrechnung		
Auslastung (%)	**produzierte Stück**	**Gesamtkosten (EUR) (Selbstkosten)**
0 %		
25 %		
50 %		
75 %		
100 %		

Kostenfunktion – Gesamtkosten nach Vollkostenrechnung:

K(x) =

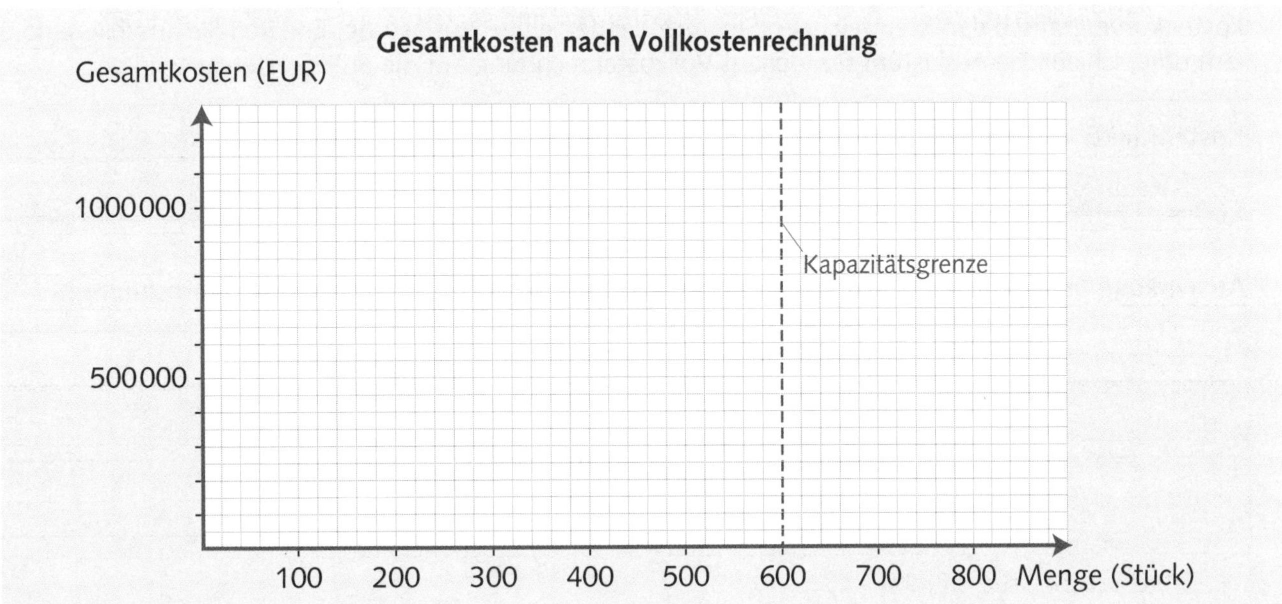

4. Beschreiben und interpretieren Sie den Verlauf der **Gesamtkostenkurve nach Vollkostenrechnung**. Zeigen Sie auch, inwiefern der nach Vollkostenrechnung unterstellte Kostenverlauf nicht der Realität entspricht.

Beschreibung der Gesamtkostenkurve nach Vollkostenrechnung:

Interpretation der Gesamtkostenkurve nach Vollkostenrechnung:

Kritik an der Gesamtkostenkurve nach Vollkostenrechnung:

5. Geben Sie die **Kostenfunktion für die Stückkosten nach Vollkostenrechnung** an und stellen Sie die Stückkostenkurve grafisch dar. Kennzeichnen Sie auch die derzeitige Auslastung. Erklären Sie anschließend, wie sich unterschiedliche Auslastungsgrade laut Vollkostenrechnung auf die Stückkosten auswirken.

Kostenfunktion – Stückkosten nach Vollkostenrechnung:

k(x) =

Auswirkung unterschiedlicher Auslastungsgrade auf die Stückkosten nach Vollkostenrechnung:

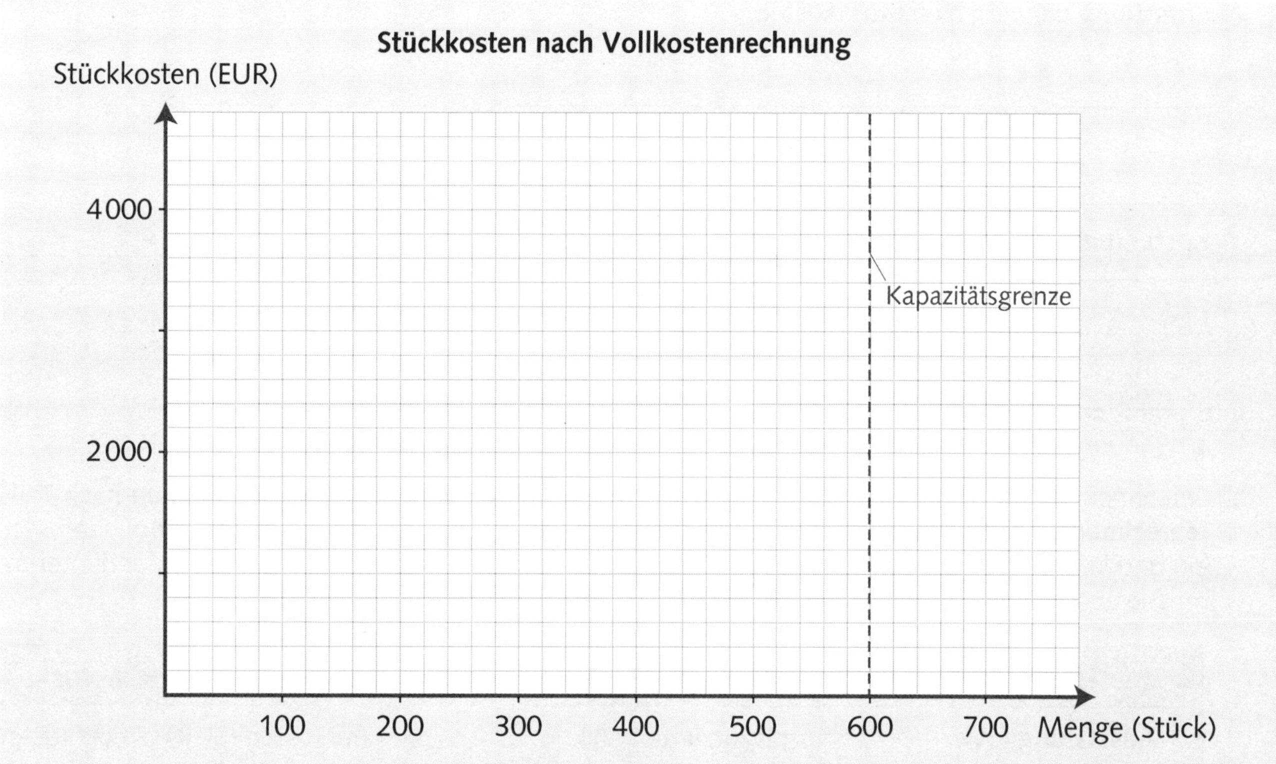

6. Alexandra Sachs trifft ihre Ausbilderin, Frau Zeils, auf dem Flur.

Alexandra Sachs: „Hallo Frau Zeils, ich habe die Anfrage der Wohnungsbaugesellschaft durchkalkuliert. Wir werden wohl ablehnen müssen. Es ergibt sich nach meiner Kalkulation ein erheblicher Verlust."

Frau Zeils: „Das habe ich befürchtet, aber vielleicht haben wir auch ein wenig zu kurz gedacht. Ich habe gerade noch einmal weitere Zahlen aus dem Rechnungswesen geholt: In den 900 000,00 EUR Gesamtkosten für unsere gegenwärtige Produktion von 450 Küchenblöcken „Mono" sind 360 000,00 EUR Fixkosten enthalten. Wir sollten noch einmal überlegen, inwiefern diese neue Information unsere Entscheidung beeinflussen könnte …"

a) Ermitteln Sie die variablen Gesamtkosten sowie die variablen Stückkosten für die Produktion des Küchenblocks „Mono" und geben Sie die **Gesamtkostenfunktion** an, die sich nach **Teilkostenrechnung** unter Berücksichtigung von fixen und variablen Kosten ergibt.

Ermittlung der variablen Gesamtkosten:

Ermittlung der variablen Stückkosten:

Kostenfunktion – Gesamtkosten nach Teilkostenrechnung:

K(x) =

b) Berechnen Sie für die unterschiedlichen Auslastungsgrade (s. Tabelle) die **Gesamtkosten nach Teilkostenrechnung**. Tragen Sie den Gesamtkostenverlauf nach Teilkostenrechnung in das Koordinatensystem ein und kennzeichnen Sie die derzeitige Auslastung der Rudolf Hoppe KG. Beschreiben und interpretieren Sie anschließend den Kostenverlauf nach Teilkostenrechnung.

Gesamtkosten (Selbstkosten) für den Küchenblock „Mono“ nach Teilkostenrechnung		
Auslastung (%)	**produzierte Stück**	**Gesamtkosten (EUR) (Selbstkosten)**
0 %		
25 %		
50 %		
75 %		
100 %		

Gesamtkosten nach Teilkostenrechnung

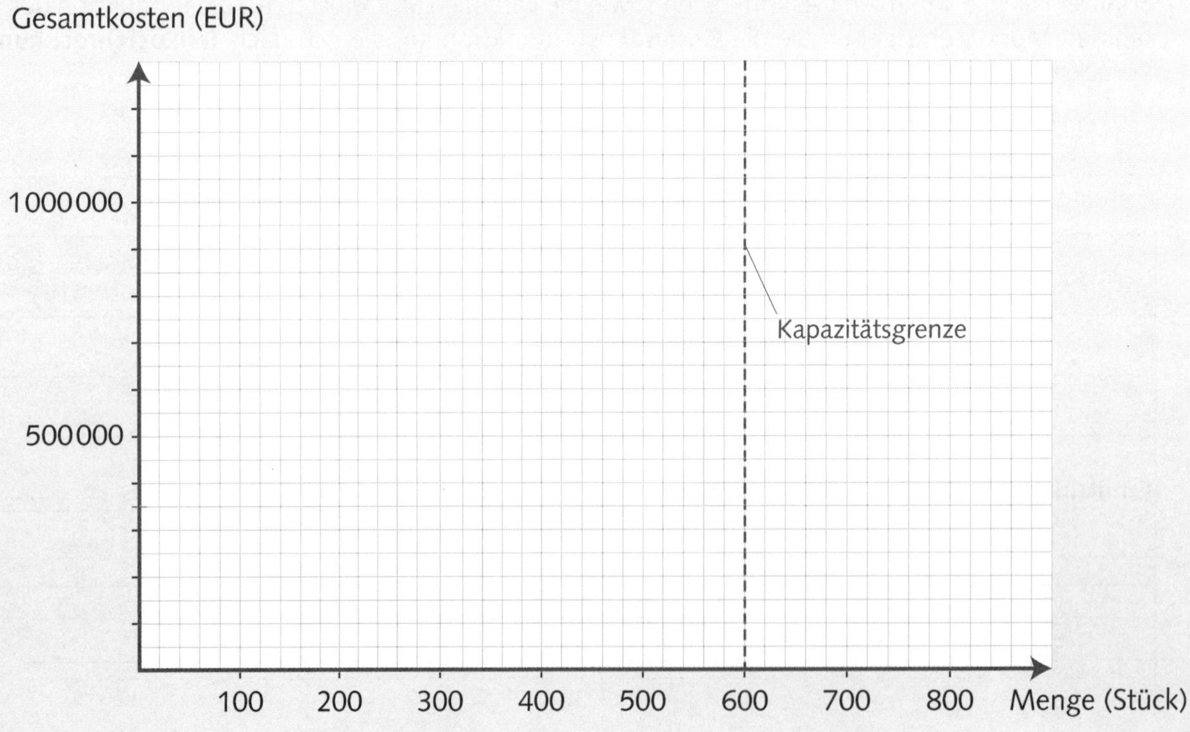

Beschreibung der Gesamtkostenkurve nach Teilkostenrechnung:

Interpretation der Gesamtkostenkurve nach Teilkostenrechnung:

c) Ermitteln Sie die **Stückkosten** für einen Küchenblock „Mono" nach **Teilkostenrechnung** und berücksichtigen Sie dabei unterschiedliche Auslastungsgrade (s. Tabelle). Zeichnen Sie anschließend die Stückkostenkurve in das Koordinatensystem ein und kennzeichnen Sie die derzeitige Auslastung.

Stückkosten für den Küchenblock „Mono" nach Teilkostenrechnung			
Auslastung/Menge	**variable Stückkosten (EUR)**	**fixe Stückkosten (EUR)**	**Stückkosten (gesamt) (EUR)**
50 Stück			
150 Stück			
250 Stück			
350 Stück			
450 Stück			
550 Stück			
600 Stück			

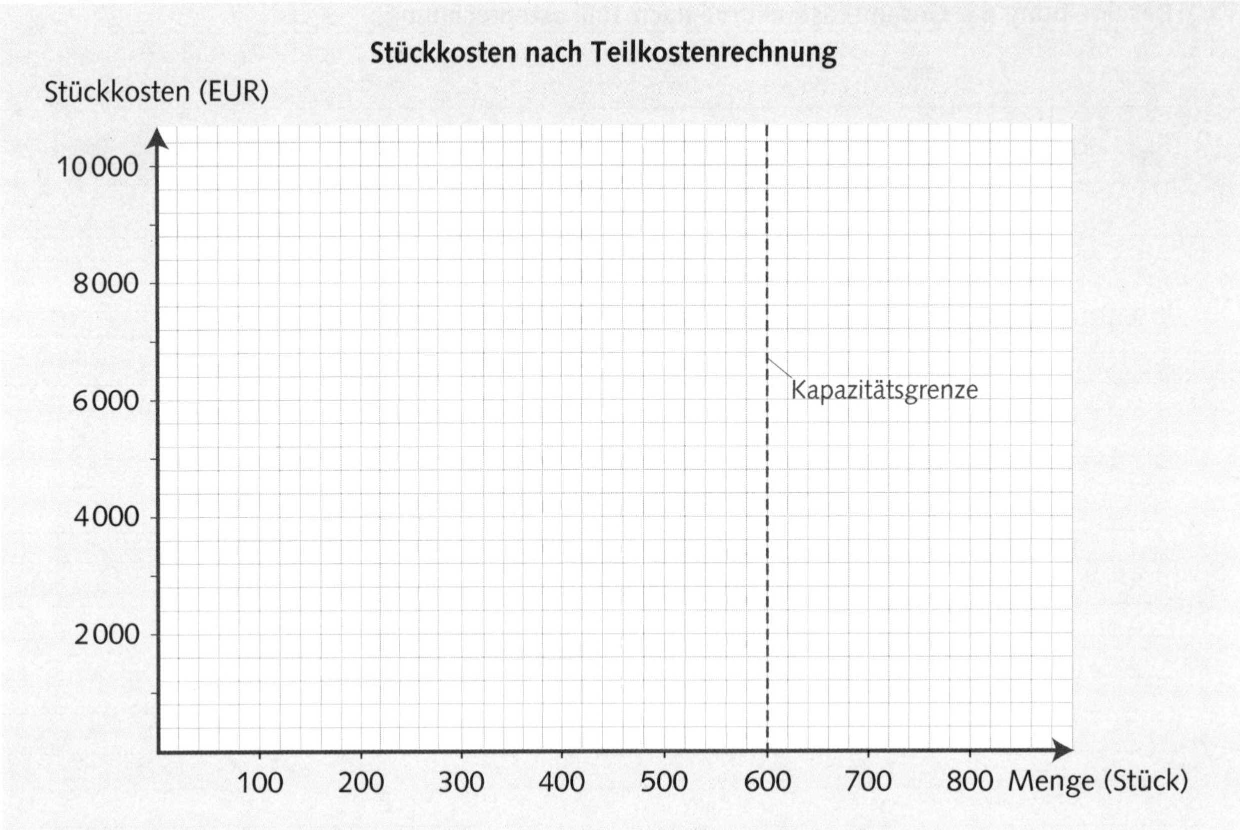

d) Geben Sie die **Kostenfunktion für die Stückkostenkurve nach Teilkostenrechnung** an. Beschreiben und interpretieren Sie den Verlauf dieser Stückkostenkurve. Erklären Sie in diesem Zusammenhang auch das „Gesetz der Massenproduktion".

Kostenfunktion – Stückkosten nach Teilkostenrechnung:

k(x) =

Beschreibung der Stückkostenkurve nach Teilkostenrechnung:

Interpretation der Stückkostenkurve nach Teilkostenrechnung/Gesetz der Massenproduktion:

e) Entscheiden Sie unter Berücksichtigung der **Teilkostenrechnung** erneut, ob der Auftrag der Wohnungsbaugesellschaft über 540 Küchenblöcke „Mono" angenommen werden sollte, und begründen Sie Ihre **Entscheidung** anhand der zuvor errechneten Daten.

Begründete Entscheidung über Auftragsannahme nach Teilkostenrechnung:

f) Erläutern Sie, inwiefern qualitative Aspekte die von der Rudolf Hoppe KG unter rein kostenrechnerischen Gesichtspunkten getroffene Entscheidung über die Auftragsannahme beeinflussen könnten.

Beeinflussung der Entscheidung über eine Auftragsannahme durch qualitative Aspekte:

Lernsituation 7:
Die Teilkostenrechnung als Deckungsbeitragsrechnung nutzen

Ein führender Büromöbelgroßhändler aus Süddeutschland sucht einen Produzenten für seine neueste Idee „Küche im Schrank – Die Lösung für das kleine Büro". Ein Minikühlschrank, eine Mikrowelle und zwei Induktionsplatten sowie eine kleine Spüle, alles ist in einem Schrank untergebracht. Da benötigt man nur noch die Anschlüsse für Wasser und Strom, und schon kann die Versorgungsstation auch in kleineren Büros aufgestellt werden. Sind beide Türen geschlossen, so ist die Miniküche nicht von einem Aktenschrank zu unterscheiden.

©www.inwerk-kuechen.de

Die inzwischen für die Produktion von Kleinküchen am Markt bekannte Rudolf Hoppe KG hat eine entsprechende Anfrage erhalten: Der Büromöbelgroßhändler möchte 250 Einheiten je Abrechnungsperiode abnehmen und ist bereit, 1250,00 EUR für jede Miniküche zu zahlen.

Nachdem Alexandra Sachs nun weiß, dass Entscheidungen über eine Auftragsannahme mithilfe der Teilkostenrechnung zu fällen sind, besorgt sie sich alle notwendigen Informationen:

- Die variablen Kosten je Kücheneinheit betragen 1000,00 EUR.
- Da die derzeitigen Kapazitäten der Rudolf Hoppe KG ausgelastet sind, müsste für die Produktion eine Halle im Nachbarort für 25000,00 EUR je Abrechnungsperiode angemietet werden. Die Halle verfügt auch über einen kleinen Verwaltungstrakt, in dem die kaufmännischen Aktivitäten rund um die „Küche im Schrank" abgewickelt werden könnten. So ist es möglich, auch die weiteren Fixkosten der Produktion genau zuzuordnen. Die Kostenrechnung prognostiziert für die „Küche im Schrank" gesamte Fixkosten in Höhe von 75000,00 EUR bei Aufnahme der Produktion.
- Die Kapazitätsgrenze für die Produktion der „Küche im Schrank" wird voraussichtlich bei 500 Stück/Abrechnungsperiode liegen.

Arbeitsaufträge

1. Ermitteln Sie unter Anwendung der **Deckungsbeitragsrechnung** in einer übersichtlichen Darstellung das für den Auftrag des Büromöbelgroßhändlers zu erwartende **Betriebsergebnis**. Erläutern Sie Ihre Berechnung und entscheiden Sie begründet über die Annahme des Auftrags.

„Küche im Schrank": Deckungsbeitragsrechnung (EUR)	

Erläuterung der Berechnung:

Begründete Entscheidung über die Auftragsannahme nach Deckungsbeitragsrechnung:

2. Alexandra Sachs stellt ihr Ergebnis Frau Zeils vor:

Alexandra Sachs: „Frau Zeils, wir sollten den Auftrag nicht annehmen. Ich habe ermittelt, dass das Betriebsergebnis negativ ist. Das lohnt sich für uns nicht!“

Frau Zeils: „Ich kann Ihre Berechnung nachvollziehen und sie stimmt. Der Auftrag deckt zwar weitgehend die anfallenden Fixkosten, aber es bleibt letztlich doch ein Betriebsverlust.

Ich habe gerade mit Herrn Hoppe gesprochen. Er sieht in der ‚Küche im Schrank‘ als neues ‚Fragezeichen‘ des Portfolios großes Entwicklungspotenzial, besonders, wenn es gelingt, das Produkt auch noch auf dem Freizeit- und Campingmarkt zu positionieren. Er möchte nur sehr ungern auf das Projekt verzichten.

Damit stellen sich uns zwei Fragen: Welchen Preis müssten wir für jede der 250 Miniküchen erzielen, um kostendeckend zu arbeiten? Oder andersherum: Wie viele Miniküchen müssten wir verkaufen, um bei dem angedachten Verkaufspreis von 1250,00 EUR die Gewinnschwelle zu erreichen?“

a) Berechnen Sie den **Verkaufspreis**, den die Rudolf Hoppe KG bei Verkauf von 250 Miniküchen für eine Küche fordern müsste, um **Kostendeckung** zu erreichen. Begründen Sie Ihren Rechenweg.

Verkaufspreis für eine „Küche im Schrank" bei Kostendeckung:

b) Eine Preisverhandlung „nach oben" durchsetzen zu können, scheint Rudolf Hoppe wenig aussichtsreich. Berechnen Sie den **Break-even-Point**, wenn die Miniküchen aufgrund der Marktsituation nicht teurer als zu 1250,00 EUR verkauft werden können. Führen Sie die beiden möglichen Rechenverfahren durch.

Berechnung des Break-even-Points mittels Kosten- und Erlösfunktion:

Berechnung des Break-even-Points mittels Stückdeckungsbeitrag:

c) Stellen Sie fest, welche **Erkenntnisse** die Rudolf Hoppe KG aus der Berechnung des **Break-even-Points** gewinnen kann.

Aussage des Break-even-Points: ______________________________

____

____

____

____

____

____

d) Stellen Sie die **Kosten- und die Erlösfunktion** in einer Grafik dar und beschriften Sie die Grafik aussagefähig (z. B. Break-even-Point, Kapazitätsgrenze, Gewinnzone/Verlustzone).

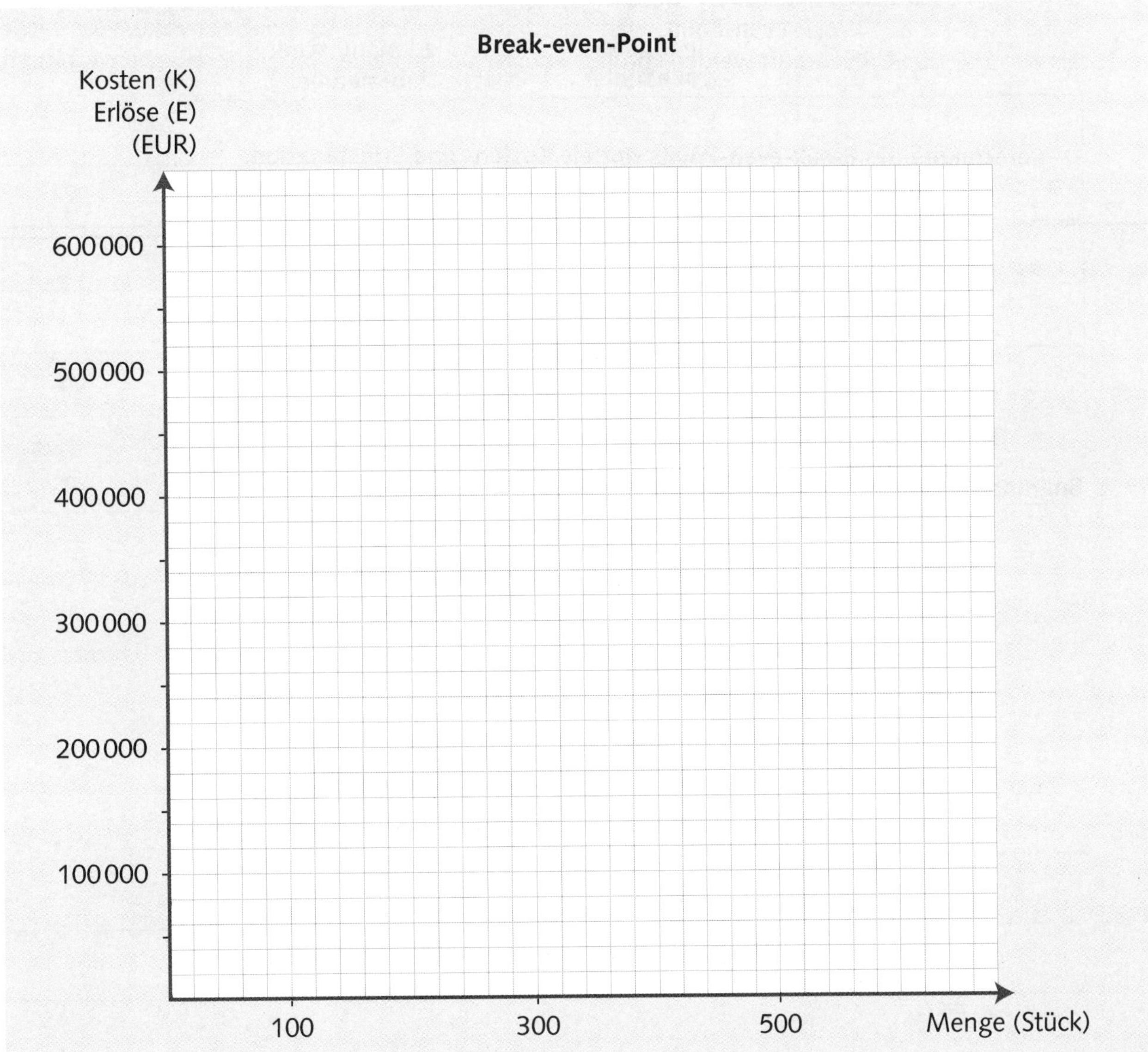

3. Herr Hoppe kommt von der Caravana, der größten Campingmesse der Niederlande zurück. Im Gepäck hat er die Anfrage eines niederländischen Anbieters für stationäre Campingwagen. Der Unternehmer sucht eine leicht einzubauende „Miniküchenversion".

   Herr Hoppe plant, das Modell „Küche im Schrank" anzubieten. Es könnten dann regelmäßig weitere 50 Modelle pro Abrechnungsperiode abgesetzt werden.

   Der niederländische Unternehmer kann sich einen maximalen Preis von 1400,00 EUR vorstellen, hat sich aber vorbehalten, weitere Angebote einzuholen, um anschließend nochmal über den Preis zu verhandeln.

   a) Berechnen Sie die Auswirkungen dieses **Zusatzauftrags** auf das Betriebsergebnis für den Bereich „Küche im Schrank" und entscheiden Sie begründet, ob der Auftrag angenommen werden sollte.

      Der Büromöbelgroßhändler hat signalisiert, dass er weiterhin Interesse an einer regelmäßigen Belieferung mit 250 Miniküchen zu den vereinbarten Konditionen hat.

„Küche im Schrank": Deckungsbeitragsrechnung mit Zusatzauftrag (EUR)			
	Büromöbel-großhändler	niederländischer Unternehmer	Summe

Begründete Entscheidung über die Annahme des Zusatzauftrags:

b) Inzwischen hat der Büromöbelgroßhändler eine regelmäßige Bestellung von 250 „Küchen im Schrank" fest zugesagt.

Untersuchen Sie, welchen **Spielraum** Herr Hoppe damit in den anstehenden **Preisverhandlungen** mit dem niederländischen Unternehmen hat.

- Bei welchem Verkaufspreis/Stück wird Herr Hoppe einen Auftrag definitiv ablehnen?
- Ab welchem Verkaufspreis/Stück hat Herr Hoppe alle Kosten im Bereich „Küche im Schrank" gedeckt?

Verhandlungsspielraum bei der Preisgestaltung für den Zusatzauftrag:

3. Ein Großhändler mit Internetshop ist auf die „Küche im Schrank“ aufmerksam geworden: Er vertreibt per Katalog bzw. Onlineshop unter dem Label „Finca H“ exklusive mediterrane Einrichtungsgegenstände für Wintergärten und überdachte Terrassen.

   Der Großhändler möchte je Abrechnungsperiode regelmäßig eine größere Anzahl Miniküchen – in den Verhandlungen wurde „50 plus“ genannt – abnehmen, besteht aber auf einer attraktiven Modifikation der „Küche im Schrank“, d. h., er nimmt die Küchen nur, wenn eine Granitarbeitsplatte den Abschluss der Miniküche bildet. Diese Ausführung ist robust im gemäßigten Außenbereich und verleiht dem Produkt ein exklusives Image. Der Großhändler ist bereit, 1900,00 EUR für die modifizierte Miniküche zu bezahlen.

   Da die Rudolf Hoppe KG die Granitplatten nicht fremdbeziehen möchte, kommt nur die Anschaffung einer neuen Sägemaschine für Granitplatten infrage.

   Die Anschaffungskosten für die Sägemaschine belaufen sich auf 88 000,00 EUR, der Wiederbeschaffungswert wird mit 96 000,00 EUR taxiert.

   Die Nutzungsdauer lt. AfA-Tabelle beträgt 10 Jahre, Rudolf Hoppe erwartet aber eine tatsächliche Nutzungsdauer von 12 Jahren.

   Alexandra Sachs hat berechnet, dass sich die variablen Stückkosten für diese Miniküche auf 1500,00 EUR erhöhen würden.

   a) Berechnen Sie, wie viele modifizierte Miniküchen verkauft werden müssen, um die **zusätzlichen Fixkosten** zu decken. Führen Sie beide möglichen Rechenwege durch.

   Berechnung des Break-even-Points für den Zusatzauftrag mittels Kosten- und Erlösfunktion:

   Berechnung des Break-even-Points für den Zusatzauftrag mittels Stückdeckungsbeitrag:

   b) Entscheiden Sie begründet über die Annahme des Zusatzauftrags für die exklusive Miniküche.

   Begründete Entscheidung über die Annahme des Zusatzauftrags:

Geschäftsprozesse darstellen und optimieren

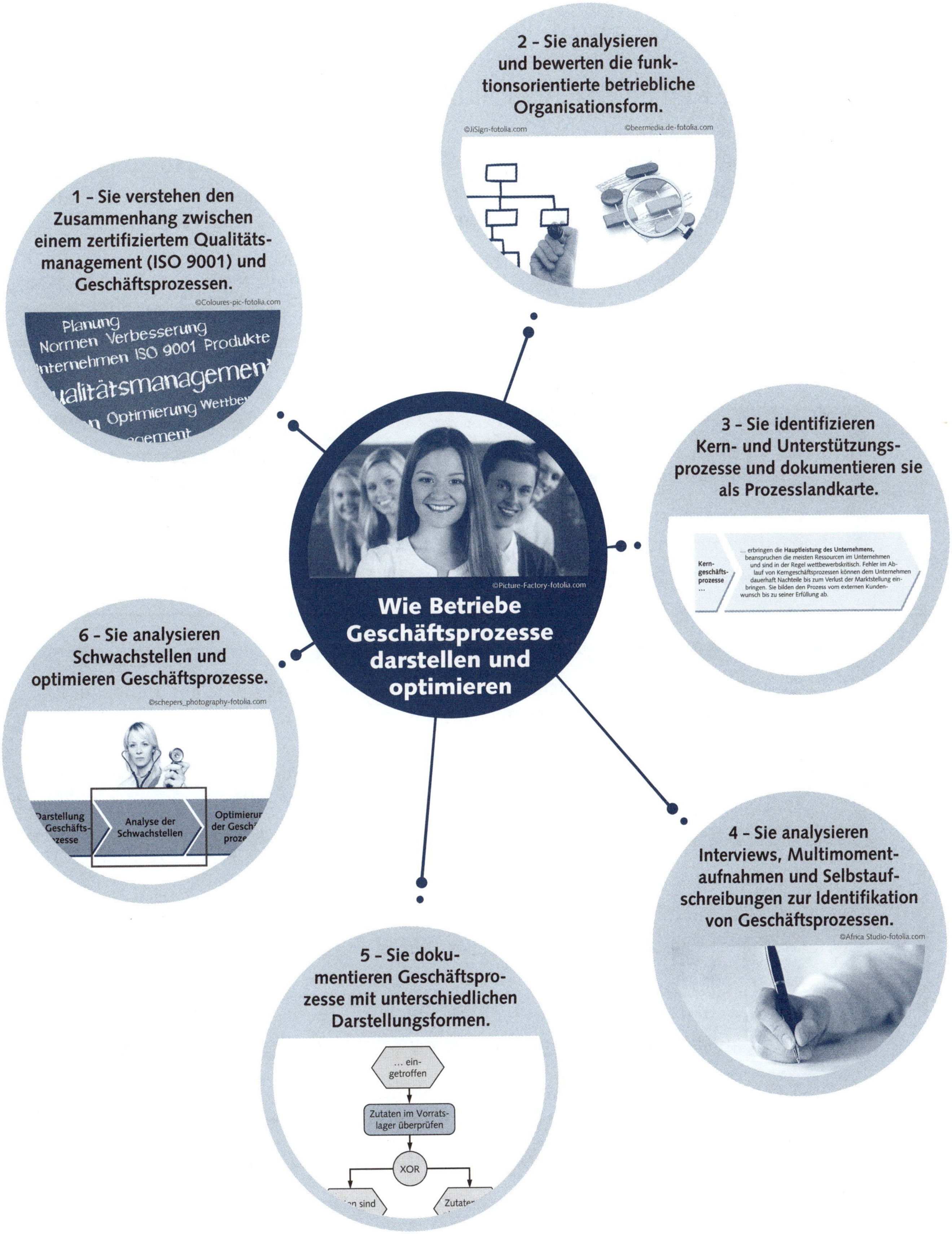

©ag visuell-fotolia.com

Geschäftsprozesse darstellen und optimieren

Die Kompetenzentwicklung umfasst, …

… den Zusammenhang zwischen der betrieblichen Organisationsform, den Geschäftsprozessen und dem Qualitätsmanagement eines Unternehmens zu verstehen.

Funktionsorientierte Organisationsform	Schnittstellen in Arbeitsabläufen bzw. Geschäftsprozessen	Qualitätsmanagement und Geschäftsprozesse	ISO 9001 Zertifizierung

… die Eigenschaften von Geschäftsprozessen zu kennen und die Prozessarten zu unterscheiden, um unterschiedliche Arbeitsabläufe im Unternehmen zu bewerten.

Eigenschaften von Geschäftsprozessen	Kerngeschäftsprozesse	Unterstützungsprozesse	Prozesslandkarte, Pfeilform

… die Ergebnisse unterschiedlicher Erhebungsmethoden der Ist-Aufnahme zur Identifikation von Geschäftsprozessen zu nutzen.

Vorgehensmodell zur Geschäftsprozessoptimierung	Ist-Aufnahme von Geschäftsprozessen	Dokumentenanalyse, Selbstaufschreibung	Interview, Multimomentaufnahme

… Geschäftsprozesse mit unterschiedlichen Darstellungsformen zu dokumentieren.

Ereignisgesteuerte Prozessketten (EPK)	Flussdiagramm	Ablaufdiagramm

… Schwachstellen in Geschäftsprozessen aufzufinden und zu optimieren.

Typische Schwachstellen in Geschäftsprozessen	Fragestellungen zur Schwachstellenanalyse	Optimierung von Geschäftsprozessen

Der Modellbetrieb im Lernfeld 11
Unternehmensbeschreibung

Firma	**Venedig GmbH**
Geschäftszweck	Catering-Service für italienische Speisen, Produktion und Vertrieb von italienischer Kühlkost
Geschäftssitz	Ludwigstr. 92, 50932 Köln
Registergericht	Amtsgericht Köln HRB 47303 Steuernummer: 469/5134/6759 USt-Id.-Nummer: DE234595988
Gesellschafter	Franco Bernardi, Emilia Bernardi, Maria Bernardi
Geschäftsführer	Franco Bernardi
allgemeine Handlungsbevollmächtigte	Maria Bernardi, Evelyn Berg
Telefon	0221 977234-0
Telefax	0221 977234-7
Homepage	www.venedig-bernardi.de
E-Mail	kontakt@venedig-bernardi.de
Bankverbindung	Postbank Köln BIC: PBNKDEFF IBAN: DE80 2501 0030 0415 3203 01
Mitarbeiter	18 Mitarbeiter, davon 1 Auszubildende im Büromanagement
Auszug aus dem Absatzprogramm	Catering: Buffet Classico, 30,00 Euro pro Person Buffet Roma, 50,00 Euro pro Person Buffet Imperatore, 65,00 Euro pro Person Buffet Individuale, Preis nach Absprache Kühlkost: Pizza Salami, Pizza Tonno Nudeln Bolognese Tiramisu
Kunden	Catering: Privatkunden, Firmenkunden Kühlkost: 6 Supermärkte der ZEWE Kette
Lieferanten	Bio-Händler aus Deutschland und Italien
Weitere Informationen für die Bearbeitung der Lernsituationen	
Abteilungen	Beschaffung, Produktion, Verwaltung, Vertrieb
Partnerunternehmen	Die Bäckerei und Konditorei „Knusperfein“ erstellt für den Catering-Service kundenindividuelle Torten.

LERNFELD 11

Ausgangssituation zu den Lernsituationen 1 - 4

©celianestudio-fotolia.com

Franco Bernardi hat die Venedig GmbH im Jahr 2002 als kleinen, familiengeführten Catering-Service für italienische Speisen gegründet. Die hohe Qualität der italienischen Buffets und das gute Preis-Leistungs-Verhältnis haben sich in der Wirtschaftswelt schnell herumgesprochen, sodass bereits viele Unternehmen als Stammkunden gewonnen wurden.

©B. and E. Dudzinscy-shutterstock.com

Die italienischen Speisen werden in der Firmenküche zubereitet und zum Kunden ausgeliefert. Zusätzlich werden für Veranstaltungen kundenindividuelle Torten (z. B. Jubiläumstorten, Torten mit Firmenlogo) bestellt. Die Produktion dieser Torten vergibt die Venedig GmbH an die Bäckerei und Konditorei „Knusperfein", mit der sie als Partner zusammenarbeitet.

Im Jahr 2008 hat sich die Venedig GmbH entschlossen, neben dem Catering einen weiteren Geschäftszweig aufzubauen, um die saisonbedingten Schwankungen des Catering-Geschäftes auszugleichen. Seitdem wird Kühlkost zubereitet und an regionale Supermärkte ausgeliefert.

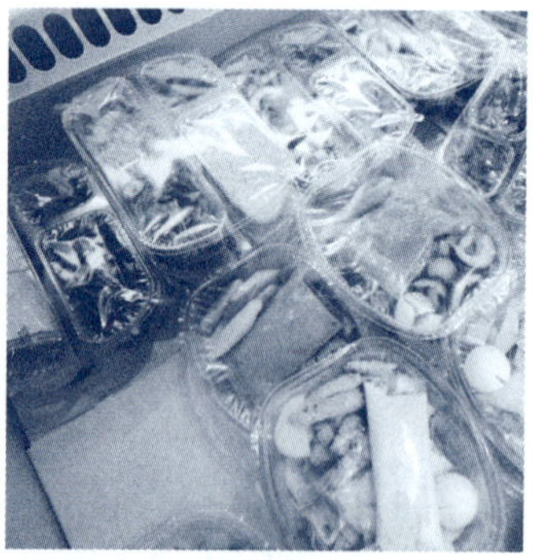

©Gordon Bussiek-fotolia.com

Die frisch zubereiteten und gekühlten Produkte werden entweder vakuumverpackt oder unter Schutzgas eingeschweißt und aus dem Kühlregal verkauft. Der Vorteil gegenüber tiefgefrorenen Produkten (Tiefkühlkost) liegt in der Frische, was sich insbesondere geschmacklich bemerkbar macht. Allerdings verfügt die Kühlkost nur über eine begrenzte Haltbarkeit von einigen Tagen bis zu wenigen Wochen, da die Lagerung im Kühlregal bei ca. + 5 °C den natürlichen Verderb nicht lange aufhält.

Die Angebotspalette der Venedig GmbH im Bereich Kühlkost besteht derzeit aus zwei Sorten Pizza, Nudeln Bolognese und eines Tiramisus als Nachspeise.

Mittlerweile liefert die Venedig GmbH italienische Buffets für Veranstaltungen mit bis zu 300 Gästen und erfreut sich voller Auftragsbücher von sechs Supermärkten für ihre Kühlkost-Produkte. Franco Bernardi sitzt mit seiner Frau Emilia beim Frühstück, als Tochter Maria mit der Tageszeitung in der Hand hinzukommt.

Maria Bernardi: Seht mal! Schon wieder ein Lebensmittelskandal. Es wurde erneut Gammelfleisch entdeckt.

Franco Bernardi: Hoffentlich wirkt sich der Vorfall nicht negativ auf unser Geschäft aus! Damals beim Pferdefleischskandal in der Lasagne hatten wir hohe Umsatzeinbußen, obwohl wir nichts damit zu tun hatten!

Emilia Bernardi: Bei uns stimmt die Qualität durch und durch! Das sollten wir in unserer Werbung auf der Homepage noch einmal verdeutlichen! Ich habe davon gehört, dass sich Unternehmen ihre Qualität offiziell zertifizieren lassen.

Franco Bernardi: Aber wie?

SPIEGEL ONLINE
24. Juni 2015, 13:17 Uhr

Lebensmittelskandal

40 Jahre altes Fleisch in China beschlagnahmt

Chinesische Zöllner haben tonnenweise Gammelfleisch entdeckt. Die teils 40 Jahre alte Tiefkühlware soll einen Marktwert von umgerechnet 430 Millionen Euro gehabt haben. 130 Menschen wurden festgenommen.

SPIEGEL ONLINE
16. Juli 2014, 12:47 Uhr

Neue Serie

Was wurde eigentlich aus... dem Pferdefleischskandal?

Von Claus Hecking

Pferd in der Lasagne, Pferd in den Tortelloni: Vor anderthalb Jahren ekelten sich Millionen Verbraucher über als Rind deklariertes Pferdfleisch in Lebensmitteln. Hat sich seitdem etwas geändert? Das Ergebnis einer Recherche ist bestürzend.

Süddeutsche.de Panorama

22. Februar 2013, 18:35 Pferdefleisch in Fertiggerichten

Welche Produkte betroffen sind

Tortelloni, Ravioli, Chili con Carne: Längst geht es bei dem Skandal um Pferdefleisch in Rinderhack-Produkten nicht mehr nur um Lasagne. Welche Produkte welcher Supermarkt inzwischen aus den Regalen genommen hat: ein Überblick.

Lernsituation 1:
Die betriebliche Organisation der Venedig GmbH analysieren und über die Zertifizierung des Qualitätsmanagements (ISO 9001) entscheiden

Ein erneuter Lebensmittelskandal hat die Venedig GmbH als Anbieter von italienischen Lebensmitteln in Sorge versetzt. Das familiengeführte Unternehmen befürchtet Umsatzeinbußen aufgrund verunsicherter Kunden. Maria Bernardi hat sich umgehört, wie die eigene gute Qualität offiziell bestätigt und werbewirksam eingesetzt werden könnte. Die Familie sitzt zu einer Besprechung zusammen.

Maria Bernardi: Es gibt Unternehmen, die mit einem ISO-9001-Zertifikat werben. Diese Zertifikate werden den Unternehmen nach einer Prüfung des Qualitätsmanagements durch unabhängige Institute verliehen. Die Betriebe, die über ein solches Zertifikat verfügen, drucken das ISO-9001-Logo z. B. auf ihre Briefköpfe oder sogar auf ihre Firmenfahrzeuge.

Franco Bernardi: Das sollten wir auch zügig in Angriff nehmen, die Prüfer können direkt in mein Büro kommen. Ich erkläre ihnen unseren Betrieb – 100 % Qualität! Das mit dem ISO-9001-Zertifikat sollte schnell gehen.

Maria Bernardi: Ich kenne die Details noch nicht, aber ich vermute, dass es einiger Vorbereitungen bedarf, ein Qualitätsmanagement zu installieren, das einer ISO-9001-Zertifizierung standhält. Vielleicht lohnt sich die Zertifizierung für uns gar nicht! Wir sollten uns damit genauer beschäftigen und unsere Entscheidung gründlich vorbereiten.

© nickylarson974-fotolia.com

Arbeitsaufträge

1. Als Auszubildender im Büromanagement werden Sie von Maria Bernardi gebeten, sich mit den Themen Qualitätsmanagement und ISO-9001-Zertifizierung aus Sicht der Venedig GmbH zu beschäftigen, um eine Entscheidung vorzubereiten.

   a) Beschreiben Sie anhand der Kühlkost-Produkte der Venedig GmbH, welche grundsätzlichen Aufgaben ein Qualitätsmanagement erfüllen müsste und welche Bedeutung in diesem Zusammenhang eine ISO-9001-Zertifizierung besäße.

   Aufgaben des Qualitätsmanagements und Bedeutung der ISO-9001-Zertifizierung:

b) Recherchieren Sie im Internet, welche Institute die ISO-9001-Zertifizierung in der Venedig GmbH durchführen könnten? Vergleichen Sie Leistungsumfang und Preise unterschiedlicher Institute.

Mögliche Zertifizierungsinstitute für die Venedig GmbH:

c) Stellen Sie fest, welche Vor- bzw. Nachteile sich aus der Zertifizierung nach ISO 9001 für die Venedig GmbH ergeben können. Geben Sie der Venedig GmbH auf dieser Basis – sowie ggf. unter Berücksichtigung allgemeiner Trends auf dem Lebensmittelmarkt – eine begründete Empfehlung, ob die Zertifizierung umgesetzt werden sollte.

Vorteile der ISO-9001-Zertifizierung:

Nachteile der ISO-9001-Zertifizierung:

©Alex White-fotolia.com

©fotomek-fotolia.com

©Alex White-fotolia.com

Begründete Empfehlung für die Venedig GmbH:

d) Führen Sie auf, welche Voraussetzungen für eine erfolgreiche ISO-9001-Zertifizierung zu erfüllen sind. Formulieren Sie jeweils ein konkretes Beispiel aus Sicht der Venedig GmbH.

© celianestudio-fotolia.com

Voraussetzungen für eine erfolgreiche ISO-9001-Zertifizierung der Venedig GmbH:

©Marco2811-fotolia.com

2. Familie Bernardi hat sich für die Durchführung der ISO-9001-Zertifizierung entschieden. Maria Bernardi wird das Projekt seitens der Venedig GmbH leiten und Herr Fuchs vom TÜV wird die Zertifizierung begleiten.

   a) Wesentliche Voraussetzungen für die ISO-9001-Zertifizierung sind die Kenntnis, die Dokumentation und die Optimierung der Geschäftsprozesse. Das Vorgehen hat Herr Fuchs Maria Bernardi telefonisch erläutert. Sie hat die Vorgehensweise auf einigen Notizzetteln am Telefon mitgeschrieben, allerdings in der Eile die Phasenbezeichnungen und die Reihenfolge nicht richtig mitbekommen. Informieren Sie sich über das Vorgehensmodell zur Geschäftsprozessoptimierung, ordnen Sie den Notizen die richtige Phasenbezeichnung zu und legen Sie die Reihenfolge der Phasen fest (Nr. 1 - 5).

Phasenbezeichnung:
Optimierung der Geschäftsprozesse, Ist-Aufnahme, Kontinuierliche Verbesserung, Darstellung der Geschäftsprozesse, Analyse der Schwachstellen

Abbildung mit den Methoden: Ereignisgesteuerte Prozessketten (EPK), Flussdiagramm, Ablaufdiagramm	Verschafft einen Überblick über die aktuellen Abläufe im Betrieb. Methoden: Dokumentenanalyse, Selbstaufschreibung, Multimomentaufnahme, Interview	Möglichkeiten: Weglassen, Hinzufügen, Zusammenfassen, Aufteilen, Reihenfolge ändern, Vorgänge parallelisieren	Dauerhafte Betreuung und Verbesserung der Geschäftsprozesse unter Einbeziehen aller Mitarbeiter	Vier Bereiche sind zu untersuchen: Nutzen der Prozessschritte, Organisationsbrüche, Medienbrüche, Durchlaufzeiten
Nr. ____	Nr. 1	Nr. ____	Nr. ____	Nr. ____
____	Ist-Aufnahme	____	____	____

   b) Bis zum ersten Besuch von Herrn Fuchs soll Maria Bernardi mit der Ist-Aufnahme in der Venedig GmbH beginnen. Sie kennt die Erhebungsmethoden, ist aber unsicher, welche Methode sie als erste anwenden soll. Überlegen Sie, welche Erhebungsmethode für Maria Bernardi zu Beginn am sinnvollsten ist und wovon die Auswahl weiterer Methoden abhängig ist.

Erhebungsmethoden für die Ist-Aufnahme in der Venedig GmbH:

LERNFELD 11

3. Ein Dokument, das Herr Bernardi für die Ist-Aufnahme zur Verfügung stellt, beschreibt die Arbeitsplätze in der Venedig GmbH. Herr Fuchs vom TÜV erhält beim ersten Treffen diese Unterlage und beginnt, aufmerksam zu lesen.
   a) Lesen Sie die Übersicht „Arbeitsplätze in der Venedig GmbH" und ordnen Sie den einzelnen Arbeitsplatzbereichen die jeweilige Abteilung zu.
   b) Begründen Sie anhand der Übersicht, welches Organisationskonzept die Venedig GmbH zurzeit umsetzt.

Arbeitsplätze in der Venedig GmbH			
Geschäftsführung: Franco Bernardi			
		Verwaltung (Personal, ReWe, IT)	
Name: Frau Berg **Ausbildung:** Büromanagerin **Tätigkeiten:** Einkauf der Zutaten, Warenkalkulation, Lieferantenauswahl **Region:** Deutschland	**Name:** Herr Klein, Herr Pirlo **Ausbildung:** Koch **Tätigkeiten:** Buffet-Catering (Vorspeisen und Salate), Erstellen und Anrichten der Buffets	**Name:** Herr Schuh **Ausbildung:** Büromanager **Tätigkeiten:** Gehaltsabrechnung, Bewerbungen, Betreuung der Auszubildenden	**Name:** Frau Kugel, Frau Kern (Azubi) **Ausbildung:** Büromanagerin **Tätigkeiten:** Auftragsannahme, Kundenberatung für Buffet-Catering
Name: Frau Kranz **Ausbildung:** Büromanagerin und Fremdsprachenkorrespondentin **Tätigkeiten:** Einkauf der Zutaten, Warenkalkulation, Lieferantenauswahl **Region:** Italien	**Name:** Herr Capone, Herr Voll, Herr Schmidt **Ausbildung:** Koch **Tätigkeiten:** Buffet-Catering (Hauptgerichte), Erstellen und Anrichten der Buffets, Kühlkost (Hauptgerichte)	**Name:** Herr Keres, Herr Brandt **Ausbildung:** Büromanager **Tätigkeiten:** Rechnungseingang und -ausgang, Buchhaltung, Zahlungsverkehr	**Name:** Frau Scholten **Ausbildung:** Büromanagerin **Tätigkeiten:** Auftragsannahme, Kundenberatung für Kühlkost
	Name: Frau Antonin **Ausbildung:** Köchin **Tätigkeiten:** Buffet-Catering (Nachspeisen), Erstellen und Anrichten der Buffets, Kühlkost (Nachspeise)	**Name:** Herr Tig **Ausbildung:** IT-Systemkaufmann **Tätigkeiten:** Betreuung von Auftrags-, Kunden- und Lieferantendatenbank, Homepage, Buchhaltungssystem	**Name:** Herr Klamm, Herr Aksu, Herr Mertens **Ausbildung:** Führerschein Klasse C1 **Tätigkeiten:** Auslieferung und Aufbau der Buffets beim Kunden, Belieferung der Supermärkte

Organisationskonzept der Venedig GmbH: ______________________

____

____

____

c) Verschaffen Sie sich mithilfe der Arbeitsplatzübersicht einen Überblick über den Arbeitsablauf in der Venedig GmbH, wenn eine Kundenbestellung für Kühlkost (Hauptgericht und Nachspeise) eingeht. Dokumentieren Sie dazu in den Kreisen die Reihenfolge der Arbeitsschritte (Nr. 1 – 7) und verbinden Sie die Kreise mit Pfeilen.

Arbeitsplätze in der Venedig GmbH			
Geschäftsführung: Franco Bernardi			
Beschaffung (Einkauf)	**Produktion (Buffet, Kühlkost)**	**Verwaltung (Personal, ReWe, IT)**	**Vertrieb (Verkauf, Logistik)**
Name: Frau Berg **Ausbildung:** Büromanagerin **Tätigkeiten:** Einkauf der Zutaten, Warenkalkulation, Lieferantenauswahl **Region:** Deutschland	**Name:** Herr Klein, Herr Pirlo **Ausbildung:** Koch **Tätigkeiten:** Buffet-Catering (Vorspeisen und Salate), Erstellen und Anrichten der Buffets	**Name:** Herr Schuh **Ausbildung:** Büromanager **Tätigkeiten:** Gehaltsabrechnung, Bewerbungen, Betreuung Auszubildende	**Name:** Frau Kugel, Frau Kern (Azubi) **Ausbildung:** Büromanagerin **Tätigkeiten:** Auftragsannahme, Kundenberatung für Buffet-Catering
Name: Frau Kranz **Ausbildung:** Büromanagerin und Fremdsprachen-korrespondentin **Tätigkeiten:** Einkauf der Zutaten, Warenkalkulation, Lieferantenauswahl **Region:** Italien (2)	**Name:** Herr Capone, Herr Voll, Herr Schmidt **Ausbildung:** Koch **Tätigkeiten:** Buffet-Catering (Hauptgerichte), Erstellen und Anrichten der Buffets, Kühlkost (Hauptgerichte) (3)	**Name:** Herr Keres, Herr Brandt **Ausbildung:** Büromanager **Tätigkeiten:** Rechnungseingang und -ausgang, Buchhaltung, Zahlungsverkehr (5) (7)	**Name:** Frau Scholten **Ausbildung:** Büromanagerin (1) **Tätigkeiten:** Auftragsannahme, Kundenberatung für Kühlkost
	Name: Frau Antonin **Ausbildung:** Köchin **Tätigkeiten:** Buffet-Catering (Nachspeisen), Erstellen und Anrichten der Buffets, Kühlkost (Nachspeise) (4)	**Name:** Herr Tig **Ausbildung:** IT-Systemkaufmann **Tätigkeiten:** Betreuung von Auftrags-, Kunden- und Lieferanten-datenbank, Homepage, Buchhaltungssystem	**Name:** Herr Klamm, Herr Aksu, Herr Mertens **Ausbildung:** Führerschein Klasse C1 **Tätigkeiten:** Auslieferung und Aufbau der Buffets beim Kunden, Belieferung der Supermärkte (6)

d) Herr Fuchs vom TÜV ist ein geübter Berater, der Schwachstellen schnell erkennt. Zeigen Sie am Beispiel der Kundenbestellung für Kühlkost auf, welche Probleme er mit Blick auf die derzeitige Organisation der Arbeitsabläufe identifizieren wird.

Probleme durch die Organisation der Arbeitsabläufe in der Venedig GmbH:

©WavebreakmediaMicro-fotolia.com

©Picture-Factory-fotolia.com

©Andrey Popov-fotolia.com

©celianestudio-fotolia.com

©Gina Sanders-fotolia.com

©lassedesignen-fotolia.com

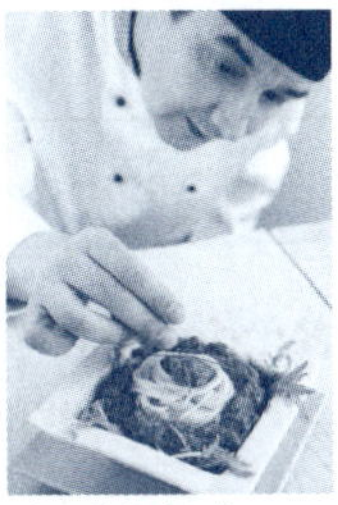

©mythja-fotolia.com

Lernsituation 2:
Geschäftsprozesse (Kern- und Unterstützungsprozesse) der Venedig GmbH identifizieren und als Prozesslandkarte dokumentieren

Die Venedig GmbH hat sich für die ISO-9001-Zertifizierung entschieden, um sich durch ein geprüftes Qualitätsmanagement von ihren Mitbewerbern in der Lebensmittelbranche werbewirksam abzugrenzen. Beim letzten Treffen erklärte Herr Fuchs vom TÜV Maria Bernardi die Nachteile einer funktionsorientierten Aufbauorganisation mit ihren vielen Abteilungsschnittstellen. Vermeiden lässt sich das nur, wenn man nicht die Abteilungen, sondern die zu leistenden Geschäftsprozesse in den Fokus stellt. Daher sei es für die ISO-9001-Zertifizierung zunächst erforderlich, die unterschiedlichen Geschäftsprozesse im Unternehmen als solche zu erkennen. Um Anknüpfungspunkte zur Identifikation der Geschäftsprozesse in der Venedig GmbH zu erhalten, hat Maria Bernardi im Rahmen einer Multimomentaufnahme die Tätigkeiten der Mitarbeiter über einen Zeitraum von einer Stunde beobachtet und notiert.

©Daxiao Productions-fotolia.com

Arbeitsaufträge

1. Prüfen Sie anhand der Eigenschaften von Geschäftsprozessen, ob es sich bei den erfassten Tätigkeiten um den Teil eines Geschäftsprozesses handelt. Bestimmen Sie dazu den Kunden des Geschäftsprozesses (intern oder extern) und die Prozessart (Kernprozess (K), Unterstützungsprozess (U), kein Geschäftsprozess (–)).

Notizen von Maria Bernardi, Venedig GmbH Tätigkeiten der Mitarbeiter am Dienstag, 15.03.20.., 14:30 Uhr - 15:30 Uhr			
Nr.	**Tätigkeiten**	**Kunde (intern/extern)**	**Prozessart (K, U, –)**
1.	Frau Kern berät Kunden bei der Buffetbestellung.	Externer Kunde	K
2.	Herr Aksu belädt den Lkw mit Kühlkost.		
3.	Herr Schuh organisiert eine Biokost-Fortbildung für die Köche.		
4.	Herr Voll beginnt die Teigerstellung für Nudeln (Kühlkost).		
5.	Frau Berg bestellt nicht vorrätige Zutaten.		
6.	Herr Tig installiert ein Systemupdate der Lieferantendatenbank.		
7.	Herr Bernardi bestellt sich ein Heimkinosystem im Internet.		
8.	Frau Kern spricht mit Herr Schuh über ihr Berufsschulzeugnis.		
9.	Herr Klamm baut im Autohaus Biegel das Buffet „Imperatore" auf.		
10.	Herr Brandt prüft die Eingangsrechnungen des Tages.		
11.	Frau Antonin verpackt das Tiramisu.		
12.	Herr Tig wechselt die defekte Birne eines Beamers.		
13.	Herr Keres überweist einen Betrag an die „Italian-Food s. r. l." in Rom.		
14.	Frau Scholten schreibt die Auftragsbestätigung für einen Supermarkt.		
15.	Herr Capone beauftragt einen Klempner wegen des Rohrbruchs.		

2. Maria Bernardi hat viele einzelne Tätigkeiten als Bestandteile von Geschäftsprozessen identifiziert. Nun gilt es, für einen Gesamtüberblick in der Prozesslandkarte der Venedig GmbH die Geschäftsprozesse zusammenzufassen. Herr Fuchs hat die bisherigen Unterlagen der Venedig GmbH bereits analysiert und größere Teilprozesse identifiziert.

   a) Ergänzen Sie in der unten stehenden Prozesslandkarte die Teilprozesse (Pfeilelemente) der drei Unterstützungsprozesse (Eingangsrechnung, Personalmanagement, IT-Wartung) und in der Prozesslandkarte auf der Folgeseite die Teilprozesse (Pfeilelemente) der zwei Kerngeschäftsprozesse (Catering, Kühlkost) mithilfe der folgenden Vorgaben von Herrn Fuchs.

   ~~Laufende Betreuung der Mitarbeiter~~ / Erstellen von Fehler- oder Wartungsprotokoll / Buffet-Bestellung durch Kunden / Prüfen der Eingangsrechnungen / Einkauf oder Entnahme der Zutaten aus dem Warenlager / Produktion und Anrichten der Gerichte / Auftrag (Fehlermeldung, Wartung) / ~~Auslieferung und Aufbau des Buffets beim Kunden~~ / Ausbildung und Einstellung / Kühlkost-Bestellung durch Supermarkt / Einkauf oder Entnahme der Zutaten aus dem Warenlager / Verbuchung / Produktion der Kühlkost / Weiterentwicklung der Mitarbeiter / Auslieferung an den Supermarkt / ~~Zahlungsabwicklung~~ / Behebung von Fehlern, Durchführung der Wartung

   b) Ordnen Sie anschließend die von Maria Bernardi erfassten einzelnen Tätigkeiten aus Arbeitsauftrag 1 durch Eintragen der Nummern in die Kreise dem richtigen Teilprozess zu.

Prozesslandkarte: „Unterstützungsprozesse" der Venedig GmbH

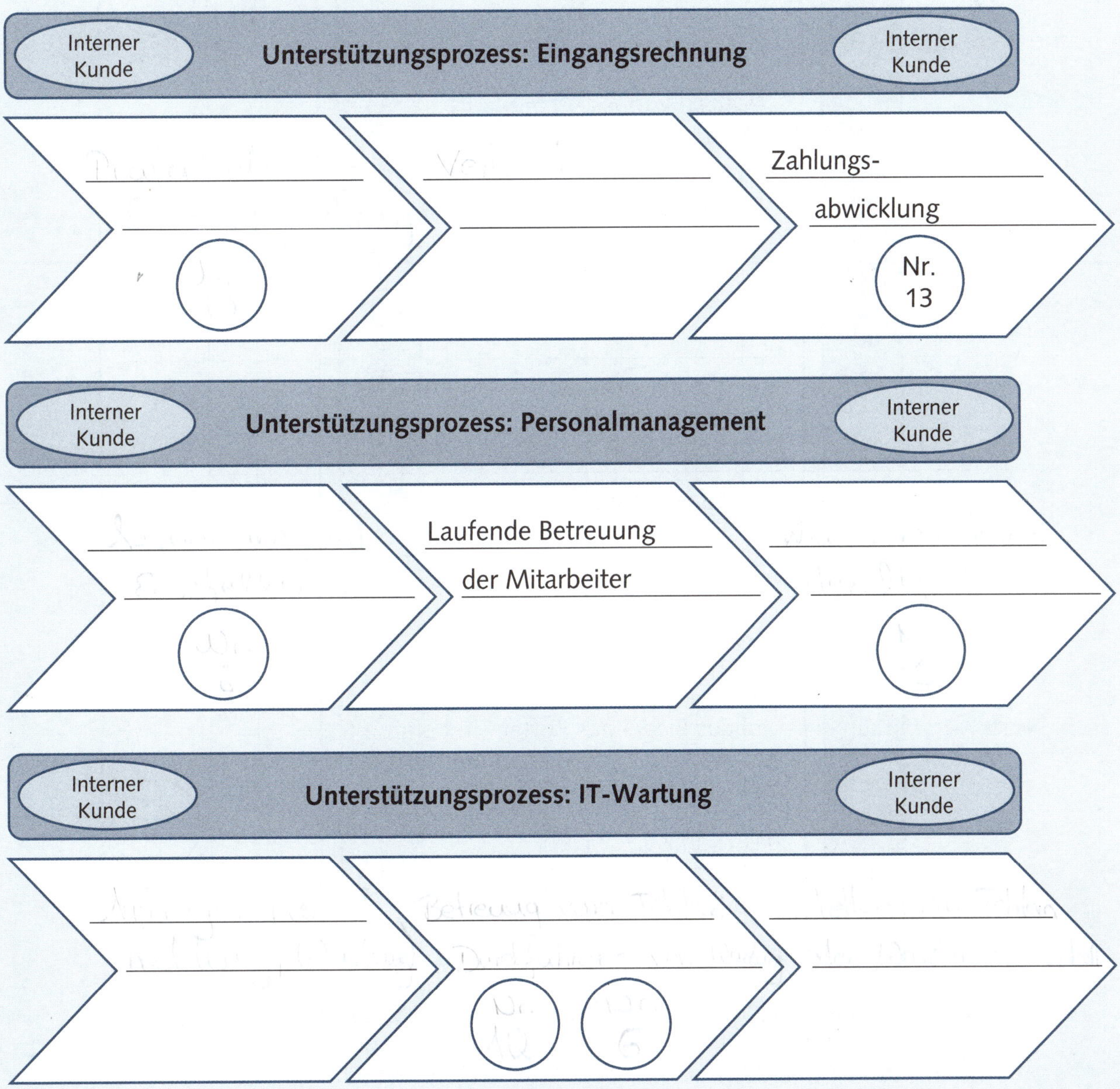

Prozesslandkarte: „Kerngeschäftsprozesse“ der Venedig GmbH

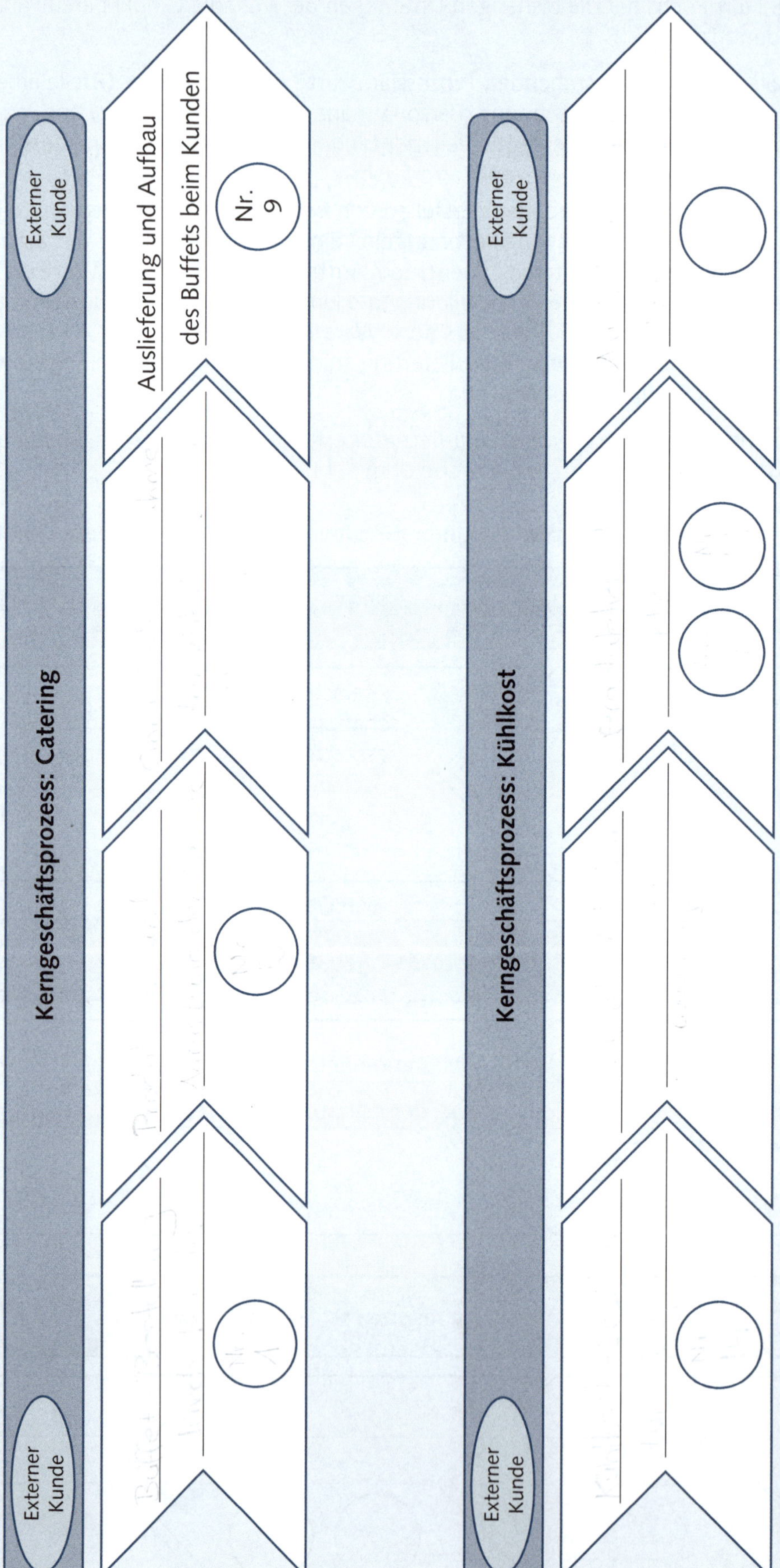

Lernsituation 3:
Unterschiedliche Darstellungsformen für Geschäftsprozesse anwenden, vergleichen und für die Venedig GmbH auswählen

©celianestudio-fotolia.com

Eine ISO-9001-Zertifizierung (Qualitätsmanagement) wird der Venedig GmbH helfen, sich zukünftig positiv von der Konkurrenz abzugrenzen. Herr Fuchs vom TÜV koordiniert und leitet die Zertifizierung zusammen mit Maria Bernardi, der Tochter des Geschäftsführers. Nach einer Ist-Aufnahme und der Erstellung einer entsprechenden Prozesslandkarte treffen sich beide, um das weitere Vorgehen zu besprechen.

Herr Fuchs: Mit der Prozesslandkarte sind wir ein gutes Stück weiter gekommen und sehen die wesentlichen Kern- und Unterstützungsprozesse der Venedig GmbH aus der Vogelperspektive.

Maria Bernardi: Richtig, die Prozessorientierung bietet uns eine ganz neue Sichtweise auf unser Unternehmen. Aber die Darstellung der Prozesse ist noch zu grob, um Schwächen oder Verbesserungspotenziale zu erkennen.

Herr Fuchs: Genau das ist der Punkt! Wir müssen uns jetzt die relevanten Teilprozesse präziser ansehen und im Detail dokumentieren. Damit treten wir in die Phase 2 unseres Vorgehensmodells ein und stellen die Geschäftsprozesse grafisch dar.

©WavebreakmediaMicro-fotolia.com

Maria Bernardi: Aber im Vorgehensmodell werden drei unterschiedliche Möglichkeiten zur Darstellung von Geschäftsprozessen genannt: die Ereignisgesteuerten Prozessketten (EPK), das Flussdiagramm und das Ablaufdiagramm. Nutzen wir alle drei Methoden?

Herr Fuchs: Nein, wir sollten uns jetzt zu Beginn für eine Darstellungsform entscheiden. Ich schlage vor, wir stellen einen Geschäftsprozess mit allen drei Methoden dar. Dann vergleichen wir die Ergebnisse und können gemeinsam entscheiden, welche Darstellungsform für die Geschäftsprozesse der Venedig GmbH am sinnvollsten ist.

Maria Bernardi: Gut. Ich hätte auch schon einen Geschäftsprozess für den Vergleich. Bei der Ist-Aufnahme habe ich Formulare für eine Selbstaufschreibung der Arbeitsabläufe und Tätigkeiten an die Belegschaft verteilt. Unser Koch Herr Schmidt hat den Arbeitsablauf zur Produktion der Kühlkost **Nudeln Bolognese** erfasst und bereits an mich zurückgesendet.

Herr Fuchs: Dann schlage ich vor, mit der Methode der Ereignisgesteuerten Prozessketten (EPK) zu beginnen und den Geschäftsprozess „Kühlkost: Nudeln Bolognese" mit dieser Methode grafisch darzustellen.

©exclusive-design-fotolia.com

Selbstaufschreibung von Herrn Schmidt zum Geschäftsprozess „Kühlkost: Nudeln Bolognese“

Venedig GmbH
… Ihr Catering-Service für italienische Speisen und Kühlkost

©celianestudio-fotolia.com

Projekt zur ISO-9001-Zertifizierung:
Formular zur Selbstaufschreibung betrieblicher Arbeitsabläufe und Tätigkeiten

Hinweis: Pro Woche sind mindestens zwei Formulare auszufüllen und Maria Bernardi zuzusenden. Nutzen Sie für jeden Arbeitsablauf ein eigenes Formular.

Formular Nr.	Name	Stellenbezeichnung	Datum	Dauer	Weitere Beteiligte
1	Herr Schmidt	Koch Hauptgerichte	20.03.20..	53 min.	Herr Voll

Tagesbericht zum Arbeitsablauf/Geschäftsprozess: „Kühlkost: Nudeln Bolognese“	
Lfd. Nr.	**Tätigkeiten/Arbeitsschritte/Ursachen (Was wird wann und warum getan?)**
1	Grundsätzlich kochen wir immer alle Bestandteile der Kühlkost frisch. Sobald der **Auftrag „Nudeln Bolognese“ freigegeben ist**, fange ich an, die **Nudeln aus dem Teig zu schneiden**. Gleichzeitig startet Herr Voll (Koch) mit der Erstellung der Bolognese-Sauce und beginnt, das **Hackfleisch anzubraten**.
2	Wenn die **Nudeln fertig geschnitten sind**, schalte ich den Herd ein, um **Wasser mit Salz und Öl zu erhitzen. Ist das Hackfleisch durchgebraten, werden Tomatensauce und Kräuter zum Hackfleisch gegeben**. Die Zusammensetzung der Sauce folgt stets einem uralten Familienrezept aus dem handgeschriebenen Kochbuch der Familie Bernardi. Danach **ist die Bolognese-Sauce fertig**.
3	Sobald das **Wasser den Siedepunkt erreicht hat (kocht)**, gebe ich die **Nudeln in das Wasser**, bis die **Nudeln fertig gegart sind.** Jetzt, da beide Bestandteile (Nudeln und Bolognese-Sauce) fertig sind, werden **Nudeln und Sauce zusammen auf Kühlkost-Tellern angerichtet**.
4	Die **Kühlkost „Nudeln Bolognese“ ist fertig erstellt**.
5	Danach beginnen Qualitätskontrolle und Verpackung der Kühlkost außerhalb der Küche.

Arbeitsaufträge

1. Herr Fuchs empfiehlt, für die Darstellungsform der Ereignisgesteuerten Prozessketten (EPK) schrittweise vorzugehen. Im ersten Schritt sollen nur die Ereignisse und die Funktionen formuliert werden, um diese später mit den Symbolen zu einer Geschäftsprozessdarstellung zusammenzufügen.

   a) Formulieren Sie die fett gedruckten Satzteile der Selbstaufschreibung von Herrn Schmidt – jeweils passend – in ein EPK-Ereignis oder in eine EPK-Funktion um. Tragen Sie in die Tabelle zunächst die „Formeln“ zur Benennung von Ereignissen und Funktionen ein. Ergänzen Sie dann die Ereignisse bzw. Funktionen (Tätigkeiten).

Ereignisse und Funktionen des Geschäftsprozesses „Kühlkost: Nudeln Bolognese“	
„Formel“ zur Benennung von Ereignissen:	**„Formel“ zur Benennung von Funktionen (Tätigkeiten):**
Ereignisse Kühlkost: „Nudeln Bolognese“	**Funktionen Kühlkost: „Nudeln Bolognese“**
Auftrag „Nudeln Bolognese“ ist freigegeben.	Nudeln aus dem Teig schneiden.

b) Begründen Sie, warum der Arbeitsschritt Nr. 5 (Qualitätskontrolle und Verpackung) kein Ereignis und keine Funktion des Geschäftsprozesses „Kühlkost: Nudeln Bolognese“ darstellt, und erklären Sie, auf welche Weise der Arbeitsschritt dennoch abgebildet werden kann?

2. **Maria Bernardi:** Nachdem die Ereignisse und die Funktionen formuliert sind, können wir doch mit der grafischen Darstellung der EPK beginnen?

Herr Fuchs: Noch nicht ganz. Ich habe schon etwas vorgearbeitet, weil wir dazu einen Verknüpfungsoperator benötigen. Den kennen Sie noch nicht ...

Beschriften Sie die Symbole in der Legende und vervollständigen Sie die von Herrn Fuchs vorbereitete Darstellung. Schreiben Sie dazu die Ereignisse und Funktionen aus Arbeitsauftrag 1 a) in die passenden Symbole und wählen Sie den geeigneten Verknüpfungsoperator. Begründen Sie die Auswahl des Operators.

Ereignisgesteuerte Prozesskette (EPK) für den Geschäftsprozess „Kühlkost: Nudeln Bolognese"

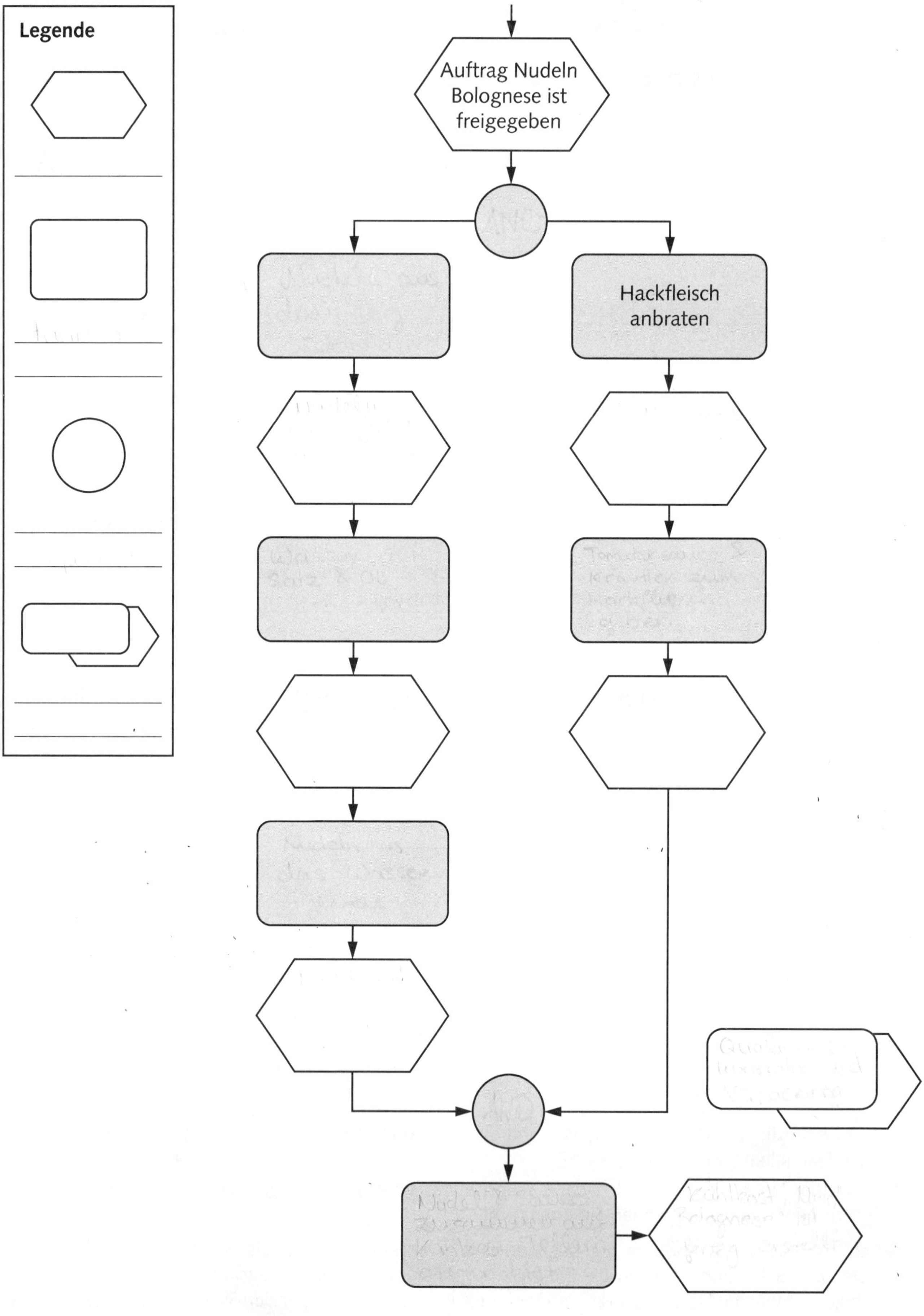

Begründung für die Auswahl des „ -"Operators:

3. Nachdem die Darstellung als Ereignisgesteuerte Prozesskette (EPK) fertiggestellt ist, soll der Geschäftsprozess „Kühlkost: Nudeln Bolognese“ nun als Flussdiagramm abgebildet werden.

Maria Bernardi: Ich denke, dass ich mich mit den Symbolen des Flussdiagramms erst beschäftigen muss.

Herr Fuchs: Ja, denn das Flussdiagramm hat eigene Symbole und einige Bestandteile der EPK werden Sie beim Flussdiagramm vergeblich suchen. Wenn das Flussdiagramm fertig ist, können wir einen ersten Vergleich der beiden Darstellungsformen durchführen.

a) Formulieren Sie zur Vorbereitung des Flussdiagramms den Prozessbeginn und das Prozessende sowie die einzelnen Prozessschritte des Geschäftsprozesses „Kühlkost: Nudeln Bolognese“ anhand der Selbstaufschreibung von Herrn Schmidt. Berücksichtigen Sie dabei wieder nur die fett gedruckten Satzteile und tragen Sie Ihre Ergebnisse in die Tabelle ein. Halten Sie zuvor fest, welche formalen Vorgaben für den Prozessbeginn, das Prozessende und die Prozessschritte gelten.

Prozessbeginn/-ende und Prozessschritte beim Geschäftsprozess „Kühlkost: Nudeln Bolognese“	
Vorgaben für Prozessbeginn und Prozessende:	**Vorgaben für Prozessschritte:**
Prozessbeginn/Prozessende	**Prozessschritte**
Auftrag „Nudeln Bolognese“ ist freigegeben.	Nudeln aus dem Teig schneiden.

Lernsituation 3

b) Beschriften Sie zunächst die Symbole in der Legende des Flussdiagramms. Vervollständigen Sie dann das Flussdiagramm, indem Sie den Prozessbeginn, das Prozessende und die Prozessschritte in die passenden Symbole eintragen.

Flussdiagramm für den Geschäftsprozess „Kühlkost: Nudeln Bolognese"

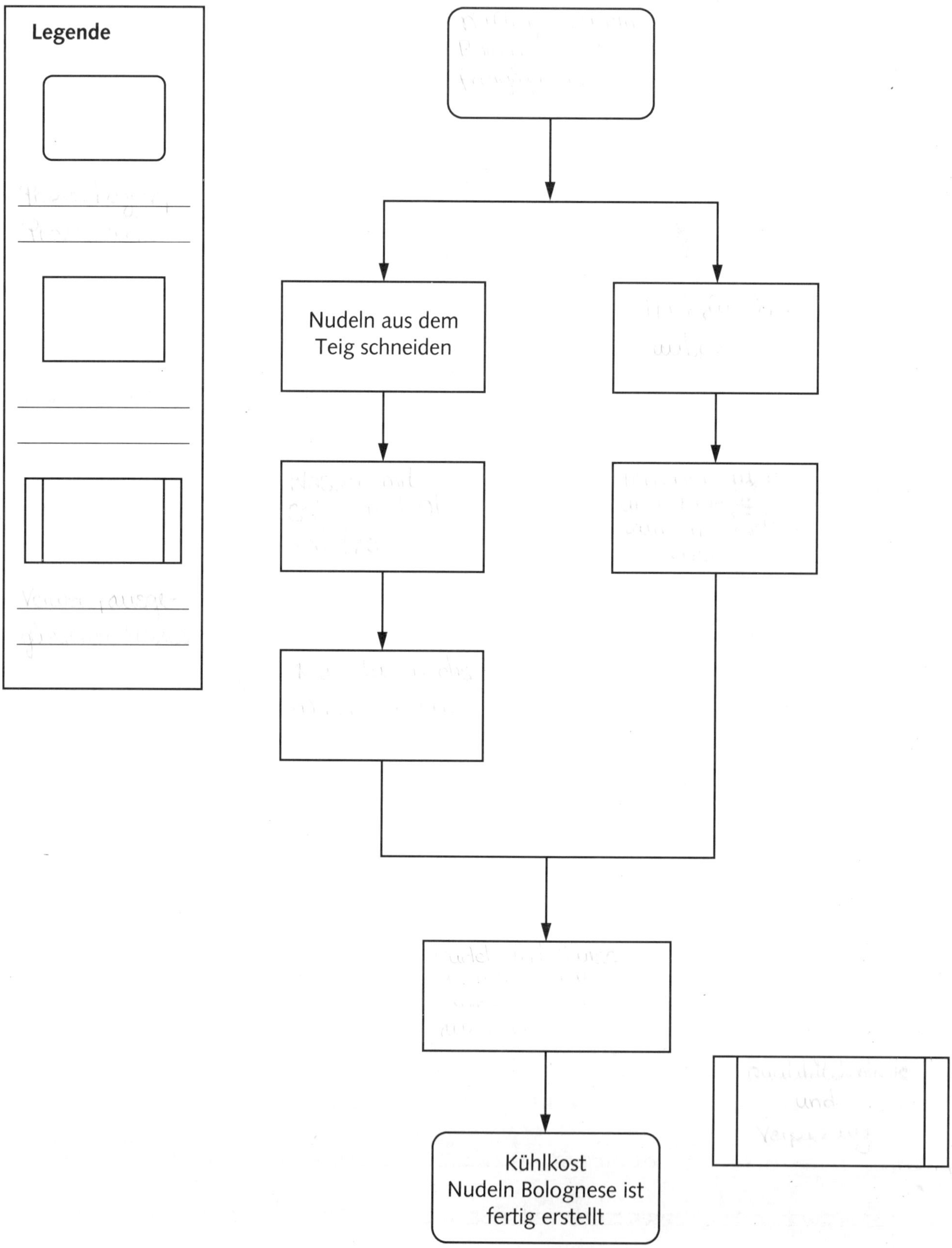

c) Vergleichen Sie die beiden Darstellungsformen „Ereignisgesteuerte Prozessketten (EPK)" und „Flussdiagramm" für den Geschäftsprozess „Kühlkost: Nudeln Bolognese" der Venedig GmbH (z. B. nach Art und Umfang der abgebildeten Informationen).

Vergleich „EPK" und „Flussdiagramm" für den Geschäftsprozess „Kühlkost: Nudeln Bolognese":

4. Nach dem Vergleich der Ereignisgesteuerten Prozessketten (EPK) mit dem Flussdiagramm hat Herr Fuchs bereits begonnen, ein Ablaufdiagramm zum Geschäftsprozess „Kühlkost: Nudeln Bolognese" zu erstellen.

a) Vervollständigen Sie das folgende Ablaufdiagramm mit den fett gedruckten Informationen aus der Selbstaufschreibung von Herrn Schmidt.

b) Stellen Sie fest, welche Vor- und Nachteile das Ablaufdiagramm im Vergleich zu den Darstellungsformen „Ereignisgesteuerte Prozessketten (EPK)" und „Flussdiagramm" aufweist.

©fotomek-fotolia.com

Vorteile und Nachteile des Ablaufdiagramms im Vergleich zu „EPK" und „Flussdiagramm":

Lernsituation 3

Ablaufdiagramm für den Geschäftsprozess „Kühlkost: Nudeln Bolognese“

Arbeitsschritte	Herr Schmidt	______	Zeit (Minuten)	Erläuterung
	●	●	1 min	53 min insgesamt
		●	8 min	
Hackfleisch ist durchgebraten.		●		
		●	3 min	
		●		
	●		15 min	
	●			
	●		5 min	
	●			
	●		1 min	
	●		10 min	
	●		10 min	
„Kühlkost: Nudeln Bolognese“ ist fertig gestellt.	●			
	●			

5. **Herr Fuchs:** Frau Bernardi, inzwischen haben wir alle drei Darstellungsformen für den Geschäftsprozess „Kühlkost: Nudeln Bolognese“ ausprobiert und deren Vor- und Nachteile festgehalten. Wir müssen uns jetzt entscheiden.

   Empfehlen Sie der Venedig GmbH eine Darstellungsform für ihre Geschäftsprozesse. Begründen Sie Ihre Entscheidung.

©VRD-fotolia.com

Empfehlung für die Venedig GmbH:

Lernsituation 4:
Geschäftsprozesse der Venedig GmbH als Ereignisgesteuerte Prozessketten (EPK) darstellen und Schwachstellen optimieren

©celianestudio-fotolia.com

Für die angestrebte ISO-9001-Zertifizierung müssen die Geschäftsprozesse der Venedig GmbH grafisch dargestellt und untersucht werden. Herr Fuchs und Maria Bernardi haben beschlossen, sie als Ereignisgesteuerte Prozessketten (EPK) abzubilden.

Herr Fuchs: Im Rahmen des Vergleichs der unterschiedlichen Darstellungsformen haben wir den Geschäftsprozess „Kühlkost: Nudeln Bolognese" bereits als EPK dargestellt. Allerdings haben wir die Organisationseinheiten und die Informationsobjekte noch nicht abgebildet. Und dann sollten wir uns auch die weiteren Teilprozesse aus dem Kerngeschäftsprozess „Catering" ansehen. Ich schlage vor, hier mit dem ersten Schritt bei der Bearbeitung eines Kundenauftrags zu starten, d. h. mit der Buffetbestellung durch den Kunden.

Maria Bernardi: Das klingt logisch. Dann werde ich Frau Kugel aus dem Vertrieb interviewen. Frau Kugel ist zuständig für die Auftragsannahme der Buffetbestellungen im Bereich „Catering". Ich werde versuchen, den Geschäftsprozess als Ereignisgesteuerte Prozesskette (EPK) abzubilden. Vorher ergänze ich den Prozess „Kühlkost: Nudeln Bolognese" um die fehlenden Organisationseinheiten und Informationsobjekte.

Herr Fuchs: Prima. Ich bin in zwei Tagen wieder bei Ihnen. Dann können wir Ihre Ergebnisse besprechen.

Arbeitsaufträge

1. Ergänzen Sie die EPK für den Geschäftsprozess „Kühlkost: Nudeln Bolognese" um die Organisationseinheiten und die Informationsobjekte. Nutzen Sie dazu die Zeichenschablone.

EPK für den Geschäftsprozess „Kühlkost: Nudeln Bolognese"

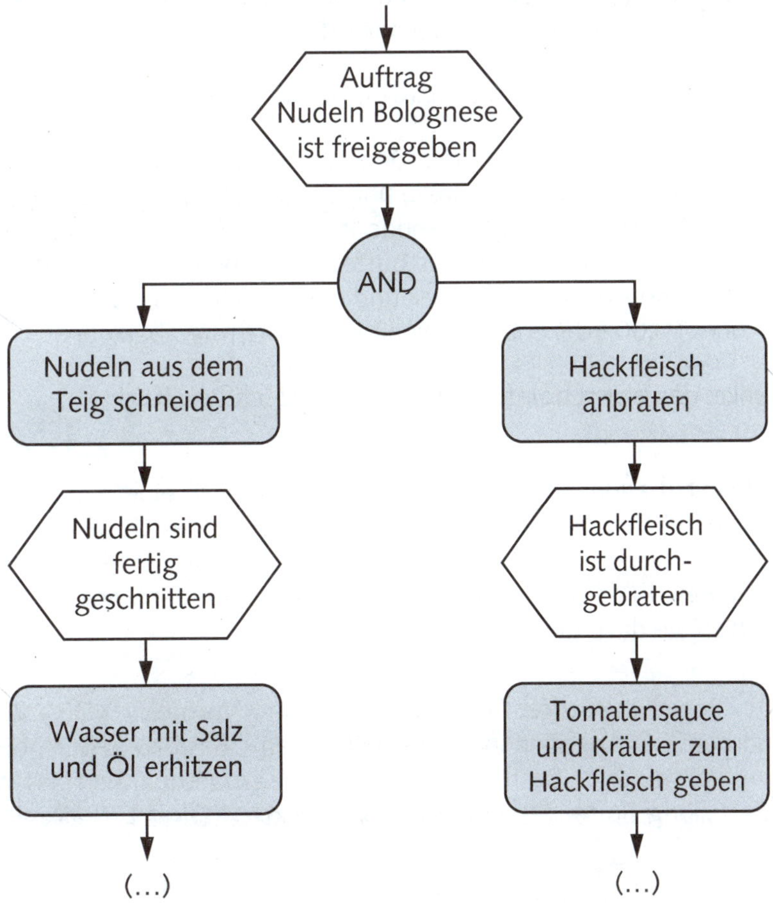

2. Am nächsten Tag trifft Maria Bernardi Frau Kugel aus dem Vertrieb zum Interview, um sich über den genauen Ablauf des Bestellprozesses für die italienischen Buffets zu informieren:

Maria Bernardi: Vielen Dank, dass Sie sich Zeit genommen haben. Bitte erläutern Sie mir im Detail, wie die Buffet-Bestellungen derzeit bei uns ablaufen.

©Karin & Uwe Annas-fotolia.com

Frau Kugel: Wir nehmen die Bestellungen nur per E-Mail entgegen. Auf unserer Homepage sind neben der E-Mail-Adresse die Angaben veröffentlicht, die wir für eine Bestellung zwingend vom Kunden benötigen.

Maria Bernardi: Welche Informationen sind das?

Frau Kugel: Wir benötigen den Namen, die vollständige Anschrift und den Terminwunsch sowie die Auswahl einer der vier Buffetvarianten. Deshalb prüfe ich zuerst die E-Mail auf diese Informationen. Wenn etwas fehlt, frage ich beim Kunden telefonisch oder per E-Mail nach. Wenn die Angaben vollständig vorliegen, erfasse ich alle Daten in der Auftragsdatenbank und drucke die Bestellung in Papierform aus.

Hat der Kunde eine der Standard-Buffetvarianten (Classico, Roma, Imperatore) bestellt, lege ich den drei Küchenteams (Vorspeise, Hauptgerichte, Nachspeise) je einen Ausdruck mit der Bestellung an den Arbeitsplatz. Die Verantwortlichen in den Küchenbereichen prüfen die Machbarkeit der Bestellung (Zutaten verfügbar, Termin frei?).

Maria Bernardi: Was geschieht, wenn ein Kunde das Buffet „Individuale" bestellt?

Frau Kugel: Diese Bestellanfragen gebe ich nicht an die Küche, sondern an Herrn Bernardi weiter. Ihr Vater plant die Zusammenstellung der Speisen und den Preis in Absprache mit den Kunden, unserer Einkaufsabteilung und den Köchen. Das ist ein ganz eigener Arbeitsablauf.

Maria Bernardi: Und wie geht's bei den Standard-Buffetvarianten dann weiter?

Frau Kugel: Wenn ich von den Küchenteams den Ausdruck der Buffetbestellung mit einem positiven Machbarkeitsvermerk im Postkorb habe, erstelle und drucke ich die Auftragsbestätigung mithilfe der Auftragsdatenbank. Die Auftragsbestätigung versende ich dann per Briefpost an den Kunden. Damit ist der Auftrag angenommen und die Produktion des Buffets kann beginnen. Ist die Bestellung nicht machbar, schicke ich dem Kunden eine Absage per E-Mail und ein freundliches Absageschreiben als Brief, der einen Geschenkgutschein über 10,00 EUR enthält. Damit ist der Auftrag abgelehnt.

Maria Bernardi: Danke, das war sehr informativ. Jetzt weiß ich Bescheid.

Maria Bernardi hat bereits begonnen, die Inhalte des Interviews in einer Ereignisgesteuerten Prozesskette (EPK) grafisch darzustellen. Vervollständigen Sie die Darstellung des Geschäftsprozesses „Kundenauftrag Buffetbestellung", indem Sie die leeren Symbolfelder jeweils mithilfe der vorgegebenen Textbausteine füllen. Ergänzen Sie innerhalb der beiden gestrichelten Kästen die fehlenden Prozesssymbole mit eigenen Formulierungen. Nutzen Sie dazu die Zeichenschablone.

Textbausteine: XOR / Bestellung Buffet Classico ist gedruckt / Vertrieb / XOR / Bestellung Buffet Roma ist gedruckt / Vollständigkeit der Angaben in der E-Mail prüfen / ~~Bestellung Buffet Individuale ist gedruckt~~ / Kundenangaben sind vollständig / Bestellung in der Auftragsdatenbank erfassen und ausdrucken / Auftragsdatenbank / Bestellung Buffet Imperatore ist gedruckt / XOR / ~~E-Mail mit Buffetanfrage ist eingegangen~~

EPK „Kundenauftrag Buffetbestellung“

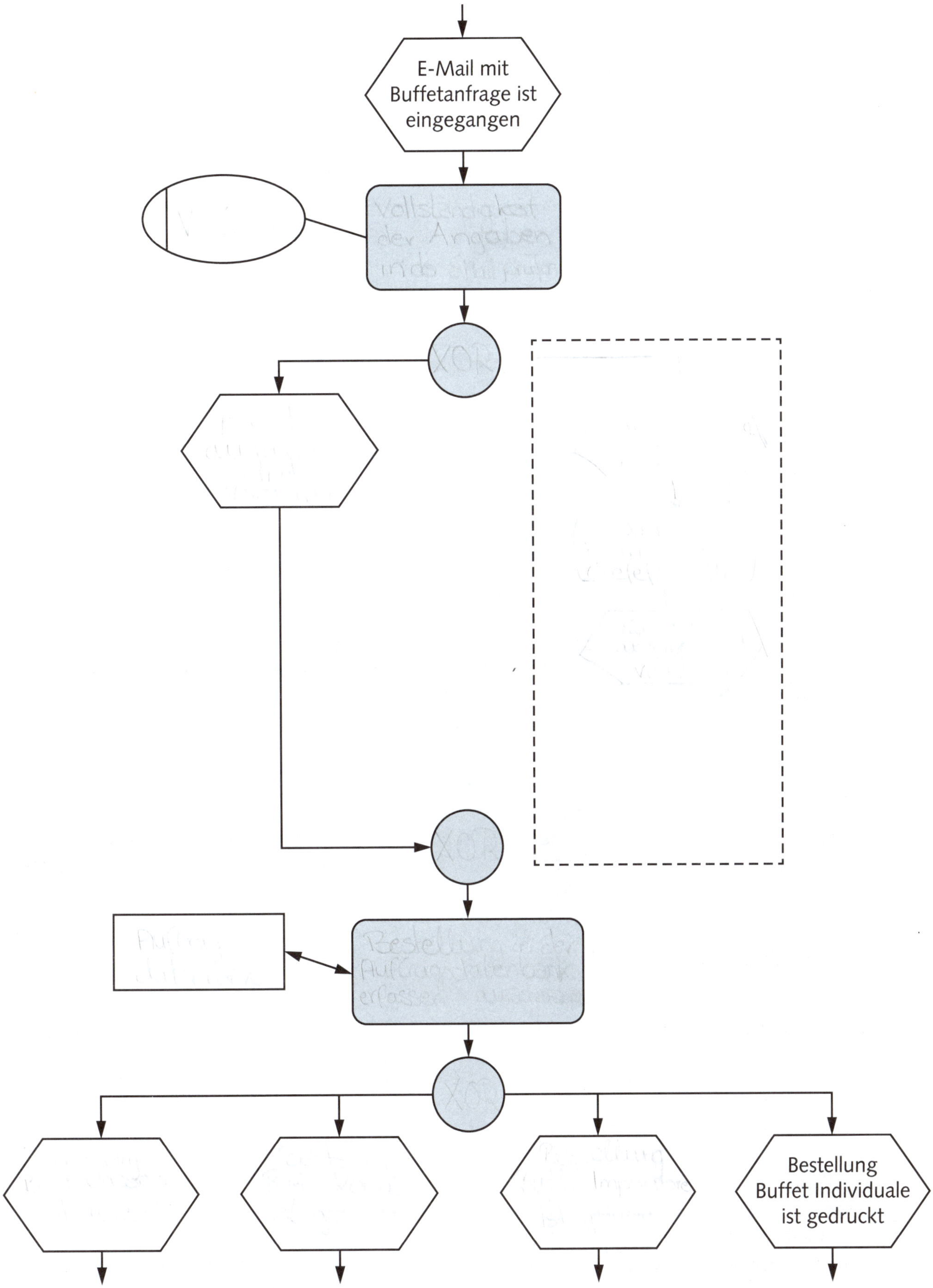

Die Fortsetzung folgt auf der nächsten Seite.

Textbausteine: Weitergabe der Bestellung Buffet Classico an die 3 Küchenteams / Auftrag ist angenommen / Auftragsbestätigung erstellen und versenden / ~~Weitergabe der Bestellung Buffet Imperatore an die 3 Küchenteams~~ / Buffet-Bestellung ist möglich / Auftrag ist an Herrn Bernardi weitergeleitet / Machbarkeit prüfen: Warenverfügbarkeit und Terminwunsch / Planungsprozess Buffet Individuale / Weitergabe der Bestellung Buffet Individuale an Herrn Bernardi / XOR / Bestellung liegt den Küchenteams vor / Küche / XOR / Vertrieb / Auftragsdatenbank / ~~Produktionsprozess~~ / Weitergabe der Bestellung Buffet Roma an die 3 Küchenteams

Fortsetzung: EPK „Kundenauftrag Buffetbestellung"

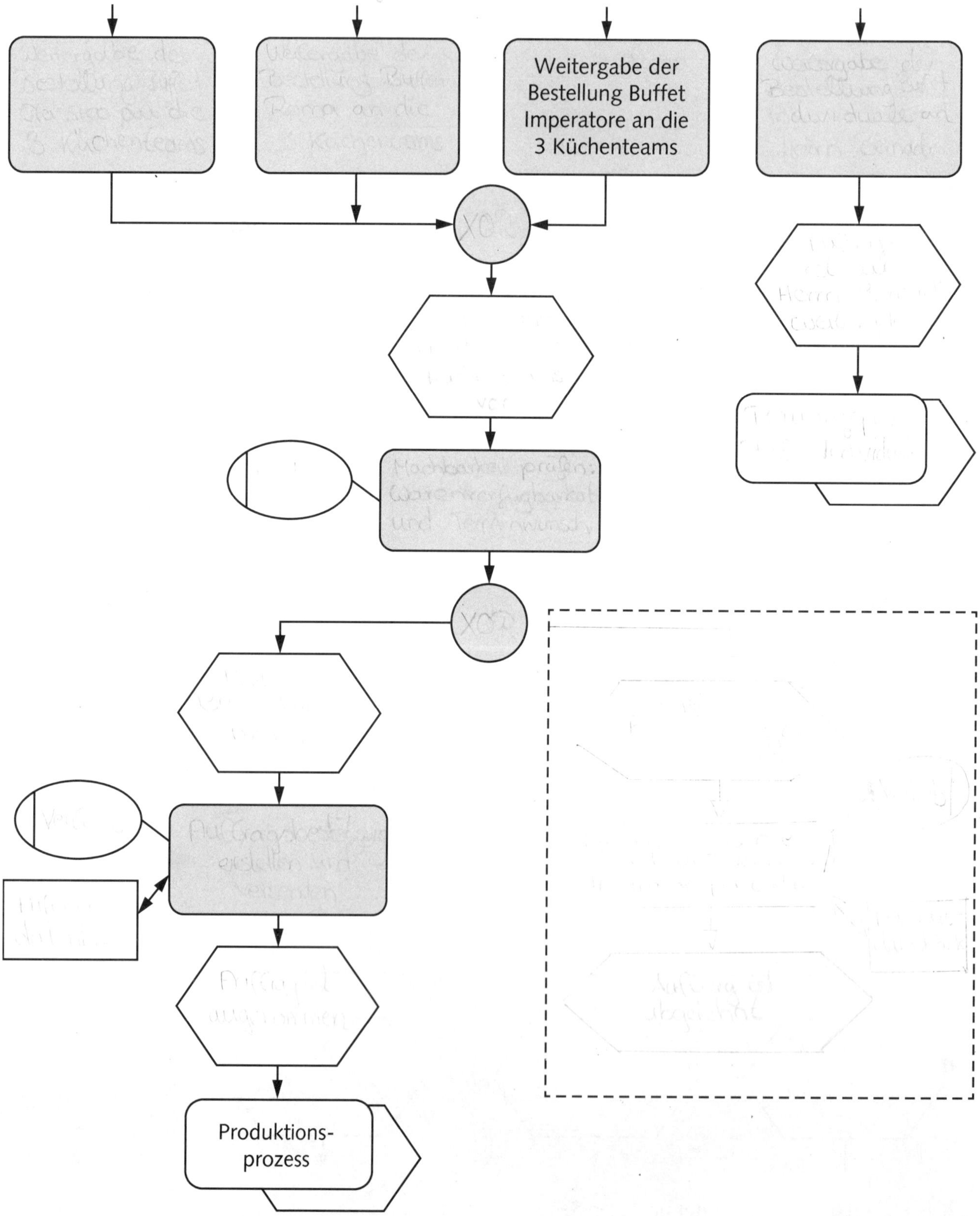

3. Maria Bernardi möchte sicherstellen, dass der Geschäftsprozess „Kundenauftrag: Buffetbestellung“ in der von ihr erstellten Ereignisgesteuerten Prozesskette (EPK) korrekt dargestellt ist. Dazu trifft sie sich noch einmal mit Frau Kugel aus dem Vertrieb.

Frau Kugel: Die Darstellung bildet die Realität gut ab. Allerdings muss ich gestehen, dass ich in unserem ersten Gespräch nicht erwähnt habe, wie oft sich Kunden schon über zu lange Antwortzeiten bei der Auftragsbestätigung beschwert haben. Dabei arbeite ich meine Schritte immer zügig ab, muss aber selbst oft warten, bis die Rückmeldungen aller drei Küchenteams vorliegen.

Maria Bernardi: Gut, dass Sie das erwähnen. Vielleicht können wir mithilfe der Ereignisgesteuerten Prozesskette (EPK) die Schwachstelle identifizieren und eine Verbesserung erzielen.

a) Finden Sie vier Fragen zur Schwachstellenanalyse des Geschäftsprozesses „Kundenauftrag: Buffetbestellung“ und tragen Sie diese in die Tabelle ein. Interviewen Sie zur Beantwortung der Fragen Ihren Sitznachbarn.

Fragen zur Schwachstellenanalyse im Geschäftsprozess „Kundenauftrag: Buffetbestellung“		
Nr.	**Fragestellung**	**Antwort (Ja/Nein, weil...)**
1	Sind alle Tätigkeiten bzw. Ereignisse notwendig?	
2		
3		
4		
5		

b) Überlegen Sie, wo bzw. worin die Ursache für die hohe Durchlaufzeit liegen könnte, die Frau Kugel bemängelt, und unterbreiten Sie einen Optimierungsvorschlag.

Mögliche Schwachstellen, Ursachen und Optimierungsvorschläge:

4. Maria Bernardi trifft sich wie geplant zwei Tage später wieder mit Herrn Fuchs. Er empfiehlt ihr, jetzt die Lieferantenseite der Venedig GmbH in den Blick zu nehmen, da der Eingang und die Prüfung der gelieferten Waren sowie die richtige Lagerung in der Lebensmittelproduktion der Ausgangspunkt für die Qualität der folgenden Prozesse sind. Maria Bernardi hat Frau Berg vom Einkauf gebeten, den Prozess der Wareneingangsprüfung zu dokumentieren.

   a) Bilden Sie mithilfe der Selbstaufschreibung von Frau Berg den Geschäftsprozess „Wareneingangsprüfung“ selbstständig als Ereignisgesteuerte Prozesskette (EPK) ab. Nutzen Sie dazu die Zeichenschablone und die Vorlage auf der Folgeseite.

Selbstaufschreibung von Frau Berg zum Geschäftsprozess „Wareneingangsprüfung“

Venedig GmbH
... Ihr Catering-Service für italienische Speisen und Kühlkost

©celianestudio-fotolia.com

Projekt zur ISO-9001-Zertifizierung:
Formular zur Selbstaufschreibung betrieblicher Arbeitsabläufe und Tätigkeiten

Hinweis: Pro Woche sind mindestens zwei Formulare auszufüllen und Maria Bernardi zuzusenden. Nutzen Sie für jeden Arbeitsablauf ein eigenes Formular.

Formular Nr.	Name	Stellenbezeichnung	Datum	Dauer	Weitere Beteiligte
2	Frau Berg	Einkauf	24.03.20..	–	Frau Kranz Herr Brandt Herr Capone

Tagesbericht zum Arbeitsablauf/Geschäftsprozess: „Wareneingangsprüfung“	
Lfd. Nr.	**Tätigkeiten/Arbeitsschritte/Ursachen (Was wird wann und warum getan?)**
1	Unsere Lieferanten und Waren kommen aus Deutschland und Italien. Erreicht uns eine Warenlieferung aus Deutschland, prüfe ich diese, ansonsten übernimmt das meine Kollegin Frau Kranz (Büromanagerin, Fremdsprachenkorrespondentin) aufgrund ihrer guten Italienischkenntnisse. Bei der Überprüfung der Warenlieferung vergleichen wir unter anderem den Bestellschein mit dem Lieferschein. Alle Ergebnisse der Warenprüfung werden in einem Wareneingangsprotokoll festgehalten.
2	Ist die Warenlieferung in Ordnung, erfolgt die Verbuchung des Wareneingangs durch Herrn Brandt (Rechnungswesen). Herr Capone (Koch) lagert nach der Verbuchung die Ware ordnungsgemäß ein. Die Ware ist dann für die Produktion freigegeben.
3	Ist die Warenlieferung mangelhaft, erstellen wir zwei Unterlagen (Mängelprotokoll, Anschreiben an den Lieferanten). Danach senden wir die Ware mit den beiden Unterlagen vereinbarungsgemäß direkt an den Lieferanten zurück. Die Ware gilt als abgelehnt.

EPK „Wareneingangsprüfung“

5. Im Verlauf des ISO-9001-Zertifizierungsprojektes wurden weitere Mitarbeiter der Venedig GmbH durch Maria Bernardi in die Methode der Ereignisgesteuerten Prozessketten (EPK) eingewiesen. Herr Keres aus dem Bereich Rechnungswesen hat den Geschäftsprozess „Prüfung Lieferantenrechnung" eigenständig als EPK modelliert und trifft sich mit Maria Bernardi, um das Ergebnis zu besprechen. Maria Bernardi ist mit seinem ersten Modellierungsversuch zufrieden, entdeckt aber einige Fehler.

   a) Beschreiben Sie, welche Fehler die Ereignisgesteuerte Prozesskette (EPK) zum Geschäftsprozess „Prüfung Lieferantenrechnung" enthält. Modellieren Sie anschließend eine korrekte EPK. Nutzen Sie dazu die Zeichenschablone.

EPK „Prüfung Lieferantenrechnung"

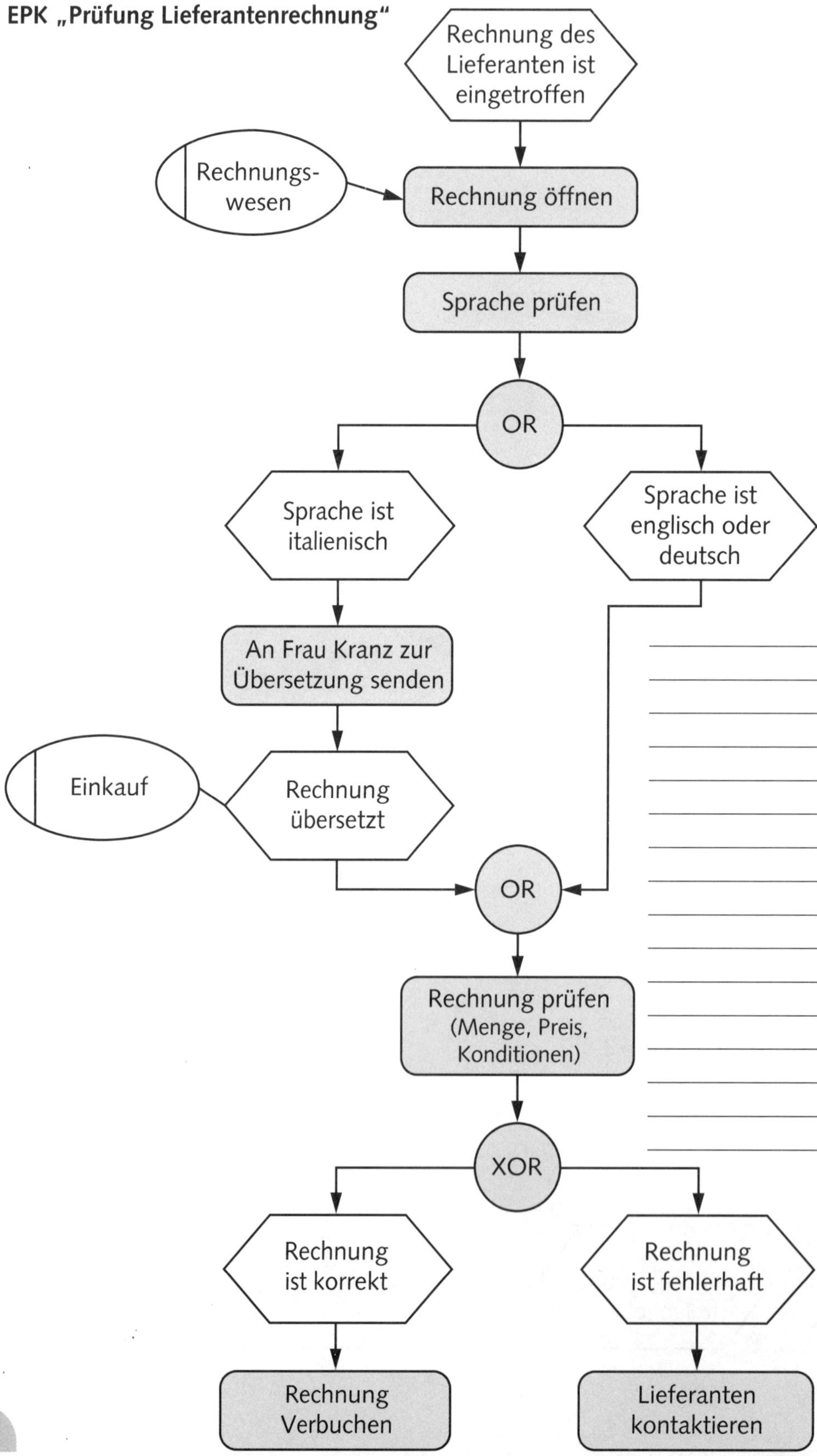

Veranstaltungen und Geschäftsreisen organisieren

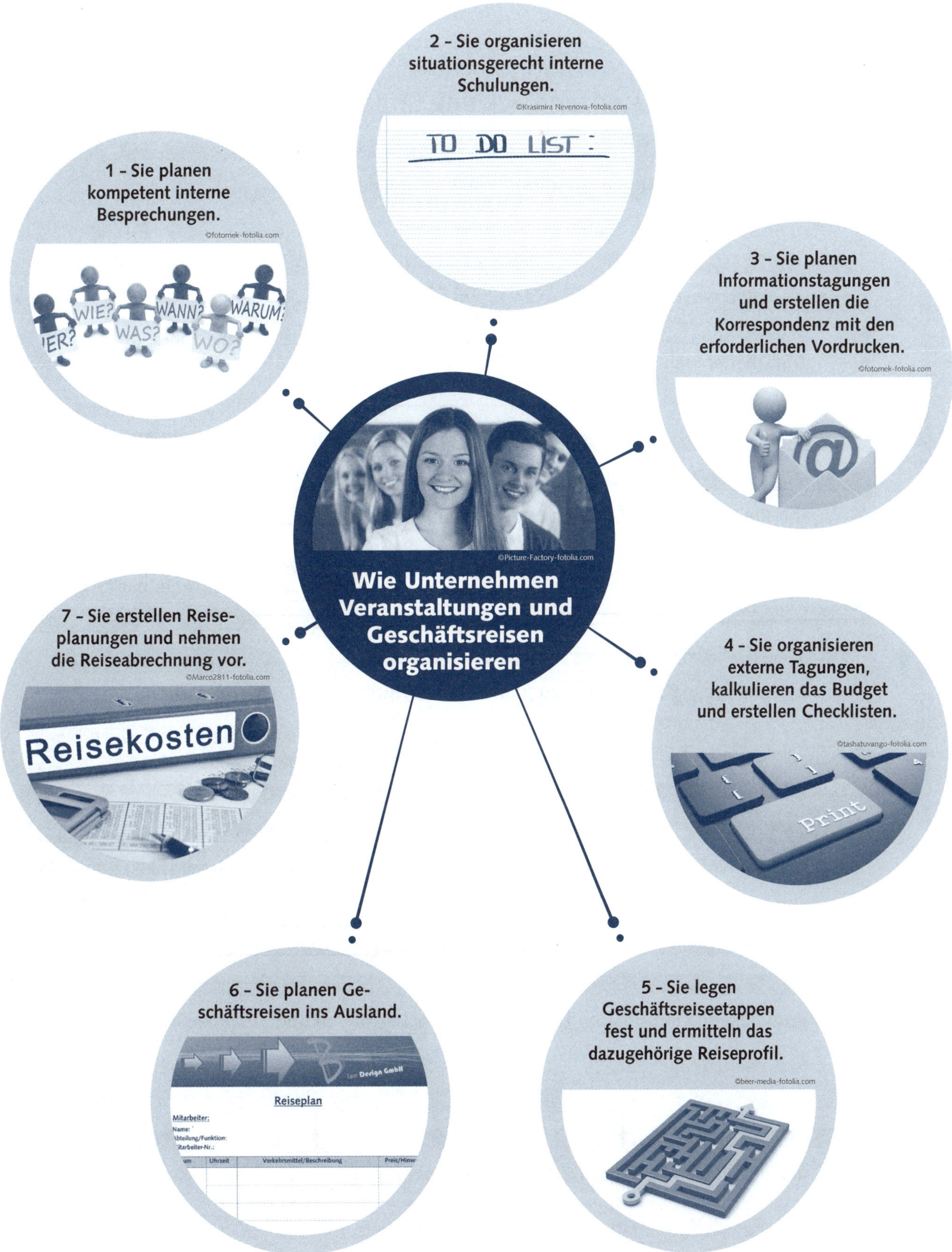

©ag visuell-fotolia.com

Veranstaltungen und Geschäftsreisen organisieren

Die Kompetenzentwicklung umfasst, …

… interne Besprechungen situationsgerecht zu planen.

Raumreservierung	Raumvorbereitung	Checklisten	E-Mail

… Mitarbeiterschulungen zu organisieren und entsprechende Informationen an Mitarbeiter weiterzugeben.

Korrespondenz	Termine	Interne Mitteilung	To-do-Liste

… interne Informationstagung vorzubereiten und durchzuführen.

Tätigkeitsliste	Sitzordnung	Einladung, Antwortfax	Tagungsprogramm, Feedbackbogen

… externe Tagung für Kunden zu planen, durchzuführen und nachzubereiten.

Terminierung	Checkliste	Anfrage, Referenteneinladung	Tagesordnung, Feedbackbogen	Budgetüberprüfung

… eine sinnvolle Auswahl von Reiseetappen festzulegen und das Reiseprofil zu ermitteln.

Analyse	Vorbereitung	Antragserfassung

… grundlegende Information zu verarbeiten, recherchieren und aufzubereiten.

Rahmenbedingungen	Internet, Suchmaschine	Verhaltensregeln

… die Erstellung von Reiseplänen und Reisekostenabrechnungen.

Ermittlung von Grunddaten	Verarbeitung von Belegen	Reisekostenabrechnungen vornehmen

Der Modellbetrieb im Lernfeld 12

Unternehmensbeschreibung

Firma **Geschäftszweck** **Geschäftssitz** **Registergericht**	**Blue Design GmbH** Werbung Heidelberger Landstraße 51, 68199 Mannheim Amtsgericht Mannheim HRB 1255 Steuernummer: 38186/81818 USt.-Id.-Nummer: DE 812 112 054
Gesellschafter **Geschäftsführer** **Prokura**	Matthias Blau Matthias Blau Katrin Breitenbacher
Telefon – Telefax **Homepage** **E-Mail**	0621 20 01 03 – 0 0621 20 01 03 – 99 Bluedesign.de info@bluedesign.de
Bankverbindung	Raiffeisenbank Mannheim-Schwetzingen eG BIC: GENODE65MAN IBAN: DE41 6709 0020 0000 2120 99
Mitarbeiter	200 Mitarbeiter; davon 12 Auszubildende neue Auszubildende: Freia Mertens, Ulf Henning, Ben Schneider und Eva Kohl
Weitere Informationen für die Bearbeitung der Lernsituationen	
Abteilungen/Verantwortliche	Corporate Design → Marie-Sophie Marx Printmedien → Jan Hausmann Digitale Medien/Internet → Mark Kuhlert Events/Messen → Paul Peters Rechnungswesen → Carsten Bähr
Personalbüro/ **Betreuung der Auszubildenden:**	Carsten Kuntz Maria Huber
Betriebsrat	Ron Tauber Leila Kettel

Lernsituation 1:
Regelmäßige interne Besprechung vorbereiten

Die Blue Design GmbH führte heute eine außerordentliche Abteilungsleiterbesprechung durch. Am Ende beschwert sich der Abteilungsleiter Printmedien.

Jan Hausmann: „Ich habe heute noch so viel zu erledigen und wegen dieser wirklich wichtigen Besprechung musste ich sogar einen Kundentermin absagen. So geht das nicht weiter. Können wir den Zeitpunkt der Besprechungen nicht besser planen?"

Matthias Blau: „Herr Hausmann, da haben Sie Recht. Haben Sie einen Vorschlag, wie wir zukünftig besser verfahren könnten?"

Jan Hausmann: „Was halten Sie von einer Abteilungsleiterbesprechung, die turnusmäßig durchgeführt wird? Dann kann sich jeder danach richten und die Zeit einplanen. Kurzfristig gesetzte Termine über Outlook könnten damit auch entfallen. Sie wissen, den Letzten hatte ich nicht bekommen, weil mein Rechner defekt war."

Marie-Sophie Marx: „Da bin ich ganz Ihrer Meinung Herr Hausmann, mir passen die schnell eingeschobenen Besprechungen auch nicht. Und oft ist auch der Konferenzraum belegt, sodass wir uns in einem unserer Büros auf engem Raum arrangieren müssen. Einen Beamer können wir dann auch nicht nutzen."

Jan Hausmann: „Der Dienstag eignet sich meiner Meinung nach gut. Was halten Sie davon, wenn wir uns immer dienstags um 13:00 Uhr nach der Mittagspause treffen? Sicher reicht eine Stunde aus."

Matthias Blau: „Ich sehe allgemeines Kopfnicken. Lieber Ulf, das ist doch eine schöne Aufgabe für einen Azubi. Können Sie alles in die Wege leiten? Diese Regelung gilt dann ab nächsten Monat."

Ulf: „Mache ich gerne, ich setze den Vorschlag sofort um."

©ullrich-fotolia.com

Arbeitsaufträge

1. Matthias Blau legt großen Wert darauf, dass auch diese Besprechungen reibungslos ablaufen können. Helfen Sie Ulf bei der guten Vorbereitung.

   a) Überlegen Sie zunächst, welche Tätigkeiten für diese turnusmäßigen Besprechungen nur einmal anfallen:

b) Natürlich sorgen Sie dafür, dass die Besprechungen reibungslos ablaufen können. Welche Tätigkeiten müssen Sie jeweils am Tag der Besprechung erledigen? Erstellen Sie dazu eine Checkliste, die von allen Mitarbeiterinnen und Mitarbeitern verwendet werden kann. Tauschen Sie Ihr Ergebnis mit einem Partner Ihrer Wahl aus und ergänzen Sie Ihre Checkliste bei Bedarf.

2. Alle Beteiligten müssen nun informiert werden. Bestätigen Sie den Abteilungsleiterinnen und Abteilungsleitern sowie dem Geschäftsführer Matthias Blau die neuen Regelungen hinsichtlich der Besprechung mit einer E-Mail.

   Ulf Henning hat zwischenzeitlich wegen der Raumvorbereitung mit den anderen Auszubildenden gesprochen. Ben Schneider wird die Raumvorbereitung übernehmen, er hat dienstags keinen Berufsschulunterricht.

   Für die Abteilungsleiterinnen und Abteilungsleiter gibt es einen E-Mail-Verteiler „Abteilungsleitung“,

   E-Mail-Adresse von Matthias Blau lautet: blau@bluedesign.de,

   E-Mail-Adresse des Auszubildenden Ulf Henning lautet: henning@bluedesign.de.

   Formulieren Sie die E-Mail in ganzen Sätzen und achten Sie auf einen guten Korrespondenzstil. Nutzen Sie für Ihre E-Mail eine Maske nach folgendem Muster:

Von:	
An:	
Cc:	
Anhang:	
Betreff:	

3. Ulf Henning hat die Idee, für den Konferenzraum einen Belegungsplan zu entwickeln. Die gesamte Woche soll auf einer Seite übersichtlich dargestellt werden. Ziel ist, dass dieser Plan im Intranet von allen Kollegen eingesehen und der Raum belegt werden kann. Helfen Sie ihm und erstellen Sie diesen Plan.

Lernsituation 2:
Innerbetriebliche Schulung planen

Die Blue Design GmbH hat in Großbritannien einige neue Kunden gewonnen. Die Auszubildende Eva Kohl wird zurzeit an der Telefonzentrale eingesetzt und ist froh, dass sie ihre relativ guten Englischkenntnisse einsetzen kann. Sie begrüßt heute einen Kunden aus London freundlich und verbindet ihn an den Abteilungsleiter Events/Messen, Paul Peters.

Eva: „Guten Morgen Herr Peters, hier ist Mr. Smith von Brown Ltd. aus London für Sie in der Leitung. Er möchte mit Ihnen über die nächste Messe in Frankfurt sprechen, die wir für das Unternehmen vorbereiten werden. Ich verbinde."

Nach kurzer Zeit klingelt in der Zentrale wieder das Telefon, Eva sieht, dass es sich um das interne Gespräch von Paul Peters handelt.

Eva: „Herr Peters, was kann ich für Sie tun?"

Paul Peters: „Eva, Sie wissen, wie dürftig mein Englisch ist. Mr. Smith ist noch in der Leitung, Sie müssen mir helfen und übersetzen, wenn ich Probleme habe. Ich schaffe das möglicherweise auch alleine, aber ich muss sicher sein, dass ich nichts falsch verstehe. Diesen neuen Kunden dürfen wir auf keinen Fall verlieren, da muss alles reibungslos ablaufen. Es wäre auch schön, wenn Sie vom Telefonat auch eine Gesprächsnotiz anfertigen."

Eva: „Das mache ich gerne, Herr Peters."

Paul Peters: „Da fällt mir ein Stein vom Herzen, ich schalte Mr. Smith dazu."

In der Mittagspause stehen Eva Kohl und der Auszubildende Ulf Henning in der Kantine an der Essensausgabe. Eva berichtet über die Situation am Morgen.

Ulf: „Mir ist auch schon aufgefallen, dass einige Mitarbeiter und Mitarbeiterinnen nur ein sehr holpriges Englisch sprechen. Ich bin auch schon in die Bresche gesprungen. Ich glaube, wir beiden sind die Einzigen, die ein passables Englisch sprechen. Die Briefe, die in Englisch geschrieben werden, sind auch nicht der Brüller. Was passiert eigentlich an den Tagen, wenn wir in der Berufsschule sind?"

Eva: „Keine Ahnung, aber irgendwie wird es schon gehen."

Das alles hört die Prokuristin **Katrin Breitenbacher:** „Ist das wirklich so schlimm?"

Eva und Ulf drehen sich erschrocken um und nicken.

Eva Breitenbacher: „Ich rede sofort mit unserem Geschäftsführer Matthias Blau über eine interne Schulung."

Arbeitsaufträge

1. Der Geschäftsführer Matthias Blau bestimmt sofort, dass alle Mitarbeiter und Mitarbeiterinnen des Unternehmens an einem Intensivkurs Englisch teilnehmen müssen. In einer ersten Schulung soll die mündliche Ausdrucksweise verbessert werden. Er hat mit der hiesigen Sprachenschule Lingu4y telefoniert und gibt Eva die Telefonnotiz mit der Bemerkung: „Bitte bestätigen Sie die Absprachen per E-Mail und leiten Sie alles Erforderliche in die Wege."

Telefonnotiz ☎

Gesprächspartner:	Unternehmen:
Max Fischer, Geschäftsführer	Lingu4y, Ludwigshafen
Telefon: 0621 555199-235	**E-Mail:** info@lingu4y.de
☐ ruft wieder an ☐ bittet um Rückruf ☐ hat zurückgerufen	☐ möchte Sie treffen ☐ bittet um einen Termin ☐

Datum:	Uhrzeit:	Erledigung bis:
10. März 20..	14:00 Uhr	sofort

An:

Eva Kohl

Nachricht:

Lingu4y wird an 10 Tagen jeweils freitags Englischkurse durchführen und die sprachliche Ausdrucksfähigkeit schulen.

Mitarbeiter und Mitarbeiterinnen absolvieren in den nächsten 4 Tagen im Internet einen Test. Danach werden sie dem Aufbaukurs oder dem Fortgeschrittenenkurs zugeteilt. Link: lingu4y/Test.de.

Teilnehmer für den Fortgeschrittenenkurs nehmen erst ab dem 6. Tag teil.

Beginn:	Freitag. 2. April 20..
Ort:	Blue Design, Konferenzraum
Uhrzeit:	13:00 bis 16:00 Uhr
Dozentin:	Mrs. Jane Fairchild

Abschlusstest und Zertifikat

Unterrichtsmaterial und Aufnahmetechnik bringt Mrs. Fairchild mit. Honorar je Kurstag 700,00 EUR, weitere Kosten entstehen nicht.

Aufgenommen von:

Matthias Blau

Erledigt durch:

1. Helfen Sie Eva und schreiben Sie die E-Mail an die Sprachschule. Bestätigen Sie die Vereinbarungen. Die E-Mail-Adressen der Blue Design sind jeweils name@bluedesign.de. Verwenden Sie eine E-Mail-Maske nach folgendem Muster:

Von:	
An:	
Cc:	
Anhang:	
Betreff:	

2. Die Mitarbeiter und Mitarbeiterinnen müssen nun über die Sprachkurse informiert werden. Senden Sie ihnen eine Rundmail; der E-Mail-Verteiler lautet: „Mitarbeiter“, der Geschäftsführer (blau@bluedesign.de) erhält eine Kopie.

Von:	
An:	
Cc:	
Anhang:	
Betreff:	

3. Überlegen Sie, was noch zu tun ist, damit die Sprachkurse problemlos stattfinden können. Erstellen Sie eine entsprechende To-do-Liste.

☑	
☑	
☑	
☑	
☑	
☑	

4. Die Sprachenschule meldet mit einer E-Mail zurück, welchem Kurs die Mitarbeiter und Mitarbeiterinnen nach der Auswertung der Tests zugeordnet werden:

Von:	info@lingu4y.de
An:	kohl@bluedesign.de
Cc:	
Anhang:	
Betreff:	Sprachkurs in Englisch

Guten Tag Frau Kohl,

Ihre Mitarbeiterinnen und Mitarbeiter haben die Tests mittlerweile absolviert. Nach der Auswertung teilen wir sie in folgende Gruppen ein:

Aufbaukurs: Mark Kuhlert, Paul Peters, Freia Mertens, Carsten Bär, Maria Huber, Ron Tauber, Jan Hausmann, Ann-Sophie Marx

Fortgeschrittenenkurs: Katrin Breitenbacher, Ulf Henning, Ben Schneider, Eva Kohl, Carsten Kuntz, Leila Kettel

Mrs. Fairchild wird wie gewünscht vor allem die sprachliche Ausdrucksfähigkeit schulen. Sie bringt alles Erforderliche mit, Ihre Mitarbeiterinnen und Mitarbeiter benötigen nur Schreibmaterial, um sich Notizen zu machen.

Wir bieten Ihnen gerne einen Fortsetzungskurs „Business English" an. Dieser wird sich für Ihre Korrespondenz sicher lohnen.

Freundliche Grüße

Max Fischer

Signatur

Die Mitarbeiterinnen und Mitarbeiter sollen durch einen Aushang am „Schwarzen Brett“ informiert werden, insbesondere soll die Dauer des Englischkurses genau erkennbar sein. Der Geschäftsführer Matthias Blau beauftragt damit Eva Kohl, den Aushang als „Interne Mitteilung“ zu verfassen, er möchte selbst unterschreiben. Eva Kohl achtet auf eine übersichtliche Darstellung und sortiert die Teilnehmer alphabetisch. Eine passende Grafik soll die Interne Mitteilung abrunden. Formulieren Sie für Eva diese Mitteilung und achten Sie darauf, alle wesentlichen Punkte zu erfassen.

© DOC RABE Media-fotolia.com

© DOC RABE Media-fotolia.com

Lernsituation 3:
Neue Kunden gewinnen – Informationstagung vorbereiten

Die Blue-Design GmbH hat auf der letzten Abteilungsleiterbesprechung beschlossen, nicht nur Werbemaßnahmen für Großkunden zu entwickeln, sondern dafür auch verstärkt kleinere Unternehmen zu gewinnen. Mark Kuhlert, Abteilung Digitale Medien/Internet, spricht mit den Auszubildenden Ben und Eva, wie dieses Vorhaben umgesetzt werden kann.

Mark Kuhlert: „Sie wissen alle, dass wir unseren Stammkundenkreis auf mittelständische Unternehmen erweitern wollen. Aber die Erfahrung der letzten Jahre war, dass diese zwar interessiert sind, aber wohl wegen der zusätzlichen Kosten auf unsere professionelle Unterstützung verzichtet haben."

Eva: „Mmh, Sie meinen, dass diese Unternehmen den langfristigen Nutzen – auch für etwas teure Werbemaßnahmen – nicht erkennen?"

Mark Kuhlert: „Ja, genau das. Wir sollten in einem ersten Schritt die Kunden mit kleineren Werbemaßnahmen und mit überschaubaren Kosten gewinnen. Ich setze auf Ihre Ideen."

Ben: „Sollten wir die Kunden nicht ins Unternehmen einladen?"

Mark Kuhlert: „Daran hatte ich auch schon gedacht. Am besten wir organisieren eine Informationstagung mit entsprechenden Vorträgen. Sie könnte unter dem Thema ‚Umsatzsteigerung durch erfolgreiches Marketing' stehen."

Ben: „Passen da nicht Ihre Vorträge, die Sie neulich bei unserem Großkunden in Stuttgart gehalten haben?"

Mark Kuhlert: „Natürlich, diese Vorträge kann ich leicht auf die neue Zielgruppe anpassen und ändern. Die Themen waren: ‚Online Marketing, Individuelle Gestaltung der Website' und ‚Kundenorientiert und erfolgreich – Marketing für Industrieunternehmen'. Letzteres werde ich durch ‚mittelständische Unternehmen' ersetzen. Die Referate mit PowerPoint dauern jeweils ca. 30 Minuten. Für die Fragen der Teilnehmer während und nach den Vorträgen kalkuliere ich 20 Minuten ein."

Eva: „Was halten Sie von einer Ausstellung im Foyer, damit die Kunden unsere gesamten Dienstleistungen kennen lernen? Wir haben doch noch die Stellwände mit allen Informationen, die wir auf der letzten Messe verwendet haben."

Mark Kuhlert: Gute Idee, Eva und Ben, ermittelt bitte einen Termin für die Tagung – möglichst Ende nächsten Monats. Überlegt euch, wie dieser Tag ablaufen kann und welche Tätigkeiten auf uns zukommen. Ihr seid jetzt im dritten Ausbildungsjahr. Ich denke, ihr könnt die Veranstaltung alleine planen. Freia und Ulf sollen euch auf alle Fälle unterstützen. Wir werden uns bis zur Tagung einmal in der Woche treffen, damit ihr mir über den Fortschritt berichtet. Am nächsten Montag erwarte ich von euch einen passenden Termin und eine ‚fallgebundene Tätigkeitsliste'. Ich bin auch für weitere Ideen zur Durchführung des Tages offen."

Arbeitsaufträge

1. Ermitteln Sie einen passenden Termin Ende nächsten Monats für Ihre Veranstaltung und überlegen Sie, welche Kriterien Sie berücksichtigen sollten.

2. Überlegen Sie, welche Aufgaben für diese Informationstagung anfallen werden. Suchen Sie sich einen Partner und erstellen Sie für Freia und Ulf eine fallgebundene Tätigkeitsliste mit Terminierungen und Verantwortlichkeiten nach folgendem Muster:

©Sashkin-fotolia.com

Tätigkeitsliste für die Informationstagung am individuellen Termin

Vorbereitungstätigkeit	Verantwortlich	Termin	Bemerkung	erledigt
Besprechungstermine in Outlook eintragen	Eva	sofort	Termin immer montags ... Uhr	

Vorbereitungstätigkeit	Verantwortlich	Termin	Bemerkung	erledigt

Vergleichen Sie Ihre Ergebnisse mit einem Ihrer Mitschüler, ergänzen Sie ggf. Ihre Tätigkeitsliste.

3. Bei der nächsten Besprechung diskutiert das Vorbereitungsteam, mit welcher Bestuhlung der Raum ausgestattet werden soll. Überlegen Sie, welche Bestuhlung am besten geeignet erscheint. Begründen Sie Ihre Wahl und machen Sie eine Skizze.

Für diese Informationstagung müssen einige Schriftstücke erstellt und formuliert werden. Bilden Sie mit Ihrer Klasse Gruppen und teilen Sie sich die Schriftstücke auf, die sich aus den Aufgaben 4 bis 6 ergeben. Stellen Sie das Ergebnis Ihrer Gruppe der Klasse vor. Beurteilen Sie jeweils die sachliche Richtigkeit, übersichtliche Darstellung, gute Formulierung usw.

4. Formulieren Sie für Eva eine Einladung an ein Unternehmen Ihrer Wahl. Achten Sie dabei auf eine individuelle Anrede. Stellen Sie die Vorteile heraus, die sich für die Teilnehmer durch die Teilnahme ergeben werden. Verwenden Sie die Briefvorlage von „Blue Design GmbH“.

Blue Design GmbH • Heidelberger Landstraße 51 • 68199 Mannheim

Ihr Zeichen:
Ihre Nachricht vom:
Unser Zeichen:
Unsere Nachricht vom:

Name:
Telefon:
Telefax:
E-Mail:
Datum

Mannheim HRB 1255Düsseldorf
USt-IdNr. DE 812 112 054
Tel.: 0621 200103-0 Zentrale
Fax: 0621 200103-99

Geschäftsführer
Matthias Blau
E-Mail: m.blau@bluedesign.de

Internet-Adresse:
www.bluedesign.de
E-Mail: info@bluedesign.de

Raiffeisenbank Mannheim-Schwetzingen eG
IBAN DE41 6709 0020 0000 2120 99
BIC GENODE65MAN

5. Machen Sie es den Teilnehmern leicht. Fügen Sie Ihrer Einladung die folgende Schriftstücke bei:
   a) Antwortfax
   b) Tagungsprogramm

   Gestalten Sie diese Anlagen ansprechend und übersichtlich; berücksichtigen Sie die relevanten Fakten der Ausgangssituation. Verwenden Sie jeweils das Logo der „Blue Design GmbH“

a) Antwortfax

b) Tagungsprogramm

Blue Design GmbH

Programm der Informationstagung

6. Ob die Tagung den gewünschten Erfolg bringen kann, muss durch eine Manöverkritik festgestellt werden. Dazu gehört auch das Feedback der Teilnehmer. Diskutieren Sie mit Ihrem Team, wie der Aufbau des Feedbackbogens sein soll und welche Angaben aufgenommen werden. Achten Sie auf eine übersichtliche Darstellung. Drucken Sie Ihr Ergebnis aus und lassen Sie es von anderen Mitschülern beurteilen, berichtigen Sie es, wenn Sie nachvollziehbare Verbesserungsvorschläge erhalten haben.

©Markus Mainka-fotolia.com

Blue Design GmbH

Informationstagung

Lernsituation 4:
Tagung außer Haus organisieren

Die Blue Design GmbH organisiert für Kunden Messeauftritte aller Art. In letzter Zeit bleiben die Aufträge aus. Darüber haben die Abteilungsleiter und Abteilungsleiterinnen in ihrer Sitzung am letzten Freitag gesprochen.

Auszug aus dem Ergebnisprotokoll vom 12. April 20..

TOP 4 **Umsatzrückgänge Messeorganisation**

Wegen der erheblichen Umsatzrückgänge wird eine Tagung nach dem Motto „Erfolgreiche Messeauftritte" für 30 Stammkunden und 5 Neukunden organisiert. Für die Teilnehmer fallen keine Kosten an. Der bekannte Experte Dr. Markus Fischer, Steinweg 125, 56410 Montabaur soll für einen Vortrag gewonnen werden.

Ziel: Umsatzsteigerung und Kundenbindung

Termin:	23.07.20..
Ort:	Hotel „Ludwigshafen", Heidelberger Landstraße 210, 68119 Mannheim (Tagungstechnik stellen wir selbst)
Beginn:	11:00 Uhr
Vorträge:	„Ihr Messeauftritt – der Weg zum Erfolg" Dr. Markus Fischer (30 Minuten) „Personalschulung für Messen" Paul Peters, Leiter Events/Messen (30 Minuten) Nachmittags: Individuelle Beratungsgespräche
Beratungen:	Paul Peters, Jan Hausmann, Ann-Sophie Marx

Paul Peters bereitet die Veranstaltung vor, unterstützen werden ihn die Auszubildenden Eva Kohl und Ben Schneider. Die Kosten sollen 5000 EUR nicht überschreiten.

Paul Peters, Leiter der Abteilung Events/Messen, überträgt die Vorbereitung den beiden Auszubildenden Ben Schneider und Eva Kohl. Dazu überreicht er den beiden das Protokoll.

Arbeitsaufträge

1. Eva und Ben überlegen, wie sie am besten vorgehen sollen. Als Erstes müssen sie einen passenden Termin auswählen, dieser ist für die weitere Vorbereitung und die Korrespondenz wesentlich.

   a) Worauf achten Sie vor allem, wenn Sie den Termin festlegen?

   ____

   ____

   b) Wählen Sie einen passenden Termin im nächsten Monat aus.

   ____

2. Nachdem der Termin feststeht, überlegen Eva und Ben, wie sie weiter planmäßig vorgehen sollen. Sie schreiben sich alle Tätigkeiten hinsichtlich der Vorbereitung, Durchführung und Nachbereitung auf, damit sie nichts vergessen. Suchen Sie sich einen Partner und erstellen Sie eine gut strukturierte Checkliste mit passenden Überschriften, die Sie dann als Grundlage für die fallgebundene Tätigkeitsliste und später für ähnliche Veranstaltung wieder verwenden können. Berücksichtigen Sie vor allem die Punkte Terminierung, Korrespondenz und sonstige Schriftstücke, Raumvorbereitung, Durchführung sowie Nachbereitung. Vergleichen Sie danach mit einem anderen Tandem die Checkliste und ergänzen Sie Ihre ggf.

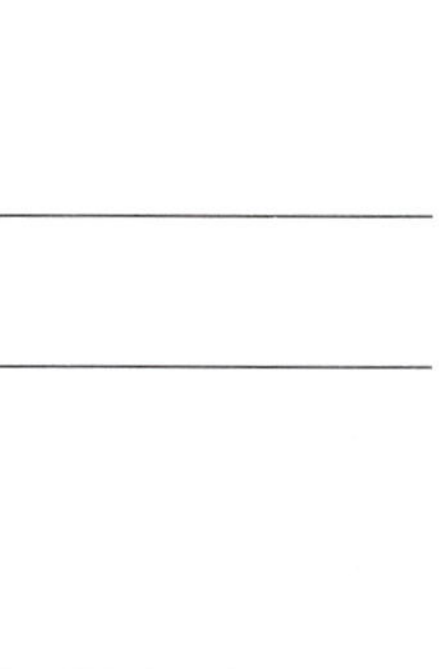

©klenger-fotolia.com

Blue Design GmbH

3. In der Vorbereitungsphase müssen viele Schriftstücke verfasst werden. Bilden Sie mit Ihrer Klassen 6 Gruppen und erstellen Sie arbeitsteilig die Schriftstücke der Aufgabenstellungen 3 a) bis 3 f), verwenden Sie den Briefvordruck der Blue Design GmbH bzw. das Logo (nachfolgende Seite). Jede Gruppe stellt danach ihr Schriftstück der Klasse vor. Die Mitschülerinnen und Mitschüler geben jeweils ein Feedback hinsichtlich der sachlichen Richtigkeit, der Formulierung, der Übersichtlichkeit und der DIN 5008. Die Schriftstücke werden danach berichtigt.

   a) Nachdem nun der Termin feststeht, sollen die Teilnehmer eingeladen werden. Verfassen Sie ein Einladungsschreiben an ein Unternehmen Ihrer Wahl. Formulieren Sie dieses Schreiben empfängerorientiert, stellen Sie die Vorteile heraus, die der Teilnehmer haben wird. Fügen Sie Ihrem Schreiben die Tagesordnung und das Antwortfax bei, siehe Aufgaben 3 d) und 3 e).

   b) Natürlich muss der Referent sofort eingeladen werden. Teilen Sie ihm mit, welchen Vortrag er halten soll, welches Zeitfenster er hat und wer der Teilnehmerkreis sein wird. Schreiben Sie dem Referenten, erfragen Sie das Honorar und laden Sie ihn zum Mittagessen ein.

   c) Ben und Eva überlegen, wie sie die Anfrage an das Hotel formulieren sollen und welche Kriterien Sie abfragen müssen. Schreiben Sie eine Anfrage entsprechend der Aufgabenstellung an das Hotel, verwenden Sie den Briefvordruck der Blue Design GmbH. Auf einen Angebotsvergleich mit anderen Hotels verzichtet die Blue Design GmbH, sie arbeitet seit vielen Jahren eng mit dem benachbarten Hotel zusammen und war immer sehr zufrieden.

   d) Entwerfen Sie eine übersichtliche Tagesordnung, planen Sie die Referate sinnvoll ein. Berücksichtigen Sie alle Fakten, die sich aus der Aufgabenstellung ergeben. Nutzen Sie die Seite aus und achten Sie auf eine gute übersichtliche Darstellung.

   e) Die Teilnehmer sollen sich per Faxantwort anmelden. Entwickeln Sie dazu ein übersichtliches Formular, verwenden Sie für evtl. Auswahlantworten Kontrollkästchen zum Ankreuzen. Denken Sie daran, dass die Faxantwort mit der Hand ausgefüllt werden wird. Achten Sie daher auf genügend Zeilenabstand und eine gute übersichtliche Darstellung.

   f) Ob die Tagung erfolgreich durchgeführt wurde, wird eine Evaluation zeigen. Entwickeln Sie einen Feedbackbogen mit Word, nutzen Sie die Tabellenfunktionen, berücksichtigen Sie alle notwendigen Fakten, die sich aus der Aufgabenstellung ergeben.

Lösung Aufgabe 3a:

Blue Design GmbH • Heidelberger Landstraße 51 • 68199 Mannheim

Ihr Zeichen:
Ihre Nachricht vom:
Unser Zeichen:
Unsere Nachricht vom:

Name:
Telefon:
Telefax:
E-Mail:
Datum:

Mannheim HRB 1255Düsseldorf
USt-IdNr. DE 812 112 054
Tel.: 0621 200103-0 Zentrale
Fax: 0621 200103-99

Geschäftsführer
Matthias Blau
E-Mail: m.blau@bluedesign.de

Internet-Adresse:
www.bluedesign.de
E-Mail: info@bluedesign.de

Raiffeisenbank Mannheim-Schwetzingen eG
IBAN DE41 6709 0020 0000 2120 99
BIC GENODE65MAN

Lösung Aufgabe 3b:

Blue Design GmbH

Blue Design GmbH • Heidelberger Landstraße 51 • 68199 Mannheim

Ihr Zeichen:
Ihre Nachricht vom:
Unser Zeichen:
Unsere Nachricht vom:

Name:
Telefon:
Telefax:
E-Mail:
Datum:

Mannheim HRB 1255Düsseldorf
USt-IdNr. DE 812 112 054
Tel.: 0621 200103-0 Zentrale
Fax: 0621 200103-99

Geschäftsführer
Matthias Blau
E-Mail: m.blau@bluedesign.de

Internet-Adresse:
www.bluedesign.de
E-Mail: info@bluedesign.de

Raiffeisenbank Mannheim-Schwetzingen eG
IBAN DE41 6709 0020 0000 2120 99
BIC GENODE65MAN

Lösung Aufgabe 3c:

Blue Design GmbH • Heidelberger Landstraße 51 • 68199 Mannheim

Ihr Zeichen:
Ihre Nachricht vom:
Unser Zeichen:
Unsere Nachricht vom:

Name:
Telefon:
Telefax:
E-Mail:
Datum:

Mannheim HRB 1255Düsseldorf
USt-IdNr. DE 812 112 054
Tel.: 0621 200103-0 Zentrale
Fax: 0621 200103-99

Geschäftsführer
Matthias Blau
E-Mail: m.blau@bluedesign.de

Internet-Adresse:
www.bluedesign.de
E-Mail: info@bluedesign.de

Raiffeisenbank Mannheim-Schwetzingen eG
IBAN DE41 6709 0020 0000 2120 99
BIC GENODE65MAN

Lösung Aufgabe 3d:

Tagesordnung

Lösung Aufgabe 3e:

Antwortfax

Lösung Aufgabe 3f:

Fragebogen zur Tagung

4. Der Referent und das Hotel haben geantwortet, siehe Anlagen 1 und 2. Nachdem alle Anmeldungen erfasst sind, stehen 24 Teilnehmer fest. Ermitteln Sie nun die voraussichtlichen Gesamtkosten und prüfen Sie, ob die Kosten im Budget von 5000 EUR liegen. Überlegen Sie vorher, wie viele Personen insgesamt anwesend sein werden.

© AKS-fotolia.com

Anlage 1:

Hotel Ludwigshafen

Hotel Ludwigshafen • Heidelberger Landstraße 120 • 68199 Mannheim

Blue Design GmbH
Frau Sabine Muster
Heidelberger Landstraße 51
68119 Mannheim

Ihr Zeichen:	(Zeichen Anfrage)
Ihre Nachricht vom:	(Datum Anfrage)
Unser Zeichen:	schn
Unsere Nachricht vom:	
Name:	Elvira Schneider
Telefon:	0621 456434–0
Telefax:	0621 456424–19
E-Mail:	info@h.ludwigshafen.de
Datum	(Datum)

Ihre Anfrage

Guten Tag Frau Muster,

vielen Dank für Ihre Anfrage. Gerne stellen wir für Sie unseren Tagungsraum „Rheinblick" am Mittwoch, 23.07.20.., bereit.

Die Tagungspauschale beträgt pro Person 45,00 EUR, das Mittagessen mit einem 3-Gang-Menü und die Tagungsgetränke sind inklusive. Die Raummiete beträgt 80,00 EUR. In diesen Preisen ist die Umsatzsteuer enthalten.

Ihre Teilnehmer können sich am Tag für eines der drei Menüvorschläge entscheiden. Selbstverständlich ist auch eine vegetarische Variante dabei.

Freundliche Grüße

Hotel Mannheim

Elvira Schneider

Elvira Schneider

Mannheim HRB 234
USt-IdNr. DE 999 112 066
Tel.: 0621 456424–0
Fax: 0621 456424–19

Geschäftsführer
Andreas Schneider
Elvira Schneider

Internet:
www.h.ludwigshafen.de
E-Mail: info@.h.ludwigshafen de

Volksbank Mannheim
IBAN DE42 6904 0020 0000 3453 45
BIC GENODE55MAN

Anlage 2:

Von:	markus.fischer@referent-mt.de
An:	b.schneider@blue.design.de
Cc:	
Anhang:	
Betreff:	Referat

Guten Tag Herr Schneider,

gerne übernehme ich für Ihre Tagung das Referat „Ihr Messeauftritt – der Weg zum Erfolg“ am 23.07.20.. im Hotel „Ludwigshafen“ in Mannheim.

Mein Honorar beträgt 4000,00 EUR, hinzukommen Fahrtkosten von 100,00 EUR.

Am Mittagessen werde ich teilnehmen. Informieren Sie mich bitte, wann mein Vortrag bzw. das Mittagessen beginnt, damit ich die Fahrzeit entsprechend einplanen kann.

Freundliche Grüße

Markus Fischer

Signatur

Buchung/Budget:

5. Ben und Eva stellen fest, dass das Budget nicht ausreicht. Sie sprechen sofort mit Paul Peters. Sie beraten, was nun zu tun ist. Überlegen Sie, welche Möglichkeiten die Blue Design GmbH hat.

Lernsituation 5:
Geschäftsreise zur Kundengewinnung der Blue Design GmbH vorbereiten

©Rawpixel.com-fotolia.com

Die Informationsveranstaltung zum Themenbereich „Marketing für Industrieunternehmen" der Blue Design GmbH wurde vergangene Woche durchgeführt. Herr Blau hatte den Eindruck, dass die Veranstaltung ein voller Erfolg war, da sich mehrere Unternehmen danach für ein individuelles Angebot interessierten.

In der darauf folgenden Abteilungsleiterbesprechung wird beschlossen, dass Mark Kuhlert, Leiter der Abteilung Digitale Medien/Internet, die individuellen Angebote den Unternehmen vorstellen soll.

Mark Kuhlert freut sich über das Vertrauen und verschafft sich einen Überblick über die Unternehmen, die ein individuelles Angebot und einen Besuch für ein persönliches Gespräch wünschen. Folgende Unternehmen haben ihre Wünsche für ein persönlich zugeschnittenes Angebot wie folgt geäußert:

Unternehmensname	Branche	Unternehmenssitz	Terminwunsch
Schoko-Traum OHG	Schokoladenerzeugnisse	Berner Str. 140, Frankfurt am Main	27., 29. oder 32. KW
Young Cosmetics KG	Vertrieb von Kosmetikprodukten	Mittlere Straße 30, Dresden	24., 26. oder 29. KW
FanGusto GmbH	Kaffeerösterei	Im Industriepark 1, Heidelberg	25., 29. oder 31. KW
Radmarkt Reif KG	Fahrradbedarf	Schlossgraben 30, Recklinghausen	26., 28. oder 29. KW
Wohntal GmbH	Möbelfabrik	Börde-Park 1, Bielefeld	29., 31. oder 33. KW
Bürobedarf Müngsten GmbH	Handel mit Bürobedarf	Aggerstraße 7, Düsseldorf	27., 28. oder 29. KW

Nach Durchsicht der Unterlagen und der dazugehörigen Branchen spricht Herr Kuhlert mit der Auszubildenden Eva Kohl.

Mark Kuhlert: „Frau Kohl, könnten Sie bitte die Planung meiner Geschäftsreise übernehmen?"

Eva Kohl: „Sehr gerne übernehme ich die Planung der Geschäftsreise. Gibt es besondere Wünsche zu beachten?"

Mark Kuhlert: „Grundsätzlich ist mir nur wichtig, dass die Besuche während der Geschäftsreise möglichst zusammenhängend sind. Berücksichtigen Sie aber auch, dass ich vier große Gepäckstücke (Beamer, Warenmuster, etc.) mitnehmen muss. Ich gebe Ihnen eine Aufstellung der Unternehmen mit den dazugehörigen Terminwünschen. Wenn Sie weitere Informationen oder Fragen bei der Bearbeitung haben, sprechen Sie mich gerne jederzeit an."

Eva Kohl: „Okay, Ich werde mich gleich an die Arbeit machen."

Unterstützen Sie Eva Kohl bei der Planung der Geschäftsreise.

Juli 20..

	Mo	Di	Mi	Do	Fr	Sa	So
26	27	28	29	30	1	2	3
27	4	5	6	7	8	9	10
28	11	12	13	14	15	16	17
29	18	19	20	21	22	23	24
30	25	26	27	28	29	30	31
31	1	2	3	4	5	6	7

Arbeitsaufträge

1. Setzen Sie sich mit einem Partner zusammen und verschaffen Sie sich einen Überblick über die zu planende Geschäftsreise.

   a) Legen Sie einen Zeitraum für die durchzuführende Geschäftsreise fest und begründen Sie Ihre Auswahl.

   Sinnvoller Zeitraum der Geschäftsreise →

   b) Bringen Sie die zu besuchenden Unternehmen in eine sinnvolle Reihenfolge und begründen Sie Ihre Lösung.

   Begründung:

   c) Unter welcher Voraussetzung ist Ihr erstellter Ablaufplan durchführbar?

2. Nachdem Eva Kohl nach Rücksprache mit Herrn Kuhlert bei allen Unternehmen einen Termin vereinbart hat, ergibt sich folgender Terminplan:

Unternehmensname	Branche	Unternehmenssitz	Termin
Schoko-Traum OHG	Schokoladenerzeugnisse	Berner Str. 140, Frankfurt am Main	Montag den 18.06. um 14:00 Uhr
Young Cosmetics KG	Vertrieb von Kosmetikprodukten	Mittlere Straße 30, Dresden	Freitag den 22.06. um 10:00 Uhr
FanGusto GmbH	Kaffeerösterei	Im Industriepark 1, Heidelberg	Montag den 18.06. um 08:00 Uhr
Radmarkt Reif KG	Fahrradbedarf	Schlossgraben 30, Recklinghausen	Mittwoch den 20.06. um 10:00 Uhr
Wohntal GmbH	Möbelfabrik	Börde-Park 1, Bielefeld	Donnerstag den 21.06. um 08:30 Uhr
Bürobedarf Müngsten GmbH	Handel mit Bürobedarf	Aggerstraße 7, Düsseldorf	Dienstag den 19.06. um 09:00 Uhr

a) Erstellen Sie zunächst eine Checkliste für die Organisation einer Geschäftsreise. Verwenden Sie ein Geschäftsbogen der Blue Design GmbH.

Checkliste zur Geschäftsreise

Nr.	Aufgabe/Tätigkeit	Anmerkung	Erledigt (Datum/Handzeichen)
1.			
2.			
3.			
4.			
5.			
6.			

b) Ermitteln Sie nun das Reiseprofil von Herrn Kuhlert und gehen Sie dabei besonders auf die Beförderungs- und Verkehrsmittel, Unterbringung und mitzuführende Unterlagen/Dokumente ein. Begründen Sie Ihre Ergebnisse.

Beförderungs- und Verkehrsmittel:

Unterbringung:

Unterlagen:

3. Recherchieren Sie im Internet:

a) Zu welcher Uhrzeit muss Herr Kuhlert von seinem Wohnsitz in Ludwigshafen am Rhein abreisen, damit er den ersten Termin in Heidelberg rechtszeitig erreicht?

Fahrzeit in Minuten:

Zeitpunkt für die Abfahrt:

b) Wie lange benötigt Herr Kuhlert von Dresden für die Heimreise? Ermitteln Sie die Ankunft am Wohnort, wenn er um 14:00 Uhr losfahren kann.

Fahrzeit in Minuten: ______________________________

Zeitpunkt der Ankunft: ______________________________

c) Erstellen Sie den Geschäftsreiseantrag von Herrn Kuhlert mit nachfolgendem Vordruck. Die Mitarbeiter-Nr. von ihm lautet 78947. Er beginnt die Reise von seinem Wohnort.

Blue Design GmbH

Geschäftsreiseantrag

Mitarbeiter Daten

Name:.. Vorname:....................................

Abteilung:.................................... Mitarbeiter-Nr.:.............................

Daten zur Geschäftsreise

Beginn	vom:....................	Uhrzeit:....................	Ort:........................
Ende	vom:....................	Uhrzeit:....................	Ort:........................

Reiseziel:..

....

....

....

....

....

Reisezweck:..

....

4. Nach der Planung der Geschäftsreise stellt Eva Kohl fest, dass Herr Kuhlert viele Kilometer mit einem PKW zurücklegt. Da die Kunden einen persönlichen Besuch gewünscht haben, ist dieser Umstand unabdingbar.

Unterbreiten Sie einen Vorschlag, wie man Geschäftsreisen reduzieren und nachhaltiger Handeln kann.

____

____

____

____

Lernsituation 6:
Besichtigung der Produktionsstätte des Hauptzulieferers im Ausland organisieren

Die Prokuristin, Katrin Breitenbacher, hat in den vergangenen Wochen harte Verhandlungen mit dem Hauptzulieferer von Werbeartikeln der Blue Design GmbH geführt.

©lipowski-fotolia.com

Nachdem sich beide Vertragsparteien über die neuen Konditionen einig sind, lädt der Zulieferer, Uxin Ltd., Frau Breitenbacher zu einer eintägigen Besichtigung seiner Produktionsstätte in Shanghai ein.

Daraufhin spricht Frau Breitenbacher den Auszubildenden Ben Schneider an:

Frau Breitenbacher: „Herr Schneider, können Sie mir bei der Planung meiner Geschäftsreise, einem eintägigen Besuch der Produktionsstätte unseres Hauptzulieferers behilflich sein?"

Herr Schneider: „Natürlich, das mache ich gerne. Der Hauptlieferant hat meines Wissens seine Produktionsstätte in China?"

Frau Breitenbacher: „Richtig. Um genau zu sein, ist diese in Shanghai."

Herr Schneider: „Wann möchte Sie denn verreisen und gibt es Besonderheiten, die zu beachten sind?"

Frau Breitenbacher: „Mir schwebt April vor. Vereinbaren Sie doch bitte für diesen Monat einen Termin mit der Uxin Ltd. und stimmen Sie diesen mit meiner Sekretärin ab. Das Hotel und der Transfer in Shanghai werden durch die Uxin Ltd. organisiert. Des Weiteren möchte ich direkt von meinem Wohnort in Ludwigshafen am Rhein mit öffentlichen Verkehrsmitteln mit der Geschäftsreise beginnen.

Können Sie mir bitte schnellstmöglich die Planung erstellen und vorlegen?"

Herr Schneider: „Ich mache mich gleich an die Arbeit."

Unterstützen Sie Herrn Schneider bei der Planung der Geschäftsreise.

Arbeitsaufträge

1. Ben Schneider überlegt zunächst, welche Formalitäten und Besonderheiten bei außereuropäischen Reisezielen zu beachten sind.

   Recherchieren Sie im Internet, wo sich Herr Schneider über Einreise- und Sicherheitshinweise informieren kann und welche Informationen diese erhalten.

Informationen:

2. Erstellen Sie eine Checkliste für Frau Breitenbacher und schlüsseln Sie dabei auf, welche Unterlagen, Dokumente usw. sie für die Geschäftsreise nach China benötigt.

lue Design GmbH

Checkliste

•	☐	•	☐
•	☐	•	☐
•	☐	•	☐
•	☐	•	☐
•	☐	•	☐
•	☐	•	☐
•	☐	•	☐
•	☐	•	☐

3. Stellen Sie für Frau Breitenbacher eine Liste mit landesspezifischen Verhaltensregeln zusammen.

Verhaltensregeln in China

Wird gerne gesehen.	Wird **nicht** gerne gesehen.
•	•
•	•
•	•
•	•
•	•
•	•
•	•
•	•
•	•
•	•

4. Frau Breitenbacher möchte für den Transfer vom Wohnort zum Flughafen öffentliche Verkehrsmittel nutzen.

   a) Welche Vor- und Nachteile hat Frau Breitenbach bei der Nutzung von öffentlichen Verkehrsmitteln speziell bei dieser Geschäftsreise?

Vorteile	Nachteile

b) Recherchieren Sie im Internet geeignete Flugverbindungen inklusive des Reisepreises in der Economy Class, mit Flugnummer sowie Fluggesellschaft für die Hin- und Rückreise und suchen Sie danach passende Zugverbindungen heraus. Berücksichtigen Sie die Eincheckzeit bei Auslandsreisen von ca. 2 Stunden.

Flugverkehr

Hinflug	**Fluggesellschaft:**	**Flugnummer:**
	Abflugzeit (Flughafen):	
	Ankunftszeit (Flughafen):	
Rückflug	**Fluggesellschaft:**	**Flugnummer:**
	Abflugzeit (Flughafen):	
	Ankunftszeit (Flughafen):	
Preis:		
Anmerkung:		

Bahnfahrt

Hinfahrt	Abfahrtzeit (Ort):
	Ankunftszeit (Ort):
Rückfahrt	Abfahrtzeit (Ort):
	Ankunftszeit (Ort):
Preis:	
Anmerkung:	

c) Nennen Sie einschlägige und geeignete Buchungsmöglichkeiten für diese Geschäftsreise.

5. Erstellen Sie den kompletten Reiseplan mit Ihren recherchierten Ergebnissen mit dem folgenden Vordruck für Frau Breitenbacher.

   Anschließend vergleichen Sie Ihre Ergebnisse mit einem Partner und ergänzen noch fehlende Punkte.

Reiseplan

Mitarbeiter:

Name:
Abteilung/Funktion:
Mitarbeiter-Nr.:

Datum	Uhrzeit	Verkehrsmittel/Beschreibung	Preis/Hinweis

Lernsituation 7:
Einen Messebesuch planen und nachbereiten

Der Geschäftsführer, Matthias Blau, möchte eine WWN Messe für Werbeartikel und Werbebedarf besuchen. Er erhofft sich durch den Messebesuch neue Ideen für das Portfolio der Blue Design GmbH und darüber hinaus verschiedene Muster von Werbeartikeln von allen Anbietern mitnehmen zu können. Daher plant der Geschäftsführer, mit seinem privaten PKW zu fahren.

©mitifoto-fotolia.com

Die Messe findet zwischen dem 09.07.20.. und dem 16.07.20.. in Nürnberg statt. Aufgrund bereits vereinbarter Termine kann Herr Blau die Messe nur an zwei Tagen aufsuchen.

Für die Vorbereitung gibt Herr Blau den abgedruckten Geschäftsreiseantrag seiner Sekretärin mit der Bitte, alle nötigen Schritte in die Wege zu leiten.

Geschäftsreiseantrag

Name: Blau **Vorname:** Matthias

Abteilung: Geschäftsführer **Mitarbeiter-Nr.:** 78001

Daten zur Geschäftsreise

Beginn	**vom:** 12.07.20..	**Uhrzeit:** 09:00 Uhr	**Ort:** Mannheim
Ende	**vom:** 13.07.20..	**Uhrzeit:** 18:00 Uhr	**Ort:** Mannheim

Reiseziel: Messezentrum 1, 90471 Nürnberg

Reisezweck: WWN Messe für Werbeartikel und Werbebedarf
Neue Ideen für das Portfolio der Blue Design GmbH

Unterstützen Sie die Sekretärin bei den daraus für sie entstehenden Aufgaben.

Arbeitsaufträge

1. Verschaffen Sie sich zunächst einen Überblick über die Daten zur Geschäftsreise, welche im Antrag enthalten sind.

   a) Recherchieren Sie dann im Internet nach einer geeigneten Unterbringung. Schlüsseln Sie dabei die Eckdaten der Unterbringung auf und begründen Sie Ihre Auswahl. Klären Sie auch, wie lange der Fahrtweg nach Nürnberg ist.

   ____

   ____

   ____

   ____

   ____

   ____

   b) Erstellen Sie anhand Ihrer Ergebnisse den Reiseplan für Herrn Blau.

Reiseplan

Mitarbeiter:

Name: Herr Matthias Blau
Abteilung/Funktion: Geschäftsführer
Mitarbeiter-Nr.: 78001

Datum	Uhrzeit	Beschreibung	Hinweis

2. Nachdem Matthias Blau von seiner Geschäftsreise wieder zurück ist, bittet er Sie, die Abrechnung zu erstellen.

   a) Notieren Sie, welche Angaben Sie für eine Abrechnung benötigen und besprechen Sie Ihre Ergebnisse mit Ihrem Partner.

   Fahrtkosten:

   Übernachtungskosten:

   sonstige Angaben:

   b) Fertigen Sie eine Übersicht über die entstanden Kosten der Geschäftsreise an, berücksichtigen Sie die Fahrkosten, Übernachtungskosten und Reisenebenkosten.
   Verwenden Sie bei Ihrer Aufschlüsselung die nachfolgenden Belege.

Quittung

Nr.					
483	netto	EUR	16	Cent	81
	+ 19 % MwSt	EUR	3	Cent	19
	gesamt	EUR	20	Cent	00

Betrag in Worten	----------------zwanzig----------------------------
--	Cent wie oben
von WWN Messe für Werbeartikel und Werbebedarf	
für Blau Matthias	
Ort Nürnberg	Datum: 12.07.20..
Buchungsvermerk	Stempel/Unterschrift des Empfängers

BelegNr. 0897/84657/6454 12.07.

PARK GmbH

Messe Nürnberg

Ausw. Parkticket 10,00 EUR
12.07. – 13.07.
Parkdauer: 2 Tage
Gesamtbetrag 10,00 EUR
MwSt 19,00 % 1,60 EUR

Quittung
inkl. Gesetzlicher MwSt.

MeS
Hotel

MeS Hotel * Wodanstraße 71 * 90461 Nürnberg

Blue Design GmbH
Heidelberger Landstraße 51
68199 Mannheim

Rechnungs-Nr.	Zimmer	Anreise	Abreise
84647548	34	13.07.	14.07.

14.07.20..

MeS Hotel, Nürnberg

Datum	Beschreibung	Zusatztext	Anzahl	Preis	Total
13.07.	Logis	inkl. Frühstück	1	84,03	84,03 EUR

	Nettobetrag	84,03 EUR
7 % MwSt in		
19 % MwSt in		15,97 EUR
	Rechnungsbetrag	100,00 EUR

Wir bedanken Ihnen für Ihren Besuch und würden uns freuen, Sie bald wieder bei uns begrüßen zu dürfen.

Fahrtkosten:

Übernachtungskosten:

Reisenebenkosten:

3. Nachdem alle Kosten aufgeschlüsselt sind kann eine Abrechnung erstellt werden.

   a) Erstellen Sie eine Tabelle mit den erforderlichen Formeln in Excel, die die Reisekosten ermittelt. Diese soll für weitere Reisekostenabrechnungen genutzt werden können. Berücksichtigen Sie die derzeit gültigen gesetzlichen Vorgaben für Reisekostenabrechnungen.

   Gliedern Sie die Tabelle in

   - Mitarbeiterinformationen,
   - Fahrtkosten,
   - Verpflegungsmehraufwendungen,
   - Kürzungen bei den Mahlzeiten,
   - Übernachtungskosten,
   - Reisenebenkosten.

	A	B	C	D	E	F	G	H	I
1									
2									
3									
4									
5									
6									
7	Reisekostenabrechnung								
8									
9	Mitarbeiterinformationen								
10									
11									
12									
13									
14	Fahrtkosten								
15									
16									
17									
18									
19									
20	Übernachtungskosten								
21									
22									
23									
24	Verpflegungsmehraufwendungen								
25									
26									
27									
28									
29									
30	Kürzungsbeträge bei Mahlzeiten								
31									
32									
33									
34									
35									
36	Reisenebenkosten								
37									
38									
39									
40							Erstattungsbetrag		

b) Fertigen Sie die Reisekostenabrechnung von Herrn Matthias Blau mithilfe der erstellten Tabelle an.

	A	B	C	D	E	F	G	H	I
1									
2									
3									
4									
5									
6									
7					Reisekostenabrechnung				
8									
9	Mitarbeiterinformationen								
10									
11									
12									
13									
14	Fahrtkosten								
15									
16									
17									
18									
19									
20	Übernachtungskosten								
21									
22									
23									
24	Verpflegungsmehraufwendungen								
25									
26									
27									
28									
29									
30	Kürzungsbeträge bei Mahlzeiten								
31									
32									
33									
34									
35									
36	Reisenebenkosten								
37									
38									
39									
40							Erstattungsbetrag		

Ein Projekt planen und durchführen

1 - Sie definieren und initiieren ein Projekt.

©Rawpixel.com-fotolia.com

©Picture-Factory-fotolia.com

Wie Unternehmen Projekte durchführen

2 - Sie planen einen Projektablauf.

©vege-fotolia.com

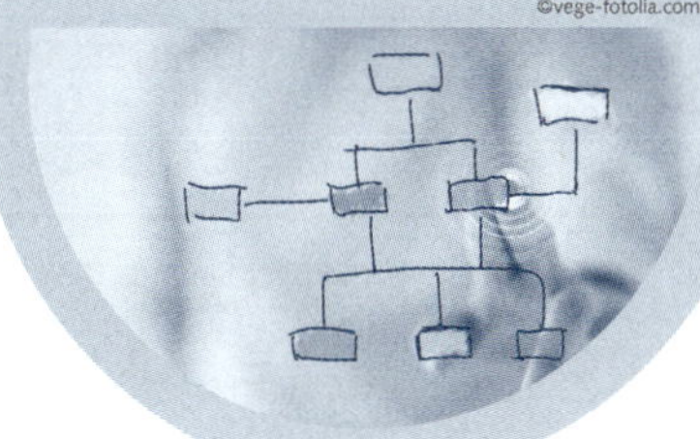

3 - Sie führen ein Projekt durch und schließen es systematisch ab.

©Matthias Enter-fotolia.com

©ag visuell-fotolia.com

Ein Projekt planen und durchführen

Die Kompetenzentwicklung umfasst, …

… die Grundlagen einer Projektarbeit im Unternehmen zu kennen und anzuwenden.

Projektablauf	Aufgaben	Bedeutung

… die Arbeitsschritte eines Projekts zu ermitteln.

Ermittlung	Strukturierung

… Vordrucke zu erstellen und Einladungen zu verfassen.

Gliederung	Aufbau	Kommunikation

… den Projektablauf zu planen.

Projektstuktur	Arbeitspakete	Projektablauf

… Termine festzulegen und Terminpläne zu erstellen.

Terminplanung	Pufferzeiten	Terminprobleme

… den Abschluss eines Projektes durchzuführen.

Überwachung	Lösungsmöglichkeiten	Abschlussarbeiten

… fächerübergreifende Kompetenzen zu erwerben.

Schlüsselqualifikationen	Prozesswissen	Nachhaltigkeit

Der Modellbetrieb im Lernfeld 13

Unternehmensbeschreibung

Firma	**Development Computer Software GmbH (DCS GmbH)**
Geschäftszweck	IT-Dienstleister
Geschäftssitz	Industriestraße 24, 81245 München
Registergericht	Amtsgericht München HRB 1877 Steuernummer: 145/118/28597 USt-Id.-Nummer: DE782833745
Gesellschafter	David Berger
Geschäftsführer	David Berger
Prokuristin	Miriam Kunz
Telefon	089 257701-0
Telefax	089 257701-99
Homepage	www.dcs.de
E-Mail	info@dcs.de
Bankverbindung	Sparkasse München IBAN: DE78 7015 0088 0906 7218 72 BIC: SSKMDEMMXXX
Beschäftigte insgesamt	180 Mitarbeiter
davon als Auszubildende	9 Auszubildende neue Auszubildende: Jennifer Horb, Michael Jung, Sven Müller und Katrin Korn
Weitere Informationen für die Bearbeitung der Lernsituationen	
Verantwortungsbereiche:	
Projektabwicklung	Carsten Fochs
Rechnungswesen	Isabell Kost
Einkauf	Marc Birke
IT-Abteilung	Maria Rieger
Personalwesen	Svenja Berger
Bauabteilung	Michael Unger
Fuhrpark	Thorsten Reich
Personalbüro/ Betreuung der Auszubildenden:	Verena Ahlers
Betriebsrat	Robert Zürker

Lernsituation 1:
Ein Projekt definieren und initiieren

Jennifer Horb ist Auszubildende bei der DCS GmbH und befindet sich mittlerweile im 3. Ausbildungsjahr. Die DCS GmbH gilt als einer der erfolgreichsten IT-Dienstleister am Markt. Das Unternehmen hat sich auf Innovationsberatung und Anwendungsentwicklung spezialisiert. Im Rahmen der Innovationsberatung übernehmen die Mitarbeiter der Abteilung Projektabwicklung für Kunden das komplette IT-Management. Darunter fällt auch die umfassende Neugestaltung von Büroräumen, was die EDV-Ausstattung oder die Einrichtung betrifft.

©Rawpixel.com-fotolia.com

Jennifer hat heute ihren ersten Arbeitstag in der Abteilung Projektabwicklung. Bei einem kleinen Rundgang durch die Abteilung lernt sie die verschiedenen Mitarbeiter kennen und führt zum Schluss ein Gespräch mit dem verantwortlichen Abteilungsleiter Herrn Fochs. Da Jennifer bereits in den letzten Abteilungen sehr verantwortungsvoll und selbstständig gearbeitet hat, hat sich Herr Fochs entschlossen, Jennifer gleich in den Arbeitsablauf voll einzubeziehen.

©Alexander Raths-fotolia.com

Carsten Fochs: Heute hat ein neuer Kunde, die TIME GmbH, eine Anfrage an uns gestellt. Er möchte uns beauftragen, für seine neuen Büroräume ein reversibles Büro innerhalb eines Monats nach Auftragserteilung einzurichten. Dabei müssen die nötigen Einrichtungsgegenstände und die dazugehörende EDV-Technik ausgewählt werden. Mit diesem neuen Kunden ins Geschäft zu kommen, ist uns sehr wichtig, da ein größeres Auftragsvolumen dahinter steht. Nächste Woche habe ich einen Termin mit unserem Geschäftsführer Herrn Berger. Bei diesem Termin sollen alle notwendigen Arbeitsschritte festgelegt werden. Gerne würde ich Sie in dieses Projekt bereits von Anfang an mit einbeziehen. Welche Kennnisse haben Sie denn bereits zur Projektarbeit erworben?

Jennifer Horb: Zu Beginn des Schuljahres haben wir ausführlich im Lernfeld 13 „Ein Projekt planen und durchführen" über alle nötigen Schritte gesprochen. Ich würde mich freuen, mein schulisches Wissen in der Praxis anwenden zu können.

Carsten Fochs: Dies hört sich doch sehr gut an. Dann können Sie Ihr theoretisches Wissen vertiefen und mit der Praxis verbinden. Bitte bereiten Sie für das Gespräch mit Herrn Berger in der nächsten Woche bereits die ersten Arbeitsschritte für dieses Projekt vor. Ich gebe Ihnen dazu die Anfrage der Time GmbH (siehe Anlage). Wir werden uns dann immer wöchentlich zusammensetzen und den Arbeitsstand gemeinsam besprechen. Falls Sie zwischendurch Hilfe brauchen, melden Sie sich bitte!

Ausgangssituation des nachfolgenden Projekts

- - - - -TIME GmbH- - - - -

TIME GmbH • Bergstraße 36 • 81245 München

DCS GmbH
Herrn Berger
Industriestraße 24
81245 München

Ihr Zeichen, Ihre Nachricht vom	Unser Zeichen, Unsere Nachricht vom	Telefon, Name	Datum
	kns	101, Herr Kern	01.03.20..

Anfrage nach Renovierung und Einrichtung eines neuen Büroraumes

Sehr geehrter Herr Berger,

Ihr Unternehmen wurde uns von einem gemeinsamen Geschäftspartner empfohlen. Darum wenden wir uns heute an Sie. Wir sind ein Unternehmen für Büroservice in München und müssen durch den großen Kundenzuwachs im vergangenen Jahr ein neues Büro beziehen.

Durch diesen Umzug wollen wir ein reversibles Büro mit mindestens 25 Arbeitsplätzen und zwei Besprechungsräumen erhalten. Sie sollen bis (10.04.20..) fertiggestellt sein. Als Anlage erhalten Sie den Grundriss des Raums.

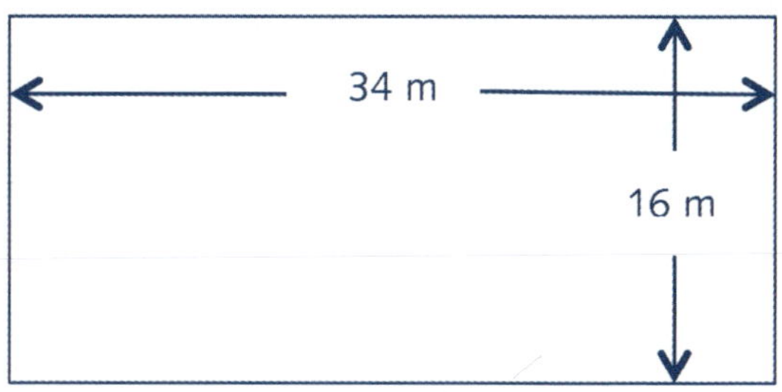

Deckenhöhe: 3,5 m

Daher bitte ich Sie um ein Angebot über die Einrichtung und Gestaltung des Raums (Renovierung, Auswahl der Einrichtungsgegenstände und EDV-Technik).
Für die Realisierung des neuen Büroraumes haben wir 25.000,00 EUR zur Verfügung.
Auf Ihr Angebot freuen wir uns schon heute.

Freundliche Grüße

TIME GmbH

Arbeitsaufträge

Damit Jennifer das Gespräch mit Herrn Berger gut vorbereiten kann, möchte Sie ihre Kenntnisse in der Projektarbeit auffrischen. Plötzlich ist ihr gar nicht mehr so genau klar, warum die vorliegende Anfrage der Time GmbH eigentlich ein Projekt sein sollte?

1. Unterstützen Sie Jennifer Horb und machen Sie sich mit den Grundlagen der Projektarbeit vertraut. Recherchieren Sie mit einem Partner mithilfe Ihres Informationsbandes und im Internet.

   a) Prüfen Sie anhand von mindestens sechs Projektmerkmalen, ob die Anfrage der Time GmbH als Projekt zu werten ist und begründen Sie ihre Meinung.

Projektmerkmale	Anfrage der Time GmbH (Merkmal erfüllt/Merkmal nicht erfüllt)

Fazit:

   b) Nach der Klärung der Projektdefinition fragt sich Jennifer Horb, warum es heutzutage eigentlich so viele Projekte gibt und welche wirtschaftliche Bedeutung Projekte haben?

2. Nachdem sich Jennifer mit den Grundlagen noch einmal vertraut gemacht hat, beginnt sie mit den anstehenden ersten Arbeiten (Ermittlung der Arbeitsschritte) der Planung des Projekts.

   Setzen Sie sich in einer Gruppe zusammen und helfen Sie Jennifer bei der Planung.

   a) Ermitteln Sie mittels der Kreativitätstechnik „Brainstorming" die Arbeitsschritte und die dazugehörigen Arbeiten/Tätigkeiten in den Arbeitsschritten, die für die Auswahl der passenden Büroform, der Büroeinrichtung, der EDV-Technik und das Einrichten im neuen Büro anfallen.

Arbeitsschritte	Arbeiten/Tätigkeiten

Arbeitsschritte	Arbeiten/Tätigkeiten

b) Welche Grundregeln müssen für ein Brainstorming beachtet werden?

c) Bringen Sie nun die anstehenden Arbeitsschritte in eine sinnvolle Reihenfolge und geben Sie jeweils die Vorbereitungszeit an.

Nummer	Arbeitsvorgang	Vorbereitungszeit
1		
2		
3		
4		
5		
6		
7		
8		
9		
10		
11		
12		
13		
14		

d) Erläutern Sie, warum es für die Durchführung des Projektes wichtig ist, die einzelnen Arbeiten/Tätigkeiten in einer Reihenfolge darzustellen?

3. Erstellen Sie mithilfe des nachfolgenden Vordrucks den Projektantrag. Für die Abschätzung der Sach- und Personalkosten recherchieren Sie im Internet.

Development Computer Software GmbH

Projektantrag

Projektanlass (hier wird die Ausgangslage und der Projekthintergrund beschrieben)

Zielsetzung (Beschreibung des Projektziels/der Projektziele)

Projektteam

Aufgabenstellungen

Aufgaben	Ergebnis	Verantwortlich	Termin
Anforderungen analysieren		noch offen	noch offen
Raumgestaltung analysieren			
Büromöbel und EDV-Geräte auswählen			
Angebote einholen			
Büromöbel und EDV-Geräte bestellen			
Büromöbel und EDV-Geräte liefern			
Büro renovieren			
Büro einrichten			
Software installieren			
Kontrollieren			

Projektstart und -ende

Budget

Einreichung Projektantrag von: Datum und Unterschrift	**Genehmigung Projektantrag** [x] genehmigt [ ] abgelehnt Datum und Unterschrift Auftraggeber

Begründung der Ablehnung:

4. Bevor das Projekt beginnt, ist ein Kick-Off-Meeting geplant. Jennifer erhält den Auftrag, das Einladungsschreiben zu formulieren.

   Verfassen Sie mithilfe des nachfolgenden Vordrucks ein Einladungsschreiben zur Kick-Off-Veranstaltung.

Development Computer Software GmbH

DCS GmbH • Industriestraße 24 • 81245 München

Ihr Zeichen:
Ihre Nachricht vom:
Unser Zeichen:
Unsere Nachricht vom:

Name:	
Telefon:	089 257701–0
Telefax:	089 257701–99
E-Mail:	info@dcs.de
Datum	

München HRB 1877
USt-IdNr. DE 782 833 745
Tel.: 089 257701-0 Zentrale
Fax: 089 257701-99

Geschäftsführer
David Berger
E-Mail: d.berger@dcs.de

Internet-Adresse:
www.dcs.de
E-Mail: info@dcs.de

Sparkasse München
IBAN DE78 7015 0088 0906 7218 72
BIC SSKMDEMMXXX

Lernsituation 2:
Einen Projektablauf planen

Die DCS GmbH hat vor zwei Wochen von der TIME GmbH eine Anfrage zur Einrichtung des neuen Büros mit der entsprechenden Technik erhalten.

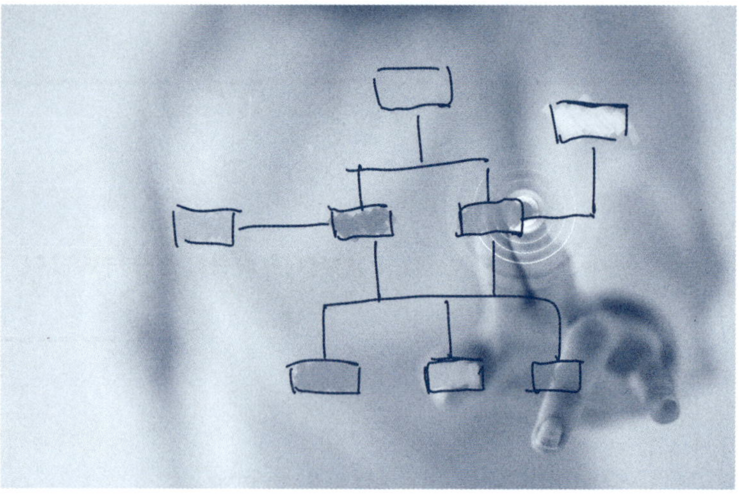
©vege-fotolia.com

Das Kick-off-Meeting hat stattgefunden und die Ergebnisse samt Angebot wurden dem Geschäftsführer der TIME GmbH präsentiert. Ein Auftrag zur Durchführung des Projektes ist daraufhin erfolgt.

Mittlerweile haben sich der Geschäftsführer, David Berger und der Abteilungsleiter der Abteilung Projektabwicklung, Carsten Fochs, zusammengesetzt und alle notwendigen Arbeitspakete sind festgelegt.

Nach dem Treffen bittet Carsten Fochs Jennifer, die Verantwortliche der IT-Abteilung, Maria Rieger, und den Leiter der Bauabteilung, Michael Unger, zu sich.

Carsten Fochs: Erst einmal Ihnen, Frau Horb, vielen Dank für Ihre tolle Vorarbeit. Jetzt kann die zeitliche Planung des Projekts beginnen. Das werden Sie allerdings nicht alleine schaffen, zumal ich in den nächsten zwei Tagen auf einer Geschäftsreise bin. Von daher möchte ich Sie, Frau Rieger und Herr Unger, bitten, bereits jetzt in das Projekt einzusteigen.

Um das weitere Vorgehen zu strukturieren und uns die Arbeit zu erleichtern, sollte als Nächstes der Projektstrukturplan erstellt werden. Achten Sie bitte darauf, die Arbeitspakete vollständig und hierarchisch in der richtigen Reihenfolge abzubilden. Auch eine zeitliche Einteilung der einzelnen Arbeitspakete muss vorgenommen werden. Als Grundlage dazu erhalten Sie die nachfolgenden Aufzeichnungen, hier sind alle Arbeitspakete aufgeführt. Da uns nur ein enger Zeitrahmen zur Verfügung steht, schlage ich vor, direkt mit der Arbeit zu beginnen.

Maria Rieger: Ich werde ein paar Laptops aus der IT-Abteilung für die Arbeit besorgen, damit wir effektiv arbeiten können. Wo sollen wir uns treffen?

Michael Unger: Mir liegt bereits der Grundriss der Büroräume vor. Lassen Sie uns doch in meinem Büro dazu zusammensitzen.

Jennifer Horb: Ich kopiere alle Unterlagen für uns, damit wir alle den gleichen Arbeitsstand haben.

Arbeitspakete – Projekt „Neues Büro"

- Anforderungen und die Gegebenheiten des Raumes analysieren
- Kontrollieren
- Angebote für Büromöbel einholen
- Büromöbel auswählen
- Büromöbel bestellen
- Angebote für EDV-Geräte einholen
- Büromöbel liefern
- Büro renovieren
- EDV-Geräte bestellen
- EDV-Geräte auswählen
- Büro einrichten
- Raumgestaltung analysieren
- Software installieren
- EDV-Geräte liefern

Arbeitsaufträge

1. Setzen Sie sich mit Ihrem Partner zusammen und helfen Sie dem Projektteam bei der Erledigung der Aufgaben.

   a) Entwickeln Sie mithilfe der Aufzeichnungen zu den Arbeitspaketen den Projektstrukturplan.

b) Für jedes Arbeitspaket muss eine Arbeitspaketbeschreibung angefertigt werden. Fertigen Sie exemplarisch mithilfe des nachfolgenden Vordrucks die Arbeitspaketbeschreibung für die „Analyse des Raums“ an.

Development Computer Software GmbH

DCS

Arbeitspaket

Projektname:		**Arbeitspaket-Nr.:**
Projektleiter/in:		**Arbeitspaket-Leiter/in:**
Arbeitspaket–Name:		
Ressourcen:		
Inhalte/Ziele:		
Chancen:	**Risiken:**	**Hinweise:**
Gesamtdauer:	**Aufwand/Kosten:**	
Start:		
Ende:		
Unterschrift Projektleitung	**Unterschrift Arbeitspaket-Leiter/in**	

2. Setzen Sie sich in einer Gruppe von mindestens vier Personen zusammen und vergleichen Sie Ihre bisherigen Ergebnisse. Erstellen Sie auf Grundlage eines gemeinsamen Ergebnisses einen Projektablaufplan, schätzen Sie hierzu die Projektdauer für jeden Vorgang. Nutzen Sie den nachfolgenden Vordruck.

Development Computer Software GmbH

Projektablaufplan

Vorgangs-nummer	Vorgangsbezeichnung (Arbeitspaketbezeichnung)	Nummer des Vorgängers	Dauer in Tagen	Hinweis zum Vorgang/Arbeitspaket
1				
2				
3				
4				
5				
6				
7				
8				
9				
10				
11				
12				
13				
14				

3. Die Abfolge der Arbeitspakete soll veranschaulicht werden, um eine genaue Terminplanung anhand des Kalenders vornehmen zu können. Jennifer und ihre Kollegen entscheiden sich für eine Darstellung in einem Gantt-Diagramm.
   Erstellen Sie anhand des Projektablaufplans das Gantt-Diagramm in Excel.
   Nutzen Sie als Hilfsmittel die nachfolgende Tabelle und den Entwurf des Gantt-Diagramms.

◇	A	B	C	D	E
1	Vorgangs-nummer	Vorgangsbezeichnung	Start	Ende	Dauer in Tagen
2	1				
3	2				
4	3				
5	4				
6	5				
7	6				
8	7				
9	8				
10	9				
11	10				
12	11				
13	12				
14	13				
15	14				

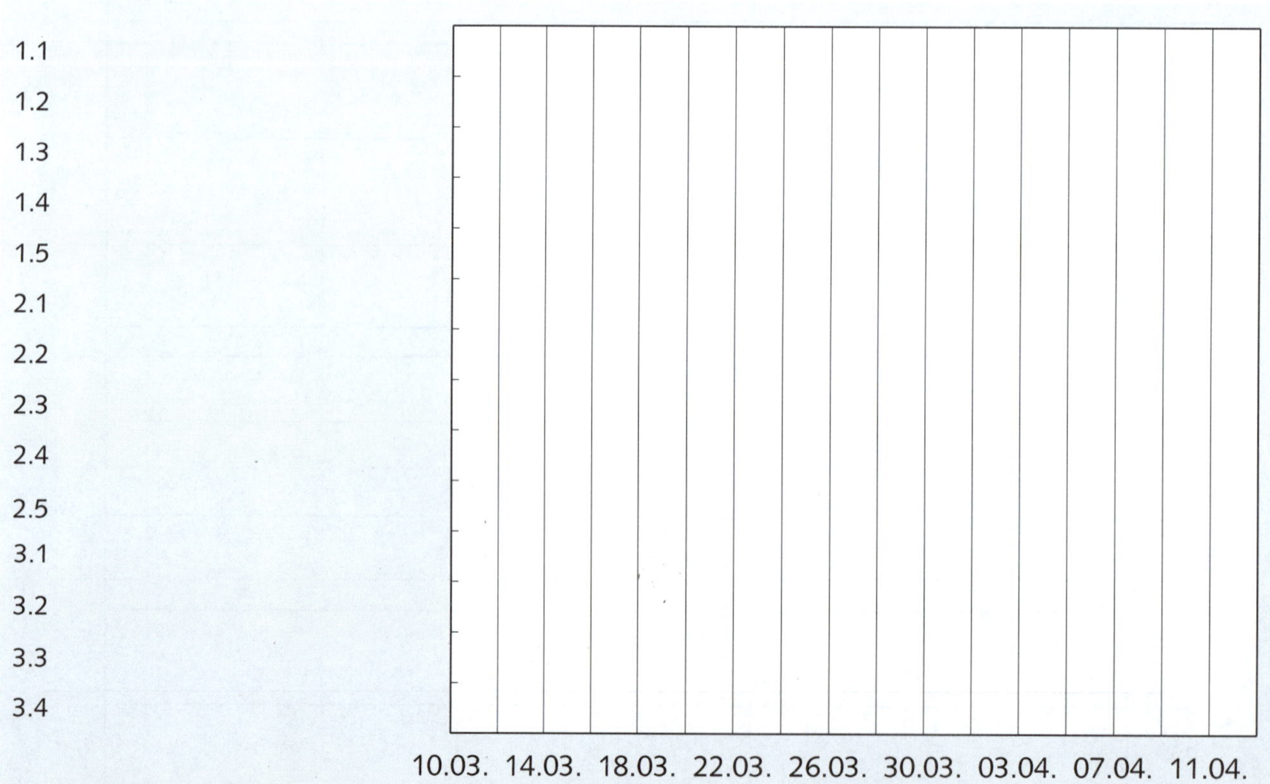

4. Um eine detailliertere Darstellung mit den exakten Pufferzeiten zum Gantt-Diagramm zu erhalten, soll ein Netzplan angefertigt werden. Erstellen Sie anhand des Projektablaufplans eine Vorgangstabelle, die als Grundlage für die Erstellung des Netzplans dient.
Nutzen Sie als Hilfsmittel die nachfolgende Tabelle:

Vorgangstabelle				
Vorgangs-nummer	**Vorgangsbezeichnung**	**Dauer in Tagen**	**Vorgänger**	**Nachfolger**
1				
2				
3				
4				
5				
6				
7				
8				
9				
10				
11				
12				
13				
14				

5. Erstellen Sie anhand der Vorgangstabelle den dazugehörigen Netzplan und markieren Sie den kritischen Weg. Verwenden Sie hierzu die nachfolgenden Seiten:

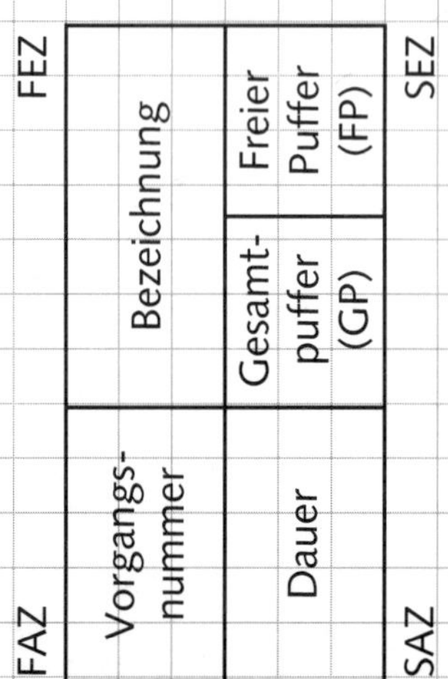

Lernsituation 3:
Ein Projekt durchführen und abschließen

Bei der wöchentlichen Besprechung der Projektmitglieder nutzt Carsten Fochs die Gelegenheit, sich bei den Mitarbeitern für das überdurchschnittliche Engagement zu bedanken.

©Matthias Enter-fotolia.com

Carsten Fochs: Liebe Kolleginnen und Kollegen, Sie haben durch Ihre bislang hervorragende Planung und Vorbereitung die erforderlichen Grundlagen zur Durchführung und Bewertung des Projektes geschaffen. Ich denke, wir können jetzt an die Umsetzung gehen.

Jennifer Horb: Welche Faktoren zur Durchführung des Projektes sind denn wichtig?

Carsten Fochs: Für die erfolgreiche Durchführung und das Gelingen des Projekts bis zur Präsentation und Fertigstellung werden wir den Projektverlauf kontinuierlich überprüfen müssen.

Maria Rieger: In jedem Fall, denn nur so ist es uns doch möglich, unvorhergesehene Probleme zu erkennen, um ggf. zeitnah alle nötigen Korrekturen vorzunehmen, damit wir einen reibungslosen Projektverlauf gewährleisten. Nur so erreichen wir letztendlich sicher unser Projektziel.

Jennifer Horb: Wäre es dann nicht sinnvoll, als Nächstes Meilensteine für unser Projekt zu bestimmen? Danach könnte anhand eines Projektstatusberichts eine Überprüfung erfolgen.

©Alexander Raths-fotolia.com

Carsten Fochs: Genau so habe ich es mir vorgestellt. Erstellen Sie bitte die nötigen Vordrucke zur Festlegung der Meilensteine und entwerfen Sie eine Vorlage für einen Projektstatusbericht. Danach sollten wir uns wieder zusammensetzen.

Unterstützen Sie Jennifer Horb und das Projektteam bei den weiteren Aufgaben.

Arbeitsaufträge

1. Entwerfen Sie eine Vorlage, um die Meilensteine dokumentieren zu können. Verwenden Sie hierfür den nachfolgenden Vordruck der DCS GmbH. Anschließend legen Sie die Meilensteine für das Projekt „Neues Büro" fest und begründen Ihre Auswahl.

Development Computer Software GmbH

Projektablaufplan

Projektname: Neues Büro

2. Der Projektstatusbericht wird während des Projektes nach Bedarf verwendet und dem gesamten Projektteam und dem Auftraggeber zur Verfügung gestellt.

   a) Entwickeln Sie für die DCS GmbH einen Projektstatusbericht.

Development Computer Software GmbH

Projektstatusbericht

Projektname: Neues Büro

b) Bei der Erstellung des Projektstatusberichts stellt Jennifer Horb fest, dass sich bei Meilenstein „3.1 Renovierung des Büros“ folgendes Problem ergibt:

Fortschritt:	☐ ☒ ☐	Berichtszeitraum: 14. März - 19. März		
Status des Projektes:				
Meilenstein/Nummer	Termin-Soll	Termin-Ist	Status	Anmerkung/Problem
Renovierung des Büros	19. März	26. März	gelb	Handwerker sind im Verzug und können ihre Termine nicht einhalten.

Erläutern Sie, welches Terminproblem sich für das gesamte Projektergebnis ergibt. Welche Lösungsmöglichkeiten schlagen Sie vor?

Terminproblem:

Lösungsmöglichkeiten:

3. Herr Fochs informiert Jennifer, dass sich Herr Berger im Rahmen der Projektabschlusssitzung eine Abschlusspräsentation wünscht. Dort sollen alle Arbeitsergebnisse präsentiert werden.

   Helfen Sie Jennifer beim Erstellen einer Checkliste mit allen wichtigen Punkten, die für die Vorbereitung der Projektabschlusssitzung erforderlich sind.

Development Computer Software GmbH

Checkliste der Projektpräsentation

Teilnehmer der Präsentation	**Erledigt**
	Ja ❑ Nein❑
	Ja ❑ Nein❑
	Ja ❑ Nein❑
	Ja ❑ Nein❑
	Ja ❑ Nein❑
	Ja ❑ Nein❑
	Ja ❑ Nein❑
	Ja ❑ Nein❑
Präsentation und Ablauf	**Erledigt**
	Ja ❑ Nein❑
	Ja ❑ Nein❑
	Ja ❑ Nein❑
	Ja ❑ Nein❑
	Ja ❑ Nein❑
	Ja ❑ Nein❑
	Ja ❑ Nein❑
Medien und Hilfsmittel	**Erledigt**
	Ja ❑ Nein❑
	Ja ❑ Nein❑
	Ja ❑ Nein❑
	Ja ❑ Nein❑
	Ja ❑ Nein❑
	Ja ❑ Nein❑
	Ja ❑ Nein❑
Präsentationsraum und Einrichtung	**Erledigt**
	Ja ❑ Nein❑
	Ja ❑ Nein❑
	Ja ❑ Nein❑
	Ja ❑ Nein❑
	Ja ❑ Nein❑
	Ja ❑ Nein❑
	Ja ❑ Nein❑
	Ja ❑ Nein❑

4. Herr Berger ist nach der Präsentation vom Ergebnis begeistert und sieht sich am nächsten Tag die neuen Büroräume an. Bevor das Projekt endgültig abgeschlossen werden kann, muss noch der Projektabschlussbericht angefertigt werden.
   a) Recherchieren Sie dazu die jeweiligen Inhalte in Ihrem Informationsband bzw. im Internet. Strukturieren Sie sinnvoll die einzelnen Punkte.

Development Computer Software GmbH

Projektabschlussbericht

Projektorganisation/Projektziel

Projektverlauf/Zielerreichung

Kostenaufwandsanalyse

Weitere Aktivitäten

Unterschriften/Abnahme des Projekts

Lernsituation 3

b) Welche weiteren Anlagen/Unterlagen sind dem Projektabschlussbericht beizulegen? Begründen Sie Ihre Antworten.

Anlagen/Unterlagen	Begründung

5. Nach der Genehmigung des Projektabschlussberichts erfolgt die Auflösung des Projektteams. Welche Aufgaben werden zukünftig von den Mitarbeitern übernommen?

Aufgaben zu den Lernfeldern 9 bis 13

Lernfeld 9 Aufgaben

Liquidität sichern und Finanzierung vorbereiten

Zahlungsströme identifizieren und Liquidität beurteilen

1. Stellen Sie fest, ob es sich bei den folgenden Geschäftsfällen um liquiditätswirksame und/oder erfolgswirksame Geschäftsprozesse handelt.

Geschäftsprozesse		Liquiditätswirksam		Erfolgswirksam	
		Einnahme	Ausgabe	Ertrag	Aufwand
a)	Abschreibung auf Gebäude lt. AfA-Tabelle				
b)	Verkauf von Anlagevermögen über Buchwert				
c)	Abbuchung der Stromrechnung				
d)	Zielverkauf von Waren				
e)	Ausbuchung gestohlener Ware				
f)	Erstattung des Vorsteuerüberhangs				
g)	Überweisung von Zinsen auf unser Konto				
h)	Rücksendung bereits bezahlter, mangelhafter Ware an den Lieferer gegen Gutschrift				
i)	Angebot an einen Kunden				
j)	Barzahlung einer Reparatur				
k)	Kauf von BGA auf Ziel				

2. Erklären Sie, was man unter einer optimalen Liquidität versteht.

3. Beschreiben Sie Maßnahmen zur Erhöhung der Liquidität.

4. Magisches Dreieck der Geldanlage

   a) Stellen Sie fest, welche Ziele zum magischen Dreieck der Geldanlage zählen.

   b) Erklären Sie, inwiefern es sich um ein „magisches“ Dreieck handelt.

5. Nach Abschluss des Geschäftsjahres liegen folgende Bilanz- und Erfolgsdaten vor.

Bilanzpositionen	EUR
Anlagevermögen	95 000,00
Umlaufvermögen	
- Vorräte/Waren	45 000,00
- Forderungen	17 000,00
- flüssige Mittel	6 000,00
Gesamtvermögen	**163 000,00**
Eigenkapital	72 500,00
Fremdkapital	
- langfristige Verbindlichkeiten	75 000,00
- kurzfristige Verbindlichkeiten	15 500,00
Gesamtkapital	**163 000,00**

Zur Bewertung des wirtschaftlichen Erfolgs wurden die folgenden Daten ermittelt:

weitere Daten	EUR
Erträge	322 000,00
Aufwendungen	309 000,00
Eigenkapital Vorjahr	52 500,00

a) Berechnen Sie die folgenden Kennziffern: Eigenkapitalrentabilität, „Goldene Finanzierungsregel“, Liquidität 1. Grades, Liquidität 2. Grades, Liquidität 3. Grades.

Kennziffer	Berechnung
Eigenkapital-rentabilität	
"Goldene Finanzierungsregel"	
Liquidität 1. Grades	
Liquidität 2. Grades	
Liquidität 3. Grades	

b) Erklären Sie, was die „Goldene Finanzierungsregel“ aussagt.

6. In der Normtex GmbH ist der mittelfristige Liquiditätsplan für die Monate Januar bis Juni 20.. zu erstellen. Folgende Angaben liegen hierzu vor:

   Der Bilanzwert des Kassenbestandes und des Guthabens bei Kreditinstituten haben zum 31.12. einen Wert von 20 000,00 EUR. Die monatlichen Einnahmen aus Umsatzerlösen betragen in den ersten drei Monaten 20 000,00 EUR, danach steigen sie um 5 % und bleiben im Mai und Juni konstant. Im März wird ein gebrauchtes Kfz für 4 600,00 EUR verkauft. Jeden Monat werden Wareneinkäufe von 6 000,00 EUR getätigt. Die monatlichen Ausgaben betragen für Personalkosten 8 000,00 EUR und für Sachkosten 4 000,00 EUR. Ende März und Ende Juni ist eine Darlehensrate von 2 600,00 EUR zu zahlen. Für März ist zusätzlich eine Investition von 13 400,00 EUR geplant, für Mai eine Investition von 7 500,00 EUR.

Liquiditätsplan der Normtex GmbH 20.. (EUR)						
	Januar	**Februar**	**März**	**April**	**Mai**	**Juni**
AB Kontostand/Kasse						
Einnahmen aus Erlösen						
Anlagenabgang						
Summe der Einnahmen						
Wareneinkauf						
Personalausgaben						
Sachkosten						
Darlehnstilgung/Zinsen						
Investition						
Summe der Ausgaben						
Überschuss/Defizit						
SB Kontostand/Kasse						

7. Erstellen Sie anhand folgender Daten eine Kapitalbedarfsrechnung:
   Die Normtex GmbH erhält einen Auftrag für einen Anlagenbau. Der Auftrag im Wert von 43 000,00 EUR umfasst auch Aufbau und Montage der Anlagen. Die Personalkosten für die Montagemitarbeiter betragen täglich 250,00 EUR. Die weiteren, in dieser Zeit ebenfalls anfallenden Personalkosten sind mit 90 % der Montagelöhne zu veranschlagen.

   Alle übrigen Aufwendungen sind für den gesamten Zeitraum mit 950,00 EUR täglich anzusetzen.

   Der Lieferer der Normtex GmbH gewährt ein Zahlungsziel von 15 Tagen. Die angelieferten Anlagen lagern zwecks Terminabsprache zunächst für 8 Tage bei der Normtex GmbH. Zum Aufbau der Anlagen werden ca. 15 Tage eingeplant. Für die Rechnungsstellung benötigt das Unternehmen 7 Tage und es gewährt dem Kunden für diesen Auftrag ein Zahlungsziel von 30 Tagen.

Bonitätsprüfung und Sicherung des Zahlungseingangs

1. Geben Sie an, was man unter einer Bonitätsprüfung versteht und welche Informationsquellen dazu geeignet sind.

2. Erläutern Sie unterschiedliche Verfahren der Terminüberwachung von Zahlungseingängen.

3. Die Reifenhandlung Heinrich Felge räumt ihren Kunden grundsätzlich 30 Tage Zahlungsziel ein. Katharina Oderbein kontrolliert im Abstand von 10 Tagen die Debitorenkonten, um etwaige säumige Zahler an ihre Verpflichtung zu erinnern. Auch heute, am 28.02.20.., arbeitet sie sich wieder durch die Debitorendateien.

   Die Debitorendatei der Firma UK-Tankstellen weist folgende Ausgangsrechnungen (AR) und geleistete Einzahlungen (EZ) aus:

UK-Tankstellen, Ewaldstr. 199, 45699 Herten					Kontonummer: 12101		
Zahlungsbedingungen: 30 Tage netto ab Rechnungsdatum			Kreditlimit: 6000,00 EUR		Ansprechpartner: Frau Brücking		
Rechnungs-datum	Beleg Nr.	Text	Belastung	Gutschrift	Mahnung		Gegen-konto
		Übertrag	2163,22				8001
06.01.	1794	AR	4107,42		08.02.	20.02.	5000
06.01.	5	EZ		2163,22			2800
21.01.	4298	AR	2369,50				5000
10.02.	6593	AR	4295,25				5000
18.02.	7993	AR	1265,33				5000
20.02.	30	EZ		2369,50			2800
24.02.	8093	AR	895,43				5000

   a) Entscheiden Sie begründet, für welche Rechnungen Zahlungsverzug vorliegt, indem Sie die Voraussetzungen für das Vorliegen von Zahlungsverzug untersuchen.
   b) Berechnen Sie den Verzugsschaden (angenommener Basiszinssatz -1,5 %, Mahngebühren nach § 288 (5) BGB).
   c) Formulieren Sie ein Mahnschreiben für eine letzte kaufmännische Mahnung.

4. Erläutern Sie die Rechte des Gläubigers bei einem Zahlungsverzug, und finden Sie jeweils ein Beispiel für die Wahrnehmung der Rechte.

5. Geben Sie an, wie die Schadenshöhe bei einem Zahlungsverzug zu ermitteln ist.

6. Kevin will nicht mehr allein zu Hause sein. Er plant zu seinem Geburtstag eine große Feier und möchte seinen Gästen einen guten Wein anbieten. Deshalb ruft er am 01.06. in der Weinzeche e. K. an und bestellt die letzten 20 Flaschen Domaine du Pegau, Chateauneuf-du-Pape (90 Parker-Punkte) zum Preis von 12,75 EUR.

   Am selben Tag gehen in der Weinzeche e. K. weitere Aufträge ein, darunter die Bestellung der kleinen Weinhandlung Frizzantino über italienische Weißweine in Höhe von 2500,00 EUR.

   a) Der Wein wird Kevin am nächsten Tag ordnungsgemäß von der Weinzeche geliefert. Der Warensendung liegt die Rechnung über 255,00 EUR bei. Kevin genießt in den folgenden Tagen zwar die Restbestände des Weins, vergisst aber zu zahlen. Daraufhin erhält er 10 Tage später durch den Rechtsanwalt der Weinzeche eine Mahnung. Kevin zahlt umgehend. Kann die Weinzeche e. K. von Kevin Verzugszinsen und den Ersatz der Anwaltskosten verlangen?

b) Die Weinlieferung an die Weinhandlung Frizzantino erfolgt noch taggleich am 01.06. mit beigefügter Rechnung. Die Weinhandlung zahlt nicht. Kann die Weinzeche e. K. am 22.07. von der Weinhandlung Verzugszinsen verlangen? Wenn ja, in welcher Höhe (angenommener Basiszinssatz 0,8 %)?

c) Was muss die Weinzeche tun, um in Zukunft auch von Privatkunden ohne ausdrückliche Mahnung Verzugszinsen zu bekommen?

7. Beschreiben Sie die Vorteile des automatisierten Mahnverfahrens.

8. Die Spirituosengroßhandlung Tillmann & Co sendet am 16.10.20.. Ware im Wert von 6200,00 EUR netto zuzüglich Umsatzsteuer an den Feinkosthändler Resiek. Die mitgelieferte Rechnung ist am 05.11.20.. fällig. Nachdem kein Zahlungseingang festgestellt wird, mahnt die Großhandlung den Einzelhändler am 10.11.20.. und nochmals am 20.11.20.. Resiek reagiert jedoch auch nach der zweiten Mahnung nicht.

a) Erörtern Sie, welche Bedeutung ein pünktlicher Zahlungseingang für die Liquidität der Großhandlung hat.

b) Stellen Sie fest, ob der Einzelhändler in Zahlungsverzug geraten ist.

c) Schreiben Sie eine letzte Mahnung und kündigen Sie rechtliche Schritte an.

d) Skizzieren Sie den Verlauf eines möglichen gerichtlichen Mahnverfahrens.

e) Prüfen Sie, wann der Anspruch der Großhandlung an den Einzelhändler verjährt ist.

9. Die Neumann KG plant eine Erweiterungsinvestition. Die Sparkasse Ruhr bietet folgende Konditionen an:

- Darlehen über 80000,00 EUR,
- Auszahlung am 30.06. 20..,
- Zinsen 5,5 % p. a., zahlbar halbjährlich,
- Tilgung 6,0 % p. a., zahlbar halbjährlich.

Ermitteln Sie den Überweisungsbetrag zum 31.12.20.., wenn die Zinsen nach der deutschen kaufmännischen Zinsmethode ermittelt werden.

10. Die Möbel-City-Center GmbH befindet sich seit 36 Tagen in Zahlungsverzug. Der Rechnungsbetrag beträgt 25000,00 EUR netto. Ermitteln Sie die Verzugszinsen und den Gesamtzahlungsbetrag bei einem nachgewiesenen Zinssatz von 12,0 % p. a.; Mahngebühren werden nicht in Rechnung gestellt.

11. Die McGym Ltd. hat bei der Ergo-Sports GmbH 20 Trainingsgeräte mit einfachem Eigentumsvorbehalt gekauft. Sie gerät in Zahlungsverzug. Entscheiden Sie, welche Ansprüche die Ergo-Sports GmbH geltend machen kann (richtig,) und welche Ansprüche die Ergo-Sports GmbH nicht geltend machen kann (falsch).

	Ansprüche der Ergo-Sports GmbH	richtig	falsch
a)	Sie kann Verzugszinsen von höchstens 8 % p. a. verlangen.		
b)	Sie kann mit Nachfrist vom Kaufvertrag zurücktreten und die Trainingsgeräte zurückverlangen.		
c)	Sie kann direkt eine Zwangsvollstreckung beantragen.		
d)	Sie kann durch Rechtsverfolgung die Verjährung hemmen.		
e)	Sie muss als Voraussetzung für ein gerichtliches Mahnverfahren vorher kaufmännisch mahnen.		

Handelsregister, Kaufmannseigenschaften und Rechtsformen des Unternehmens

1. Entscheiden Sie, ob bei den folgenden Kaufmannseigenschaften die Eintragung ins Handelsregister pflichtgemäß oder freiwillig erfolgt und ob die Eintragung deklaratorische oder konstitutive Wirkung hat.

Kaufmannseigenschaft	pflichtgemäß	freiwillig	deklaratorisch	konstitutiv
Istkaufmann				
Kannkaufmann				
Formkaufmann				

2. Axel Schmidt und Leon Bach sind geschäftsführende Gesellschafter der Normtex GmbH. Stellen Sie fest, welche Aussagen rechtlich zutreffend sind.

Aussagen		richtig	falsch
a)	Die GmbH ist Kaufmann kraft Rechtsform.		
b)	Die Eintragung ins Handelsregister hat rechtsbezeugende (deklaratorische) Wirkung.		
c)	Der Zusatz „GmbH" ist zwingender Bestandteil der Firma.		
d)	Die GmbH ist in der Abteilung A des Handelsregisters eingetragen.		
e)	Der Prokurist der Normtex GmbH ist im Handelsregister eingetragen.		
f)	Die Kapitaleinlagen von Schmidt und Bach sind im Handelsregister eingetragen.		
g)	Bei der GmbH handelt es sich um eine juristische Person des öffentlichen Rechts.		
h)	Die Gesellschafter haften selbstschuldnerisch mit ihrem gesamten Vermögen.		

3. Unterscheiden Sie Geschäftsführungsbefugnis und Vertretungsbefugnis.

4. Unterscheiden Sie die Rechte und Pflichten von Komplementären und Kommanditisten anhand ihrer Leitungsbefugnisse sowie der Gewinn- bzw. Verlustbeteiligung.

5. Die Einlagen der Gesellschafter der Köhler KG werden mit dem gesetzlich festgelegten Zinssatz verzinst; der Restgewinn wird im Verhältnis 4 : 4 : 2 verteilt. Der Jahresgewinn beträgt 200 000,00 EUR.

   a) Ermitteln Sie die Anteile der Gesellschafter am Gesamtgewinn.

Gesellschafter	Kapitalanteile (EUR)	__ % Zinsen (EUR)	Anteil am Restgewinn (EUR)	Gesamtgewinn (EUR)
Köhler (Komplementär)	100 000,00			
Schwarz (Komplementär)	100 000,00			
Buchmann (Kommanditist)	50 000,00			
Summen				

   b) Stellen Sie fest, wie hoch die Entnahmen der Gesellschafter auf der Basis dieses Jahresabschlusses sein können.

6. Prüfen Sie, welche der folgenden Aussagen zur GmbH richtig bzw. falsch sind.

	Aussagen zur GmbH	richtig	falsch
a)	Die Rechte der Gesellschafter werden über die Gesellschafterversammlung wahrgenommen.		
b)	Eine GmbH hat immer einen Aufsichtsrat einzurichten.		
c)	Der Aufsichtsrat kontrolliert die nicht geschäftsführenden Gesellschafter.		
d)	Das Mindestkapital der GmbH beträgt 25 000,00 EUR.		
e)	Vom Mindestkapital müssen mindestens 5 000,00 EUR eingezahlt sein.		
f)	Im Gesellschaftsvertrag kann die Gewinnverteilung bestimmt werden.		
g)	Die Unternehmergesellschaft (UG) ist eine Sonderform der GmbH und kann mit 1,00 Euro Stammkapital gegründet werden.		

Finanzierung und Investition

1. Stellen Sie fest, um welche Finanzierungsart es sich bei den folgenden Geschäftsvorgängen handelt: Eigenfinanzierung oder Fremdfinanzierung, Innenfinanzierung oder Außenfinanzierung.

Geschäftsvorgänge		Eigen-finanzierung	Fremd-finanzierung	Innen-finanzierung	Außen-finanzierung
a)	Gesellschafter einer GmbH erhöhen ihre Kapitalanteile.				
b)	Die Bausparkasse finanziert einen Umbau.				
c)	Eine KG nimmt einen neuen Kommanditisten auf.				
d)	Ein Gewinnanteil wird nicht ausgeschüttet.				
e)	Der Lieferer gewährt eine Verlängerung des Zahlungsziels.				
f)	Das Kreditlimit auf dem Kontokorrentkonto wird ausgeschöpft.				
g)	Die Gesellschafter einer GmbH erfüllen ihre Nachschusspflicht.				
h)	Die neue Lagerhalle wird über ein Annuitätendarlehen finanziert.				

2. Verdeutlichen Sie an Beispielen Ihres Ausbildungsbetriebes den Zusammenhang von Finanzierung und Investition.

3. Ordnen Sie die folgenden Merkmale dem Eigenkapital bzw. dem Fremdkapital zu.

Merkmale		Eigenkapital	Fremdkapital
a)	Anspruch auf Gewinn		
b)	Liquiditätsbelastung durch Tilgung und Zinsen		
c)	nichthaftendes Kapital		
d)	i. d. R. unbefristet überlassen		
e)	Mitwirkungsrechte im Unternehmen		

4. Unterscheiden Sie offene Selbstfinanzierung von stiller Selbstfinanzierung.

5. Erläutern Sie Möglichkeiten der Beteiligungs- bzw. Einlagenfinanzierung für ein Unternehmen in der Rechtsform Ihres Ausbildungsbetriebes.

6. Stellen Sie fest, welche der folgenden Aussagen zur Eigenfinanzierung richtig bzw. falsch sind.

	Aussagen	richtig	falsch
a)	Eine in der Satzung einer GmbH bestimmte Nachschusspflicht ist grundsätzlich immer beschränkt.		
b)	Die Einlagenfinanzierung ist üblich bei Einzelunternehmen und Personengesellschaften.		
c)	Die Beteiligungsfinanzierung geschieht immer aus dem betrieblichen Umsatzprozess.		
d)	Eigenfinanzierung stärkt die Eigenkapitalbasis.		
e)	Ein Nachteil der Eigenfinanzierung sind die anfallenden Zins- und Tilgungszahlungen.		
f)	Bei der Selbstfinanzierung gibt es keine Verschiebung der Leitungsstrukturen.		
g)	Die Selbstfinanzierung zählt zur Innenfinanzierung.		
h)	Die Gesellschafter haften selbstschuldnerisch mit ihrem gesamten Vermögen.		
i)	Eine stille Selbstfinanzierung entsteht durch eine Überbewertung von Aktiva.		
j)	Bei der Beteiligungsfinanzierung kann es zu einer Verschiebung der Leitungsstrukturen kommen.		

7. Nennen Sie Gründe für die Inanspruchnahme eines Liefererkredits.

8. Unterscheiden Sie die folgenden Kreditarten nach der Liquiditätsbelastung: Endfälligkeitsdarlehen (Festdarlehen), Annuitätendarlehen, Ratendarlehen.

9. Ein Unternehmen nimmt bei seiner Bank ein Darlehen über 50 000,00 EUR auf. Der Zinssatz beträgt 4 % p. a., die Laufzeit 5 Jahre. Die Bank bietet das Darlehen als Annuitätendarlehen mit einer Annuität von 11 231,36 EUR/Jahr oder als Ratendarlehen an.

   Stellen Sie fest, welcher Kredit der kostengünstigere ist. Erstellen Sie dazu für beide Darlehensarten jeweils einen Zins- und Tilgungsplan.

Annuitätendarlehen (EUR)					
Jahr	Schuld zu Beginn	Tilgung am Ende des Jahres	Zinsen am Ende des Jahres	Annuität	Restschuld am Ende des Jahres
1					
2					
3					
4					
5					
Summe					

Ratendarlehen (EUR)					
Jahr	Schuld zu Beginn	Tilgung am Ende des Jahres	Zinsen am Ende des Jahres	Darlehensrate	Restschuld am Ende des Jahres
1					
2					
3					
4					
5					
Summe					

10. Die Bank räumt einem Unternehmen einen Kontokorrentkredit zu einem Zinssatz von 10,5 % p. a. ein. Das Kreditlimit beträgt 12 000,00 EUR. Bei Überschreiten der Kreditlinie berechnet die Bank 12,0 % p. a. Zinsen.

    a) Erläutern Sie, welche Bedeutung die Kreditlinie hat.

    b) Das Unternehmen nimmt für einige Tage den Kontokorrentkredit mit einem Betrag von 9 500,00 EUR in Anspruch. Es zahlt dafür 55,42 EUR Zinsen. Berechnen Sie, für wie viel Tage der Kontokorrentkredit in Anspruch genommen wurde.

11. Erläutern Sie die folgende Aussage: „Der Kontokorrentkredit entspricht dem jeweiligen Kreditbedarf."

12. Unterscheiden Sie Operate-Leasing von Finance-Leasing.

13. Einem Unternehmen liegen für die Anschaffung von neuen Maschinen über 100 000,00 EUR zwei Alternativen vor. Die Maschinen haben eine betriebsgewöhnliche Nutzungsdauer von 8 Jahren.

Kreditfinanzierung	
Höhe des Darlehens	100 000,00 EUR
Zinssatz	10 % p. a.
Kreditlaufzeit	5 Jahre
Tilgung	gleiche Raten am Ende des Jahres

Leasing	
Grundmietzeit	4 Jahre
Mietzins während der Grundmietzeit	2,25 % des Anschaffungswertes pro Monat
Verlängerungsoption	7 500,00 EUR pro Jahr

a) Unterbreiten Sie einen rechnerisch begründeten Finanzierungsvorschlag unter Liquiditäts- und Kostenaspekten (ohne Berücksichtigung steuerlicher Aspekte).

Jahr	Kreditfinanzierung (EUR)					Leasing (EUR)
	Tilgung	Zinsen	Abschreibung	Liquiditätsabfluss	Aufwand	Leasingraten
1						
2						
3						
4						
5						
6						
7						
8						
Σ						

b) Erläutern Sie, welche Gesichtspunkte das Unternehmen veranlassen können, gegebenenfalls eine andere als unter a) gefällte Entscheidung zu treffen.

14. Stellen Sie fest, welche der folgenden Aussagen zu den Sonderformen der Finanzierung richtig bzw. falsch sind.

	Aussagen	richtig	falsch
a)	Leasingverträge über medizinisch-technische Geräte gehören grundsätzlich zum Immobilienleasing.		
b)	Leasingverträge können mit Kaufoption abgeschlossen werden.		
c)	Im Vergleich zum Barkauf schont Leasing die Liquidität im Anschaffungsjahr.		
d)	Beim direkten Leasing erhält der Leasingnehmer das Leasingobjekt direkt von einer Leasinggesellschaft.		
e)	Durch Factoring verbessert sich die Liquidität eines Unternehmens.		
f)	Factoring trägt grundsätzlich nicht zum Schutz von Forderungsausfällen bei.		
g)	Unter der Delkrederefunktion beim Factoring versteht man die Übernahme der Debitorenbuchhaltung.		
h)	Factoring kann die Kundenbeziehungen verschlechtern.		

Kreditsicherung

1. Prüfen Sie, welche Aussage zum einfachen Personal- bzw. Blankokredit falsch ist.
   a) Der einfache Personal- bzw. Blankokredit wird ohne besondere Sicherheiten des Kreditnehmers vergeben.
   b) Bedingung für die Einräumung des Kredits sind häufig die Ausschließlichkeitsklausel und die Negativklausel.
   c) Der Kredit wird i. d. R. als langfristiger Investitionskredit vergeben.

2. Bezeichnen Sie die Vertragsbeziehungen bei einem Bürgschaftskredit, einem Lombardkredit (Pfandkredit) und bei einem Sicherungsübereignungskredit.

Bürgschaftskredit	
Lombardkredit (Pfandkredit)	
Sicherungsübereignungs-kredit	

3. Überlegen Sie, warum Kreditinstitute bei der Kreditvergabe i. d. R. ausschließlich selbstschuldnerische Bürgschaften als Sicherheit akzeptieren.

4. Ein Kaufmann bietet zur Absicherung eines Kredits einen Lkw und Wertpapiere an. Entscheiden Sie für beide Fälle begründet, welche Art der Kreditsicherung zu wählen ist.

5. Erklären Sie, worin der grundlegende Unterschied zwischen einer Hypothek und einer Grundschuld liegt.

Lernfeld 10 Aufgaben

Wertschöpfungsprozesse erfolgsorientiert steuern

Externes und internes Rechnungswesen

1. Entscheiden Sie, ob die folgenden Aussagen die Finanzbuchhaltung/Geschäftsbuchführung (FiBu) oder die Kosten- und Leistungsrechnung (KLR) betreffen.

	Aussagen	FiBu	KLR
(1)	Ist verpflichtend laut dem Handelsgesetzbuch (HGB)		
(2)	Ermittelt die Kosten einzelner betrieblicher Bereiche		
(3)	Dient den Finanzbehörden als Informationsbasis		
(4)	Nutzt die Gewinn- und Verlustrechnung (GuV) als Ausgangsbasis		
(5)	Ist für unternehmerische Entscheidungen nicht ausreichend		

2. Zur Finanzbuchhaltung/Geschäftsbuchführung gehört das Begriffspaar Aufwendungen und Erträge, zur Kosten- und Leistungsrechnung das Begriffspaar Kosten und Leistungen. Entscheiden Sie, welche der vier Begriffe auf die folgenden Aussagen zutreffen.

	Aussagen	Begriff
(1)	Bewertet den Verbrauch zur Erstellung betrieblicher Leistungen	
(2)	Bewertet den Verbrauch in einem Unternehmen	
(3)	Sind alle erfolgswirksamen Erhöhungen des Eigenkapitals	
(4)	Resultieren aus der Erstellung betrieblicher Leistungen	

3. Erläutern Sie, warum die GuV-Rechnung der Finanzbuchhaltung als Informationsinstrument über die Wirtschaftlichkeit eines Betriebes alleine nicht ausreicht.

Ergebnistabelle

1. Geben Sie an, unter welchen Bedingungen Aufwendungen den neutralen Aufwendungen zugerechnet werden.

2. Finden Sie je ein Beispiel für die Kategorisierung in Aufgabe 1.

3. Aufwendungen und Kosten lassen sich kategorisieren. Ermitteln Sie die Begriffe zu folgenden Beschreibungen.
   a) Aufwendungen, die nicht als Kosten betrachtet werden.
   b) Aufwendungen, die mit demselben Betrag als Kosten berücksichtigt werden.
   c) Aufwendungen, die mit einem anderen Betrag als Kosten berücksichtigt werden.
   d) Kosten, die nicht als Aufwendungen in der Geschäftsbuchführung existieren.

4. Ordnen Sie die folgenden Aussagen der bilanziellen oder der kalkulatorischen Abschreibung zu.

Aussagen		bilanzielle Abschreibung	kalkulatorische Abschreibung
(1)	Sie basiert auf der tatsächlichen Nutzungsdauer des Anlagegutes.		
(2)	Sie basiert auf der Nutzungsdauer gemäß gesetzlicher Vorgaben.		
(3)	Hier werden nur betriebsnotwendige Anlagegüter abgeschrieben.		
(4)	Grundlage ist der Anschaffungswert des Anlagegutes.		
(5)	Grundlage ist der Wiederbeschaffungswert des Anlagegutes.		

5. Auf welchen Grundlagen basiert die kalkulatorische Abschreibung? Beschreiben Sie diese kurz.

6. Berechnen Sie jeweils den bilanziellen und den kalkulatorischen jährlichen Abschreibungsbetrag.

Anschaffungskosten (EUR)	Nutzungsdauer gemäß amtlicher AfA-Tabelle	tatsächliche Nutzungsdauer	voraussichtliche Preissteigerung zum Ende der tatsächlichen Nutzungsdauer	bilanzielle jährliche Abschreibung (EUR)	kalkulatorische jährliche Abschreibung (EUR)
10 000,00	10	8	20,0 %		
25 000,00	5	5	8,0 %		
7 500,00	6	10	4,0 %		
32 000,00	8	12	12,5 %		

7. Erklären Sie, warum der Ansatz eines kalkulatorischen Unternehmerlohns sinnvoll ist.

8. Erläutern Sie, auf welcher Grundlage der kalkulatorische Unternehmerlohn bestimmt wird.

9. Ergänzen Sie folgende Aussagen:

Die kalkulatorischen Abschreibungen gehören zu den ______________ kosten.

Der kalkulatorische Unternehmerlohn gehört zu den ______________ kosten.

10. Zwei Unternehmen weisen folgende Gewinn- und Verlustrechnungen aus. Erstellen Sie aufgrund der Angaben die jeweilige Ergebnistabelle.

Unternehmen A:

Die kalkulatorischen Abschreibungen betragen 630 000,00 EUR.

Der kalkulatorische Unternehmerlohn beträgt 130 000,00 EUR.

Soll — 8020 Gewinn- und Verlustkonto — Haben

Soll			Haben		
6000	Aufwendungen f. Rohstoffe	1 850 000,00	5000	Umsatzerlöse f. eig. Erzeugnisse	5 450 000,00
6020	Aufwendungen f. Hilfsstoffe	585 000,00	5401	Nebenerlöse aus Vermietung und Verpachtung	45 000,00
6030	Aufwendungen f. Betriebsstoffe	8 000,00	5460	Erträge a. d. Abgang v. Vermögensgegenständen	20 000,00
6050	Aufwendungen f. Energie	22 000,00	5710	Zinserträge	4 000,00
6200	Löhne	1 380 000,00			
6300	Gehälter	155 000,00			
6520	Abschreibungen	670 000,00			
6700	Mieten, Pachten	50 000,00			
6960	Verluste a. d. Abgang v. Vermögensgegenständen	35 000,00			
6990	Periodenfremde Aufwendungen	42 000,00			
7000	Steuern	330 000,00			
7600	Außerordentliche Aufwendungen	210 000,00			
3000	Eigenkapital (Gewinn)	182 000,00			
		5 519 000,00			5 519 000,00

Unternehmen B:

Die kalkulatorischen Abschreibungen betragen 1 180 000,00 EUR.

Der kalkulatorische Unternehmerlohn beträgt 240 000,00 EUR.

Soll — 8020 Gewinn- und Verlustkonto — Haben

Soll			Haben		
6000	Aufwendungen f. Rohstoffe	3 150 000,00	5000	Umsatzerlöse f. eig. Erzeugnisse	7 774 000,00
6010	Aufwendungen f. Fremdbauteile	370 000,00	5401	Nebenerlöse aus Vermietung und Verpachtung	29 000,00
6020	Aufwendungen f. Hilfsstoffe	770 000,00	5460	Erträge a. d. Abgang v. Vermögensgegenständen	33 000,00
6030	Aufwendungen f. Betriebsstoffe	16 000,00	5710	Zinserträge	7 000,00
6050	Aufwendungen f. Energie	48 000,00	3000	Eigenkapital (Verlust)	580 000,00
6200	Löhne	2 160 000,00			
6300	Gehälter	222 000,00			
6520	Abschreibungen	960 000,00			
6700	Mieten, Pachten	72 000,00			
6960	Verluste a. d. Abgang v. Vermögensgegenständen	46 000,00			
6990	Periodenfremde Aufwendungen	51 000,00			
7000	Steuern	395 000,00			
7600	Außerordentliche Aufwendungen	163 000,00			
		8 423 000,00			8 423 000,00

Ermittlung der Selbstkosten

1. Unterscheiden Sie am Beispiel einer Möbelfabrik zwischen den Begriffen Einzelkosten und Gemeinkosten und bilden Sie für beide Kategorien jeweils zwei Beispiele.

2. Entscheiden Sie, ob folgende Kosten Einzel- oder Gemeinkosten sind.

Kosten		Einzelkosten	Gemeinkosten
(1)	Gehälter		
(2)	Abschreibung für einen Schreibtischstuhl		
(3)	Mehl für einen Kuchen		
(4)	Miete für ein Ladenlokal		
(5)	Reifen für ein Fahrrad		
(6)	Papier für einen Collegeblock		
(7)	Gewerbesteuer		

3. Definieren Sie die beiden Begriffe Kostenträger und Kostenstellen.

4. Entscheiden Sie, ob die folgenden Begriffe jeweils eine Kostenart, eine Kostenstelle oder einen Kostenträger bezeichnen.

Begriff		Kostenart	Kostenstelle	Kostenträger
(1)	Lohnbuchhaltung			
(2)	Kraftstoffkosten			
(3)	Forschung und Entwicklungsabteilung			
(4)	Bürostuhl Modell OCC22			
(5)	Poststelle			
(6)	Sideboard Modell BS56			

5. Verdeutlichen Sie, welche Probleme bei der Verteilung der Gemeinkosten auf die Kostenstellen entstehen können.

6. Welche Verteilungsschlüssel zur Verteilung der Gemeinkosten auf die Kostenstellen kommen für die folgenden Gemeinkosten infrage?

Mieten	
Stromkosten	
Hilfsstoffe	
Versicherungen	

7. Erläutern Sie, welche Aufgabe ein Betriebsabrechnungsbogen erfüllt.

8. Definieren Sie allgemein den Begriff Gemeinkostenzuschlagssatz und beschreiben Sie, wie der Materialgemeinkostenzuschlagssatz und der Fertigungsgemeinkostenzuschlagssatz berechnet werden.

9. Die Papierfabrik Heck KG, die sich auf die Herstellung von ökologischem Papier für Kopierer und Drucker spezialisiert hat, besitzt ihre Produktionsstätte in Schmalkalden.

   Der Betriebsabrechnungsbogen der Heck KG ist noch lückenhaft.

   Als Einzelkosten sind ausgewiesen: Verbrauch von Fertigungsmaterial 1500 000,00 EUR und Fertigungslöhne 800 000,00 EUR.

   a) Vervollständigen Sie den Betriebsabrechnungsbogen.

Heck KG – Kostenstellenrechnung BAB I (Angaben in EUR)									
Kostenart	Gesamtkosten lt. KLR	Verteilungsschlüssel				Kostenstellen			
						Material	Fertigung	Verwaltung	Vertrieb
Aufw. f. Betriebsstoffe	89 000,00	3	15	2	0	13 350,00	66 750,00	8 900,00	0,00
Instandhaltung	150 000,00	3,5	7	0	2	37 500,00	87 500,00	0,00	25 000,00
Gehälter	134 000,00	35	65	12	22	35 000,00	65 000,00	12 000,00	22 000,00
Energie	70 500,00	0	0	40	60	0,00	0,00	28 200,00	42 300,00
Abschreibungen	580 000,00	20	30	4	4	200 000,00	300 000,00	40 000,00	40 000,00
Mietaufwendungen	82 500,00	25	50	10	15				
betriebl. Steuern	141 500,00	0	4	1	0				
sonst. betriebl. Aufwand	327 500,00	3	9	6	7				
Summe									

   b) Ermitteln Sie die Gemeinkostenzuschlagssätze.

Berechnung der Gemeinkostenzuschlagssätze für die Heck KG					
		Kalkulationsschema	Gesamtkosten (EUR)	Gemeinkostenzuschlagssatz	Zuschlagsgrundlage
1		Fertigungsmaterial			
2	+	Materialgemeinkosten			
3	=	Materialkosten (1 + 2)			
4		Fertigungslöhne			
5	+	Fertigungsgemeinkosten			
6	=	Fertigungskosten (4 + 5)			
7		Herstellkosten (3 + 6)			
8	+	Verwaltungsgemeinkosten			
9	+	Vertriebsgemeinkosten			
10	=	Selbstkosten (7 + 8 + 9)			

c) Ermitteln Sie die Selbstkosten für 100 Pakete umweltfreundliches Kopierpapier 80 g/m².

Fertigungsmaterial: 50,00 EUR

Fertigungslöhne: 70,00 EUR

Berechnung der Selbstkosten für 100 Pakete Umweltpapier		
Kalkulationsschema	**Gemeinkostenzuschlagssatz**	**Kosten für 100 Pakete Umweltpapier (EUR)**

10. Ein Unternehmen stellt neben anderen Eisenwaren auch brandschutzgenormte Bänke u. a. für Schulgebäude her.

Im Juni sind folgende Gemeinkosten angefallen:

Material-gemeinkosten	Fertigungs-gemeinkosten	Verwaltungs-gemeinkosten	Vertriebs-gemeinkosten
36 000,00 EUR	115 670,00 EUR	48 900,00 EUR	26 300,00 EUR

a) Bestimmen Sie die Gemeinkostenzuschlagssätze für den Monat Juni.

Fertigungsmaterial: 198 000,00 EUR

Fertigungslöhne: 125 000,00 EUR

b) Bestimmen Sie die Selbstkosten für eine Bank.

Fertigungsmaterial 85,00 EUR

Fertigungslöhne: 74,00 EUR

Kostenträgerrechnung

1. Benennen Sie die Hauptaufgabe der Kostenträgerrechnung.

2. Unterscheiden Sie zwischen einer Kostenträgerzeitrechnung und einer Kostenträgerstückrechnung.

3. Unterscheiden Sie bei der Kostenträgerzeitrechnung zwischen Normal- und Istkosten und erklären Sie den Unterschied zwischen Normalkostenzuschlagssätzen und Istkostenzuschlagssätzen.

4. Beim Vergleich zwischen Normal- und Istkosten können zwei verschiedene Arten von Kostenabweichungen entstehen. Erläutern Sie die Begriffe Kostenunterdeckung bzw. Kostenüberdeckung und nennen Sie zwei mögliche Gründe für deren Entstehung.

5. Differenzieren Sie zwischen einer Zuschlagskalkulation als Vorkalkulation und einer Zuschlagskalkulation als Nachkalkulation.

6. Erläutern Sie die Bedeutung der Nachkalkulation als Analyseinstrument für einen Unternehmer.

7. Die Kosten- und Leistungsrechnung der chemischen Werke Dr. Claudius Wessels AG, Hersteller von Kunststoffen und Lacken, liefert für den vergangenen Abrechnungszeitraum (= Mai 20..) folgende Kalkulationsdaten für einen Produktionsbereich:

Einzelkosten und Leistungen:

	Kunststoffe (EUR)
Verbrauch von Fertigungsmaterial	210 000,00
Fertigungslöhne	234 600,00

Zuschlagssätze:

	Material	Fertigung	Verwaltung	Vertrieb
Normalgemeinkostenzuschlagssätze	10,00 %	125,00 %	15,00 %	10,00 %

a) Ermitteln Sie die Selbstkosten auf Normalkostenbasis und geben Sie die Zuschlagsgrundlagen an.

b) Auf der Basis der Istkosten betragen die Materialgemeinkosten 20 000,00 EUR, die Fertigungsgemeinkosten 295 000,00 EUR, die Verwaltungsgemeinkosten 114 847,50 EUR und die Vertriebsgemeinkosten 78 128,00 EUR.

Errechnen Sie die Kostenüber- bzw. Kostenunterdeckung in Prozent sowie die tatsächlichen Selbstkosten der Abrechnungsperiode Mai 20... Geben Sie je Gemeinkostenart und gesamt an, ob es sich um eine Kostenunterdeckung oder eine Kostenüberdeckung handelt.

c) Erklären Sie am Beispiel der Kostenträgerrechnung der Dr. Claudius Wessels AG, welche Auswirkung die Kostenüber- bzw. -unterdeckung auf das tatsächliche Betriebsergebnis hat.

8. In der SPOGA GmbH muss ein Auftrag mit Normalgemeinkostenzuschlagssätzen kalkuliert werden. Die Einzel-kosten betragen:

Fertigungsmaterial: 150,00 EUR

Fertigungslöhne: 110,00 EUR

Zuschlagssätze:

	Material	Fertigung	Verwaltung	Vertrieb
Normalgemeinkostenzuschlagssätze	14,00 %	150,00 %	18,00 %	6,00 %

a) Kalkulieren Sie die Selbstkosten des Auftrages und geben Sie die Zuschlagsgrundlagen an.

b) Am Monatsende ergibt sich für die SPOGA GmbH folgende Kostenstruktur:

Fertigungsmaterial:	536 000,00 EUR
Fertigungslöhne:	260 000,00 EUR
Materialgemeinkosten:	83 456,00 EUR
Fertigungsgemeinkosten:	381 675,00 EUR
Verwaltung- und Vertriebsgemeinkosten:	310 150,00 EUR

Berechnen Sie die Istgemeinkostenzuschlagssätze und begründen Sie, warum die Verwaltungs- und Vertriebsgemeinkosten zusammen betrachtet werden dürfen.

c) Führen Sie die Nachkalkulation durch und entscheiden Sie je Gemeinkostenart und insgesamt über eine bestehende Kostenunterdeckung bzw. Kostenüberdeckung.

Handelskalkulation

1. In der folgenden Liste sind jeweils zwei Positionen aus der Handelskalkulation aufgeführt. Ermitteln Sie, ob im Kalkulationsschema die jeweils zuerst genannte Position **vor** oder **nach** der zweiten Position aufgeführt ist.

Beispiele:

Bezugskosten	**vor**	Gewinn
Liefererskonto	**nach**	Listeneinkaufspreis

Gewinn		Kundenrabatt
Bezugskosten		Barverkaufspreis
Kundenrabatt		Kundenskonto
Handlungskosten		Bezugskosten
Liefererrabatt		Liefererskonto
Zielverkaufspreis		Listenverkaufspreis
Listenverkaufspreis		Vertreterprovision
Bezugspreis		Zieleinkaufspreis
Bareinkaufspreis		Selbstkosten
Gewinn		Handlungskosten

2. Berechnen Sie jeweils den Listenverkaufspreis auf Grundlage der folgenden Angaben.

	a)	b)
Listeneinkaufspreis	190,00 EUR	210,00 EUR
Liefererrabatt	10 %	8 %
Liefererskonto	3 %	2 %
Bezugskosten	50,00 EUR	60,00 EUR
Handlungskosten	40 %	30 %
Gewinn	5 %	15 %
Kundenskonto	2 %	3 %
Vertreterprovision	5 %	5 %
Kundenrabatt	5 %	12 %

3. Die folgende Auflistung gibt zwei Vorwärtskalkulationen wieder. Ermitteln Sie die Prozentsätze, auf deren Basis die Berechnungen erfolgten.

	a)		b)	
	Prozentsatz	Betrag (EUR)	Prozentsatz	Betrag (EUR)
Listeneinkaufspreis		55,00		310,00
– Liefererrabatt		6,60		77,50
= Zieleinkaufspreis		48,40		232,50
– Liefererskonto		0,97		4,65
= Bareinkaufspreis		47,43		227,85
+ Bezugskosten		30,00		75,00
= Bezugspreis		77,43		302,85
+ Handlungskosten		19,36		106,00
= Selbstkosten		96,79		408,85
+ Gewinn		24,20		122,65
= Barverkaufspreis		120,99		531,50
+ Kundenskonto		2,47		16,44
= Zielverkaufspreis		123,46		547,94
+ Kundenrabatt		12,21		136,98
= Listenverkaufspreis		135,67		684,92

4. Berechnen Sie jeweils den Listeneinkaufspreis auf Grundlage der folgenden Angaben.

	a)	b)
Liefererrabatt	10 %	15 %
Liefererskonto	2 %	3 %
Bezugskosten	40,00 EUR	15,00 EUR
Handlungskosten	35 %	15 %
Gewinn	9 %	17 %
Kundenskonto	3 %	2 %
Vertreterprovision	5 %	3 %
Kundenrabatt	15 %	12 %
Listenverkaufspreis	110,00 EUR	89,00 EUR

5. Berechnen Sie jeweils den Gewinn als Betrag in EUR und als Prozentsatz auf Grundlage der folgenden Angaben.

	a)	b)
Listeneinkaufspreis	90,00 EUR	80,00 EUR
Liefererrabatt	15 %	12 %
Liefererskonto	2 %	3 %
Bezugskosten	35,00 EUR	21,00 EUR
Handlungskosten	30 %	25 %
Kundenskonto	2 %	2 %
Vertreterprovision	4 %	3 %
Kundenrabatt	5 %	10 %
Listenverkaufspreis	199,00 EUR	125,00 EUR

6. Entscheiden Sie, welche Aussagen zur Vorwärts,- Rückwärts- und Differenzkalkulation richtig oder falsch sind.

	Aussagen	richtig	falsch
(1)	Die Vorwärtskalkulation dient zur Ermittlung des Verkaufspreises.		
(2)	Der Liefererrabatt wird in der Vorwärtskalkulation mit im Hundert berechnet.		
(3)	In der Vorwärtskalkulation werden die prozentualen Berechnungen mit vom Hundert, im Hundert und auf Hundert angewandt.		
(4)	Der Gewinn ist die Zielgröße bei der Rückwärtskalkulation.		

	Aussagen	richtig	falsch
(5)	Die Differenzkalkulation dient zur Ermittlung der Gewinne, falls die Marktsituation keine Variabilität bei den Einkaufs- und Verkaufspreisen ermöglicht.		
(6)	Der Kundenrabatt wird in der Rückwärtskalkulation mit im Hundert berechnet.		
(7)	Das Liefererskonto wird in der Vorwärtskalkulation mit vom Hundert, in der Rückwärtskalkulation mit im Hundert berechnet.		
(8)	Bei der Rückwärtskalkulation ergibt sich eine Umkehrung der Rechenschritte im Vergleich zur Vorwärtskalkulation.		

7. Berechnen Sie aufgrund der folgenden Angaben jeweils den Kalkulationszuschlagssatz, den Kalkulationsfaktor und die Handelsspanne.

	a)	b)	c)	d)	e)
Bezugspreis (EUR)	255,00	22,00	310,00	70,00	265,00
Listenverkaufspreis (EUR)	410,00	35,00	460,00	95,00	399,00

8. Berechnen Sie aufgrund der folgenden Angaben jeweils den Listenverkaufspreis.

	a)	b)	c)	d)	e)
Bezugspreis (EUR)	28,00	45,00	455,00	125,00	190,00
Kalkulationszuschlagssatz	35 %	22,5 %	18 %	36 %	42,5 %

9. Berechnen Sie aufgrund der folgenden Angaben jeweils den Listenverkaufspreis.

	a)	b)	c)	d)	e)
Bezugspreis (EUR)	95,00	58,00	175,00	178,00	198,00
Kalkulationsfaktor	1,6000	1,7200	1,4800	1,4400	1,3200

10. Berechnen Sie aufgrund der folgenden Angaben jeweils den Listenverkaufspreis.

	a)	b)	c)	d)	e)
Bezugspreis (EUR)	89,00	220,00	380,00	185,00	295,00
Handelsspanne	25 %	18 %	34 %	42,5 %	38,5 %

11. Entscheiden Sie, welche Aussagen zum Kalkulationszuschlagssatz, Kalkulationsfaktor und zur Handelsspanne richtig oder falsch sind.

	Aussagen	richtig	falsch
(1)	Der Kalkulationszuschlagssatz verkürzt die Rechenschritte zwischen Listeneinkaufspreis und Listenverkaufspreis.		
(2)	Der Kalkulationsfaktor zeigt den Listenverkaufspreis als x-fachen Wert des Bezugspreises an.		
(3)	Der Kalkulationszuschlagssatz zeigt prozentual die Differenz zwischen Bezugspreis und Listenverkaufspreis, basierend auf dem Listenverkaufspreis.		
(4)	Durch Division des Listenverkaufspreises durch den Kalkulationsfaktor lässt sich der Bezugspreis berechnen.		
(5)	Die Handelsspanne zeigt den prozentualen Anteil des Bezugspreises am Listenverkaufspreis auf.		
(6)	Mit der Handelsspanne ist es nicht möglich, den Listenverkaufspreis basierend auf dem Bezugspreis zu berechnen.		

Vollkostenrechnung versus Teilkostenrechnung

1. Die Vollkostenrechnung hat als oberstes Ziel, alle Kosten auf die Kostenträger zu verteilen. Sie erreicht dieses Ziel über eine proportionale Verteilung der Gemeinkosten auf die Kostenträger. Die Basis bilden die Einzelkosten. Erläutern Sie, warum diese problematische Annahme nicht für kurzfristige Entscheidungen im Unternehmen geeignet ist und so zu Fehleinschätzungen führt.

2. Unterscheiden Sie zwischen fixen und variablen Kosten und geben Sie jeweils zwei Beispiele.

3. Nennen Sie drei Vorteile der Teilkostenrechnung.

4. Erläutern Sie das Gesetz der Massenproduktion.

5. Die Fixkosten für ein Produkt betragen 50 000,00 EUR. Die variablen Stückkosten belaufen sich auf 100,00 EUR.

   Erklären Sie die Fixkostendegression, indem Sie die gesamten Stückkosten bei 10, 50, 100, 500 und 1 000 produzierten Einheiten ermitteln.

Einheiten	variable Stückkosten (EUR)	fixe Stückkosten (EUR)	Gesamtkosten je Stück (EUR)

6. Die SPOGA GmbH ist ein Hersteller von hochwertigen Tennisschlägern. Im August 20.. erhält das Unternehmen einen Auftrag über 5 500 Tennisschläger vom Typ „Miniwing", der besonders für Jugendliche geeignet ist. Das Unternehmen hat eine maximale Kapazität von 7 500 Schlägern. Zurzeit sind 60 % der Kapazität ausgelastet. Unter diesen Bedingungen kalkuliert das Unternehmen mit folgenden Zuschlagssätzen.

Gemeinkostenzuschlagssätze

Materialgemeinkosten	23,0 %
Fertigungsgemeinkosten	110,0 %
Verwaltungs- und Vertriebsgemeinkosten	18,0 %

Einzelkosten

Fertigungsmaterial	17,99 EUR
Fertigungslöhne	49,99 EUR

Der Kunde ist bereit, einen Preis von 145,00 EUR zu zahlen.

a) Kalkulieren Sie die Selbstkosten für einen Tennisschläger nach Vollkostenrechnung und entscheiden Sie über die Annahme des Auftrages.

b) Das Rechnungswesen des Unternehmens hat festgestellt, dass bei einer Kapazität von 4 500 Tennisschlägern in den Gesamtkosten 225 000,00 EUR Fixkosten enthalten sind. Entscheiden Sie erneut mithilfe der Teilkostenrechnung über die Annahme des Auftrages.

Teilkostenrechnung als Deckungsbeitragsrechnung

1. Definieren Sie den Begriff Deckungsbeitrag und erläutern Sie seine Auswirkung auf das Betriebsergebnis.

2. Definieren Sie den Begriff Break-even-Point.

3. Unterscheiden Sie zwischen kurzfristiger und langfristiger Preisuntergrenze.

4. Unterscheiden Sie zwischen der Deckungsbeitragsrechnung als Stückrechnung und als Periodenrechnung.

5. Die Amoth KG rechnet bei der Herstellung eines Produkts mit konstanten variablen Kosten von 50,00 EUR pro Stück und fixen Kosten in Höhe von 75 000,00 EUR pro Monat. Die Kapazitätsgrenze liegt bei 2 000 Stück pro Monat. Aufgrund der Marktlage wird das Produkt zu einem Preis von 100,00 EUR pro Stück verkauft. Da der Betrieb seine Produktion flexibel der Auftragslage anpasst, wird die gesamte hergestellte Menge im Abrechnungszeitraum auch abgesetzt.

a) Bestimmen Sie zeichnerisch und rechnerisch die Gewinnschwelle.

b) Wegen der zunehmenden Konkurrenz sinkt der zu erzielende Marktpreis auf 75,00 EUR pro Stück. Stellen Sie die veränderte Situation grafisch dar, indem Sie die neue Erlöskurve in die Grafik der Aufgabe a) einzeichnen. Entscheiden Sie wie der Betrieb auf die veränderten Verhältnisse reagieren sollte. Unterstellen Sie dabei, dass kurzfristig weder Kostensenkungen möglich sind noch die vorhandene Produktionskapazität für die Herstellung anderer Produkte genutzt werden kann.

c) Berechnen Sie, wie viele Produkte die Amoth KG absetzen müsste, um mit dem neuen Marktpreis den Break-even-Point zu erreichen.

6. „Kalte Füße gibt's nicht mehr ...". Mit Beginn des Skiwinters will die Firma Dalomin GmbH mit ihrem Spitzenmodell, „Dynamic", einen neuen Skischuh auf den Markt bringen, der über einen kleinen aber sehr leistungsfähigen Akku am Tag für wohlige Wärme sorgt und über Nacht, an das Stromnetz angeschlossen, die feuchten Plastikstiefel von innen trocknet.

   Die Kostenrechnung liefert folgende Daten:

   Die variablen Stückkosten betragen 150,00 EUR.

   Die Fixkosten werden mit 600 000,00 EUR beziffert.

   Die Geschäftsleitung der Dalomin GmbH geht von einer Absatzmenge von 5 000 Skischuhen aus, die für einen Nettolistenverkaufspreis von 300,00 EUR am Markt platziert werden könnten. Die gesamte Produktionskapazität liegt bei 6 000 Schuhen.

   a) Ermitteln Sie die Gewinnschwelle und entscheiden Sie über die Aufnahme der Produktion.

   b) Schnell wird klar, dass sich der Preis von 300,00 EUR am Markt nicht durchsetzen kann. Zeigen Sie, bis zu welcher Höhe die Dalomin GmbH den Preis senken kann, ohne Verluste zu produzieren (langfristige Preisuntergrenze).

   c) Die kurzfristige Preisuntergrenze entspricht den variablen Stückkosten. Begründen Sie, warum die Dalomin GmbH die Skischuhe nicht unter einem Preis von 150,00 EUR anbieten wird.

7. Die Segelmacherei OLAU GmbH aus dem Sauerland bekommt als Zulieferer den Konkurrenzkampf im Bau von Freizeitbooten hautnah zu spüren. Während die Bereiche Reparaturen und Zweit- bzw. Zusatzsegel immer noch „gut laufen", erlebt der Bereich „Erstausrüstung" – man beliefert hier den zweitgrößten deutschen Serienbauer – immer wieder starke Einbrüche. Bei nicht ausgenutzten Kapazitäten – es können je Abrechnungsperiode maximal 300 Yacht-Segel hergestellt werden – mussten aufgrund der prekären Marktlage bei den letzten Preisverhandlungen auch noch deutliche Abschläge in Kauf genommen werden.

   Basierend auf der Voraussetzung, dass Vollauslastung der Kapazität vorliegt, liefert das Rechnungswesen für den Bereich „Erstausstattung" hierzu folgende Zahlen:

Anteilige Gemeinkosten		
Materialgemeinkosten:	(davon fix 100 %)	120 000,00 EUR
Fertigungsgemeinkosten:	(davon fix 67 %)	250 000,00 EUR
Verwaltungs- und Vertriebsgemeinkosten:	(davon fix 75 %)	150 000,00 EUR
Einzelkosten		
Fertigungsmaterial je Yacht-Segel:		1 000,00 EUR
Fertigungslöhne je Yacht-Segel:		500,00 EUR

   Bei einem Verkaufspreis von 3 650,00 EUR betrug in der vergangenen Abrechnungsperiode die Beschäftigung nur noch 60 %. Da in diesem Bereich nur auf Bestellung gearbeitet wurde, sind alle produzierten Segel auch abgesetzt worden.

   a) Ermitteln Sie die fixen Kosten je Abrechnungsperiode, die variablen Kosten je Stück und das Betriebsergebnis. Erläutern Sie anhand Ihres Ergebnisses die Unternehmenslage.

   b) In dieser Situation kommt die Anfrage einer großen französischen Werft gerade recht, regelmäßig 60 Segel je Abrechnungsperiode abzunehmen. Allerdings ist die Werft zunächst nur bereit, einen Preis von 3 150,00 EUR je Einheit zu zahlen.

      Entscheiden Sie mithilfe der Teilkostenrechnung über die Annahme des Zusatzauftrags, und erläutern Sie die Auswirkungen auf das Betriebsergebnis. Untersuchen Sie anschließend, welchen preispolitischen Spielraum die Segelmacherei grundsätzlich in den zukünftigen Preisverhandlungen mit der französischen Werft hat.

Lernfeld 11 Aufgaben

Geschäftsprozesse darstellen und optimieren

Grundbegriffe und Grundlagen von Geschäftsprozessen

1. Entscheiden Sie, ob es sich um einen Kern- oder Unterstützungsprozess handelt:
   a) Die Forschungsabteilung eines Anlagenbauers testet eine neue Maschine.
   b) Eine Lieferantenverbindlichkeit wird im Rechnungswesen verbucht.
   c) Die Lieferantenrechnungen werden per „Online-Banking" beglichen.
   d) Die Einkaufsabteilung verhandelt neue Preise mit den Lieferanten.
   e) Einige Mitarbeiter besuchen eine Fachmesse zur Fortbildung.
   f) Im Marketing wird eine Firmen-facebook-Seite zu Werbezwecken erstellt.
   g) Eine Kundenbeschwerde wird im Servicecenter geprüft.
   h) Ersatzteile für einen Entladekran werden telefonisch bestellt.
   i) Die Rechtsabteilung prüft die Klage eines Mitbewerbers.
   j) Ein neuer Kundenauftrag wird in der Datenbank erfasst.

2. Prüfen Sie anhand des „Pizza-Backens" im italienischen Restaurant, ob die sechs Eigenschaften für einen Geschäftsprozess erfüllt sind. Geben Sie je Eigenschaft eine kurze Erläuterung.

Eigenschaft	Erläuterung
Leistungs- und Zielorientierung	
Kundenorientierung	
Wiederholbarkeit und Ressourcenverbrauch	
abteilungs- und unternehmens-übergreifende Arbeitsabläufe	
inhaltliche Zusammengehörigkeit und zeitlich-logische Reihenfolge	
klarer Start- und Endpunkt	

3. Erstellen Sie eine Prozesslandkarte für Ihren Ausbildungsbetrieb in Pfeilform. Unterscheiden Sie dabei Kern- und Unterstützungsprozesse. Nutzen Sie dazu die Zeichenschablone. Stellen Sie fest, ob Ihre eigenen Tätigkeiten zu Kern- oder Unterstützungsprozessen gehören.

Geschäftsprozesse und betriebliche Organisation

1. Welche zwei Aussagen treffen auf den „Ansatz der Geschäftsprozessorientierung“ zu?

   a) Es gilt der Grundsatz „process follows structure“.

   b) Die Organisation wird anhand der erfolgskritischen Arbeitsabläufe ausgerichtet.

   c) Die funktionsorientierte Aufbauorganisation ist eine besondere Form der Geschäftsprozessorientierung.

   d) Die Abteilungsbildung erfolgt parallel zur Identifikation der Geschäftsprozesse.

   e) Das Prinzip „one face to the customer“ wird umgesetzt.

   f) Das Konzept des „Business-Process-Reengineering“ beschreibt den Aufbau von Abteilungen.

2. Überdenken Sie Ihre betriebliche Organisationsstruktur. Überlegen Sie, welche Organisationsstruktur in Ihrem Betrieb umgesetzt wird und ob prozessorientierte Ansätze vorhanden sind.

3. Erläutern Sie die Bedeutung von Prozessteams im Rahmen der Geschäftsprozessorientierung.

Vorgehensmodell und Erhebungsmethoden

1. Die persönlichen Erfahrungen der Mitarbeiter in der Produktionsabteilung sollen in die Ist-Analyse zum Produktionsprozess einfließen. Welche zwei Erhebungsmethoden sind dazu geeignet?

   a) Selbstaufschreibung

   b) Multimomentaufnahme

   c) Auswertung der elektronischen Arbeitszeiterfassung

   d) Interview

   e) Dokumentenanalyse

2. Bringen Sie die Tätigkeiten anhand des Vorgehensmodells zur Geschäftsprozessoptimierung in die richtige Reihenfolge, indem Sie die Nummern 1 - 5 in die Kästchen eintragen.

   a) Erstellung einer Ereignisgesteuerten Prozesskette (EPK) ☐

   b) Einstellung eines KVP-Managers ☐

   c) Auffinden unnötig ausgeführter Arbeitsschritte ☐

   d) Durchsicht bestehender Dokumente und Unterlagen ☐

   e) Zusammenfassung zweier Arbeitsschritte ☐

Darstellung von Geschäftsprozessen

1. Bearbeiten Sie folgende Aufgaben zu den Symbolen der Ereignisgesteuerten Prozessketten (EPK).

   a) Der FC Wacker darf einen Spieler erst zum Training einladen, wenn dieser den Gesundheitstest bestanden hat und die Spielerlaubnis des Fußballverbands vorliegt. Welche Verknüpfung ist innerhalb dieser EPK korrekt?

1)

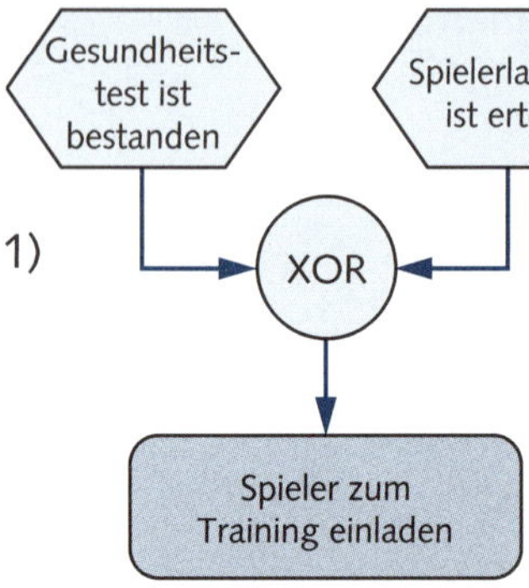

☐

2)

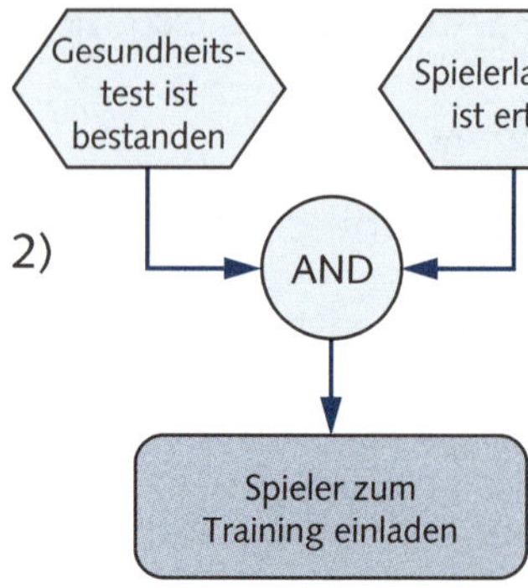

☐

3)

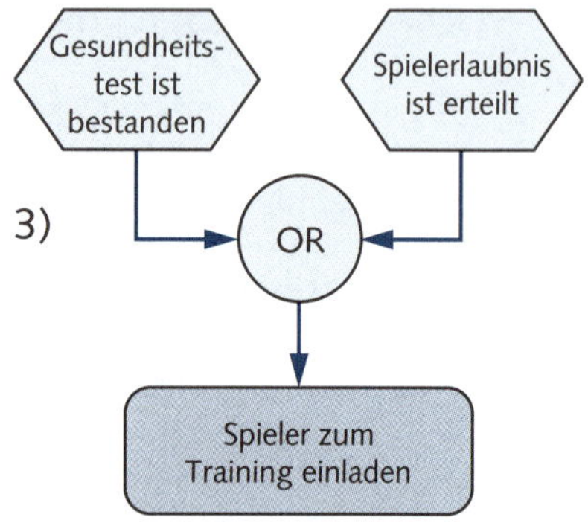

☐

   b) Nach dem Probetraining beim FC Wacker wird entschieden, ob der Spieler eingestellt wird oder nicht. Welche Verknüpfung ist innerhalb dieser EPK korrekt?

1)

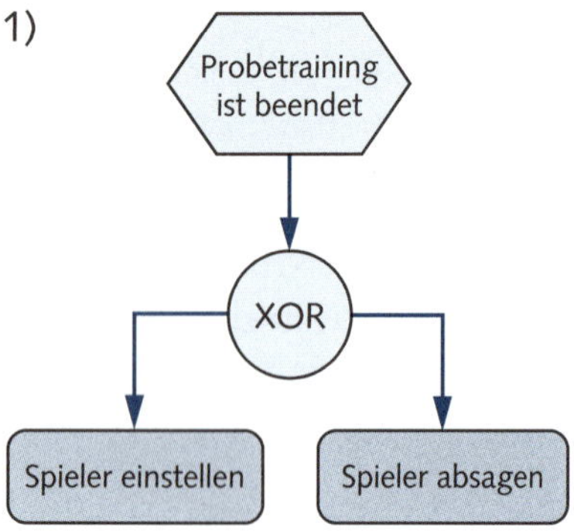

☐

2)

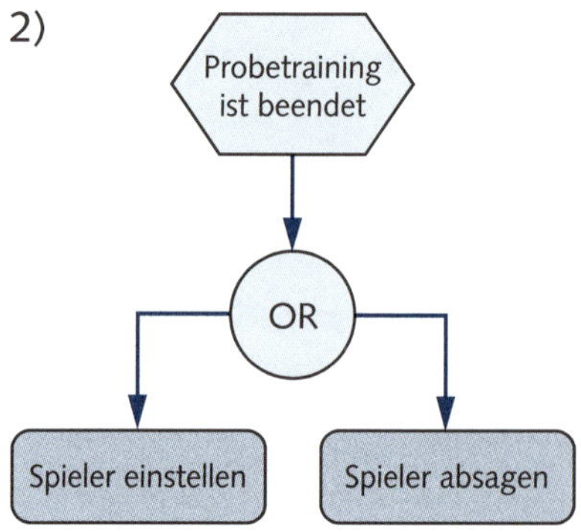

☐

3)

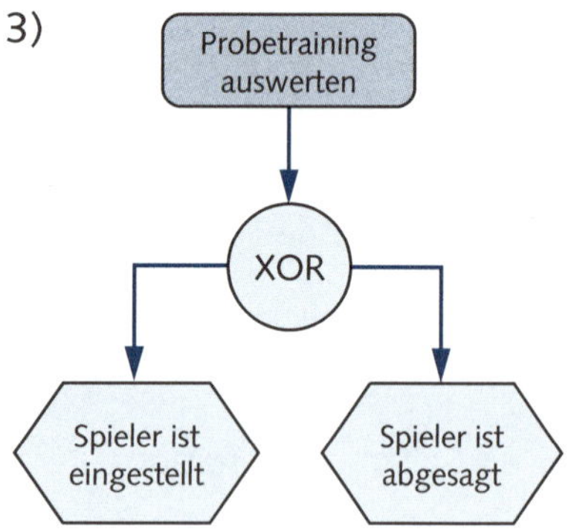

☐

   c) Beurteilen Sie die Richtigkeit folgender EPK Abschnitte zum Prozess der „Trikotbestellung“ beim FC Wacker und geben Sie eine kurze Begründung.

1)

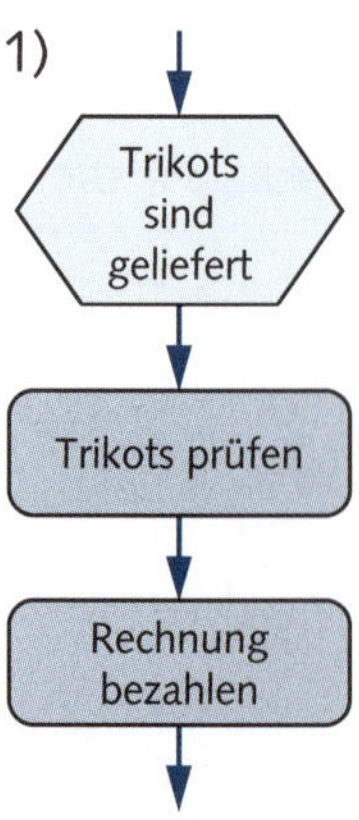

Beurteilung:

2)

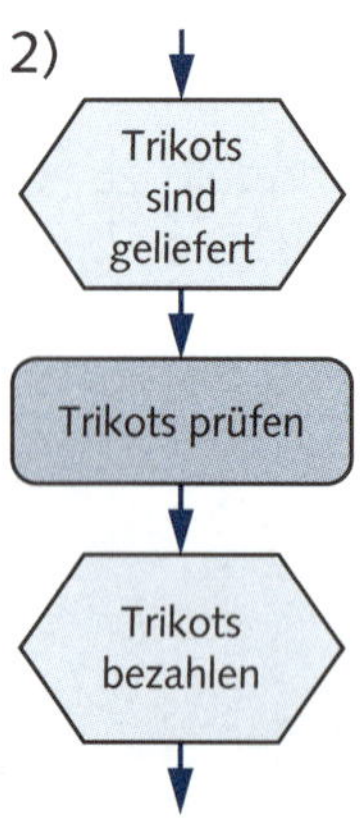

Beurteilung:

3)

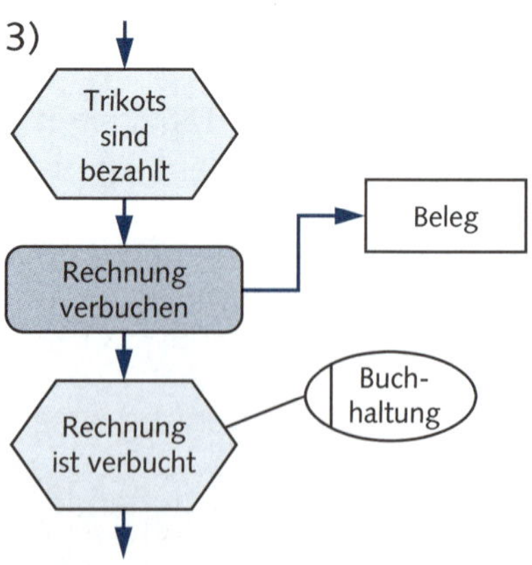

Beurteilung:

2. Zur grafischen Darstellung des Wareneingangsprozesses greift die Venedig GmbH auf die Methode der Ereignisgesteuerten Prozessketten (EPK) zurück. Welche Erklärung trifft auf die Methode zu?
   a) Die Beschreibungssymbole der EPK sind umfassend und bestehen aus Ereignis, Funktion, Kontrollfluss, Prozessschritten, Verknüpfungsoperatoren, Organisationseinheiten und Informationsobjekten.
   b) Die Beschreibungssymbole der EPK sind umfassend und bestehen aus Ereignis, Funktion, Kontrollfluss, Prozessschnittstelle, Verknüpfungsoperatoren, Organisationseinheiten und Informationsobjekten.
   c) Die Beschreibungssymbole der EPK sind umfassend und bestehen aus Input, Funktion, Kontrollfluss, Prozessschnittstelle, Rückkopplungen, Organisationseinheiten und Informationsobjekten.

3. Flussdiagramme, Ablaufdiagramme und Ereignisgesteuerte Prozessketten (EPK) verfügen über Eigenschaften und Regeln. Prüfen Sie die folgenden Aussagen auf ihre Richtigkeit. Notieren Sie bei falschen Aussagen die richtige Antwort.
   a) Ereignis und Funktion wechseln sich in der EPK immer ab.
   b) EPK Organisationseinheiten können nur mit Funktionen verbunden werden.
   c) Einer EPK-ODER und einer EPK-XODER Verknüpfung darf kein Ereignis vorausgehen.
   d) Jede EPK beginnt und endet immer mit einer Funktion.
   e) Jede EPK Funktion hat genau einen eingehenden und einen ausgehenden Kontrollfluss.
   f) Der EPK ODER-Operator als Ereignisverknüpfung besagt, dass mindestens ein Ereignis erfüllt sein muss, bevor der Prozess weiterläuft.
   g) Nach der Aufspaltung des EPK Kontrollflusses kann ein beliebiger Operator für die Zusammenführung verwendet werden.
   h) Für die Darstellung von EPK Rücksprüngen wird ein Operator genutzt (ODER, XODER).

4. Erstellen Sie selbstständig eine Ereignisgesteuerte Prozesskette (EPK) für den Kauf von Kaffee an einem Automaten. Nutzen Sie dazu Ihre Zeichenschablone. Dabei ist von folgendem Ablauf auszugehen:
   - ➔ Auswahl der Kaffeesorte und Anzeige des Preises
   - ➔ Einwurf des passenden Geldbetrages oder nicht passende Zahlung (Überzahlung)
   - ➔ Kaffee wird im Becher ausgegeben und ggf. wird Wechselgeld ausgegeben

Schwachstellenanalyse und Optimierung

1. Die Optimierung von Geschäftsprozessen kann durch die Kombination verschiedener Maßnahmen erzielt werden. Kreuzen Sie die richtige Antwort an.
   a) Vorgänge, die nicht notwendig und wertschöpfend sind, werden weggelassen. Zeitgleich können Vorgänge, die den Geschäftsprozess verbessern, hinzugefügt werden. ☐
   b) Arbeitsschritte, die gemeinsam an einem Platz durchgeführt werden können, werden gebündelt ausgeführt. Vorgänge, die zu Engpässen führen können, werden zusammengefasst. ☐
   c) Die Reihenfolge der Teilprozesse wird geändert, um Fehler und unnötige Aufwendungen zu verhindern. Das Parallelisieren von Vorgängen, d. h., das gleichzeitige Ausführen von unabhängigen Tätigkeiten, wird verhindert. ☐

Lernfeld 12 Aufgaben

Organisation von Veranstaltungen und Geschäftsreisen

Organisation von Veranstaltungen und Geschäftsreisen

1. Bei jeder Planung und Organisation einer Veranstaltung und Geschäftsreise greift man gerne auf bestehende Evaluationen zurück. Beschreiben Sie, warum die Evaluation einer Geschäftsreise und Veranstaltung eine so große Bedeutung hat?
2. Unterscheiden Sie zwischen Versicherungen für Veranstaltungen und Geschäftsreisen.
3. Die Blue Design GmbH hat betriebliche Richtlinien zur Planung von Veranstaltungen erstellt. Bei der Planung einer besonders wichtigen Veranstaltung ist beim Punkt „Maximale Kosten pro Teilnehmer" ein Betrag in Höhe von 60,00 EUR angegeben. Die von Ihnen ermittelten Kosten belaufen sich auf 80,00 EUR pro Person. Kann ohne Weiteres gegen diese Richtlinie verstoßen werden?
4. Ein Mitarbeiter der Blue Design GmbH muss nach Belgien. Er fragt sich, ob er für diese Geschäftsreise ein Visum benötigt. Klären Sie den Mitarbeiter zu einer eventuellen Visumspflicht auf.

Veranstaltungen organisieren

Veranstaltungen unterscheiden und Veranstaltungsort auswählen

1. Beschreiben Sie die Veranstaltungen
   - ➔ Hausmesse,
   - ➔ Tagung,
   - ➔ Besprechung.
2. Die Blue Design GmbH hat ihren Kunden ein neues Softwareprogramm auf einer Tagung vorgestellt. Einigen Teilnehmern hat es gut gefallen, sie haben sofort bestellt. Jetzt stellt sich heraus, dass einige Kunden nicht problemlos mit dem Programm umgehen können. Sie bitten darum, einen fachkundigen Mitarbeiter zu schicken, der das Programm noch einmal ausführlich zeigen soll. Es ist ausgeschlossen, dass Mitarbeiter die Kunden besuchen, um sie vor Ort zu schulen. Eine Schulung im Unternehmen ist wegen der umfangreichen Vorbereitung schwierig. Machen Sie einen geeigneten Vorschlag, welche Veranstaltungsart infrage kommt und nennen Sie die Vorteile für die Kunden.
3. Veranstaltungen kann man intern oder extern durchführen. Die Blue Design GmbH überlegt, wo die nächste Tagung für Stammkunden stattfinden kann. Zur Wahl stehen ein Tagungsraum eines Hotels und ein eigener Konferenzraum, der möglicherweise zu klein ist. Welche Gründe sprechen dafür, z. B. ein mehrtägiges Seminar extern durchzuführen?
4. Größere mehrtägige Veranstaltungen werden meist außerhalb des Unternehmens durchgeführt. Es empfiehlt sich, den Service von Tagungshotels zu nutzen. Worauf achten Sie bei der Auswahl?

Vorbereitungstätigkeiten für Veranstaltungen

1. Der Erfolg einer Veranstaltung steht und fällt mit einer guten Vorbereitung. Welche Punkte müssen im Vorfeld geklärt werden, bevor mit der konkreten Planung begonnen werden kann?
2. Häufig ist es sehr schwierig, einen geeigneten Termin auszuwählen. Welche Faktoren sind bei der Terminierung einer Veranstaltung zu berücksichtigen?
3. Wo erhalten Sie Informationen, welche Rahmen-/Begleitprogramme bei externen Veranstaltungen vor Ort zur Verfügung stehen?

4. Ein Rahmenprogramm ist besonders bei mehrtägigen Veranstaltungen vorteilhaft. Möglicherweise muss man auch ein Begleitprogramm für mitgereiste Gäste während der Veranstaltung organisieren. Machen Sie konkrete Vorschläge für eine zweitägige Tagung in Ihrer Nähe. Überlegen Sie auch, zu welchem Zeitpunkt das Rahmenprogramm sinnvoll ist.

Programmpunkt	Zeitpunkt	Buchen/Informationen

5. Bei einer Informationstagung der Blue Design GmbH nehmen 20 Stammkunden teil. Sie hören zwei Vorträge, die mit einer PowerPoint-Präsentation unterstützt werden. Anschließend soll über die neuen Softwarelösungen für Newsletter gesprochen und diskutiert werden. Welche Bestuhlung eignet sich hier am besten? Begründen Sie Ihre Wahl!

Einladungsschreiben Teilnehmer und Referenten

1. Die Blue Design GmbH plant für die Stammkunden eine kostenlose Tagung mit dem Motto „Nature – Werbematerial mit Ökosiegel". Dazu soll ein Referent gewonnen werden, der Experte für nachhaltige Produkte ist. Natürlich können die Kunden nach der Tagung alle Neuheiten und das gesamte Sortiment begutachten. Auf alle Bestellungen erhalten die Kunden während der Tagung 15 % Sonderrabatt. Welche Punkte werden im Einladungsschreiben für die Teilnehmern und Referenten angesprochen?

Einladungsschreiben an die/den	
Teilnehmer	**Referenten**

Veranstaltungen durchführen

1. Veranstaltungen sollen störungsfrei verlaufen. Welche Hauptaufgaben hat ein dafür verantwortlicher Mitarbeiter bzw. eine Mitarbeiterin während der Veranstaltung?

2. Für Tagungen werden Unterlagen mit Informationen für die Teilnehmer meist in einer Tagungsmappe zusammengestellt. Was kann/sollte diese Mappe enthalten?

3. Die Blue Design GmbH plant eine interne Veranstaltung, allerdings ist der Raum für die Teilnehmerzahl viel zu groß. Durch welche Maßnahmen lässt sich der Raum „optisch" verkleinern?

Veranstaltungen nachbereiten

1. Nach der Tagung der Blue Design GmbH mit anschließender Präsentation und Tests der neuen Softwareprodukte sind die Teilnehmer abgereist. Im Tagungsraum herrscht Chaos. Was ist jetzt zu tun?

2. Für die Nachbereitung der Tagung der Blue Design GmbH fallen weitere Abschlusstätigkeiten an. Viele Kunden haben auch den Vorteil genutzt und Bestellungen erteilt. Führen Sie alle erforderlichen Tätigkeiten auf.

Geschäftsreisen organisieren

Geschäftsreise vorbereiten

1. Eine Geschäftsreise kann nur geplant werden, wenn alle Eckdaten bekannt sind und die Reise auch genehmigt ist. Welche Inhalte muss ein Geschäftsreiseantrag enthalten?

2. Eine Auszubildende aus dem dritten Lehrjahr, muss einen Vortrag in der Berufsschule über den Ablauf eines effizienten Travel Managements halten. Nennen und erläutern Sie die 5 Phasen über den grundsätzlichen Ablauf.

1. Phase	
2. Phase	
3. Phase	
4. Phase	
5. Phase	

3. Von einem Kollegen hören Sie den Satz, dass Wünsche von Reiseteilnehmer nicht berücksichtigt werden müssen und diese nur Kosten verursachen ohne einen Nutzen zu erbringen. Wie stehen Sie zu dieser Aussage?

Ermittlung des Reiseprofils

1. Die öffentlichen Verkehrsmittel haben nur Vorteile gegenüber den anderen Beförderungs- und Verkehrsmitteln. Wie stehen Sie zu dieser Aussage? Begründen Sie Ihre Antwort.

2. Stellen Sie in der nachfolgenden Übersicht die Vor- und Nachteile von Kraftfahrzeugen dar.

Kraftfahrzeuge	
Vorteile	**Nachteile**

3. Herr Kuntz wundert sich in seiner unten abgedruckten Hotelrechnung über den angegebenen Umsatzsteuersatz von 7 %. Erläutern Sie Herrn Kuntz, warum ein Umsatzsteuersatz von 7 % angegeben ist.

Bergluft Hotel

Bergluft Hotel * Waldstraße 12 * 67346 Speyer

Blue Design GmbH
Heidelberger Landstraße 51
68199 Mannheim

Rechnungs-Nr.	Zimmer	Anreise	Abreise
1213	6	09.04.	10.04.

10.04.20..

MeS Hotel, Nürnberg

Datum	Beschreibung	Zusatztext	Anzahl	Preis	Total
09.04.	Logis	ohne Frühstück	1	63,10	63,10 €
10.04.	Logis	ohne Frühstück	1	63,10	63,10 €
				Nettobetrag	126,20 €
			7 % MwSt in		8,83 €
			19 % MwSt in		
				Rechnungsbetrag	135,03 €

Wir danken Ihnen für Ihren Besuch und würden uns freuen, Sie bald wieder bei uns begrüßen zu dürfen.

4. Herr Thomas, der geschäftlich nach England fliegen soll, stellt einen Tag vor Abreise fest, dass sein Reisepass keine Gültigkeit mehr hat. Wie beurteilen Sie die Situation von Herrn Thomas?

5. Stellen Sie ein Informationsblatt zusammen, welche Reiseunterlagen bei jeder Geschäftsreise ins Ausland mitgeführt werden sollten.

Nachbereitung der Geschäftsreise

1. Welche Reisekosten können bei einer Geschäftsreise entstehen und in welcher Höhe können diese erstattet werden? Nutzen Sie die nachfolgende Tabelle.

Reisekosten	Erstattung

2. Der Angestellte, Herr Berger, kommt von seiner Geschäftsreise zurück und berichtet über einen Unfall, in den er verwickelt war. Seine Versicherung begleicht die Reparaturkosten nur zur Hälfte. Welche Möglichkeiten hat das Unternehmen, Herrn Berger zu unterstützen?

3. Welche Tätigkeiten müssen nach der Geschäftsreise erfolgen?

Lernfeld 13 Aufgaben

Grundlagen der Projektarbeit

Kennenlernen von Grundlagen der Projektarbeit

1. Das größte Berufskolleg in Ihrer Region, das „BIG-BK", verfügt bereits seit langer Zeit über einen Internetauftritt. Allerdings sind inzwischen sowohl das Design, die aufrufbaren Menüs und die technische Performance nicht mehr zeitgemäß. Darüber hinaus lässt sich die Internetseite nicht einwandfrei auf einem Smartphone aufrufen. Es wird beschlossen, bis Ende des Folgejahres eine neue Schulhomepage aufzubauen. Der Förderverein stellt 5000,- EUR zu Verfügung.

   Sowohl inhaltlich, grafisch und technisch soll ein Neuanfang unter Einbezug aller Bildungsgänge des „BIG-BK" erfolgen. Zur Umsetzung ist eine Zusammenarbeit mit Schülern und Lehrkräften der Schule sowie einem externen Softwarehaus geplant.

   a) Prüfen Sie anhand der Projektmerkmale, ob es sich bei dem Vorhaben des BIG-BK um ein Projekt handelt.

Projektmerkmale	Schulhomepage BIG-BK (Merkmal erfüllt Ja/Nein)

   b) Erstellen Sie ein Diagramm über die benötigten Projektbeteiligten und überlegen Sie, wer die Rollen übernehmen könnte.

2. Ein neuer Mitarbeiter in der Projektabteilung fragt Sie nach den Zielen und der wirtschaftlichen Bedeutungen von Projekten im Unternehmen. Zeigen Sie ihm drei Ziele und deren wirtschaftliche Bedeutung auf.

Ziele	wirtschaftliche Bedeutung

3. Die DCS GmbH erhält eine Kundenanfrage für ein neues Projekt. Der neue Kunde legt bereits im ersten Gespräch dar, dass er auch bei anderen Unternehmen angefragt habe, diese Unternehmen aber den Auftrag abgelehnt haben. Welche Gründe könnten dazu geführten haben?

4. Sie werden von einem Auszubildenden aus dem 1. Ausbildungsjahr nach den Grundregeln einer guten Teamarbeit gefragt. Erläutern Sie ihm die Regeln einer guten Teamarbeit im Projekt.

5. Entscheiden Sie, ob es sich bei der jeweiligen Aussage um eine Hauptaufgabe eines Projektleiters handelt.

Aussage	richtig	falsch
Der Projektleiter, Carsten Fochs, ist das Bindeglied zwischen dem Auftraggeber und dem Projektteam.		
Konflikte im Projektteam werden grundsätzlich nicht vom Projektleiter gelöst.		
Die Projektkontrolle und Korrekturmaßnahmen werden vom Projektleiter durchgeführt.		
Eine Hauptaufgabe des Projektleiters ist die Erstellung des Projektstrukturplans.		
Jede Teamsitzung wird vom Projektleiter durchgeführt.		

6. Erläutern Sie, wann und warum es sinnvoll ist, einen Teilprojektleiter einzusetzen.

Initiierung eines Projektes

Kreativitätstechniken anwenden

1. Die DCS GmbH plant die Durchführung eines internen Projektes im nächsten Monat. Projektziel ist die Optimierung der Durchlaufzeiten bei der Bearbeitung von Kundenaufträgen. Um verschiedene Ideen und Lösungsvorschläge zu gewinnen, plant Herr Fochs zunächst ein Brainstorming. Welche Aufgabe ergeben sich hieraus für Herrn Fochs als Moderator und wie verläuft ein Brainstorming?

2. Herr Fochs ist noch nicht mit den gefundenen Ergebnissen zufrieden. Er gibt den Teilnehmern eine Woche Zeit, um weitere Ideen und Vorschläge zu finden. Welche Kreativitätstechnik könnte er anwenden, um weitere Ideen zu sammeln?

3. In einer Sitzung des Projektteams sollen die Zusammenhänge des internen Projekts besser verdeutlicht werden. Welche Kreativitätstechnik würden Sie jetzt vorschlagen? Begründen Sie Ihre Entscheidung.

Ein Projekt starten

1. Mit Vorliegen eines Projektauftrags beginnt in der Regel jedes Projekt mit einem Kick-off-Meeting. Welche Ziele werden mit einem Kick-off-Meeting verfolgt?

2. Welche Kriterien sollte der Projektleiter bei der Festlegung von Projektzielen einhalten?

Projektablauf planen

Ein Projekt starten

1. Unterscheiden Sie beim Projektstrukturplan zwischen Teilaufgaben und Arbeitspaketen.

2. Sie haben folgenden Auszug aus einem Projektstrukturplan vor sich liegen. Erläutern Sie, ob es sich hier um eine funktionsorientierte oder um eine objektorientierte Gliederung handelt.

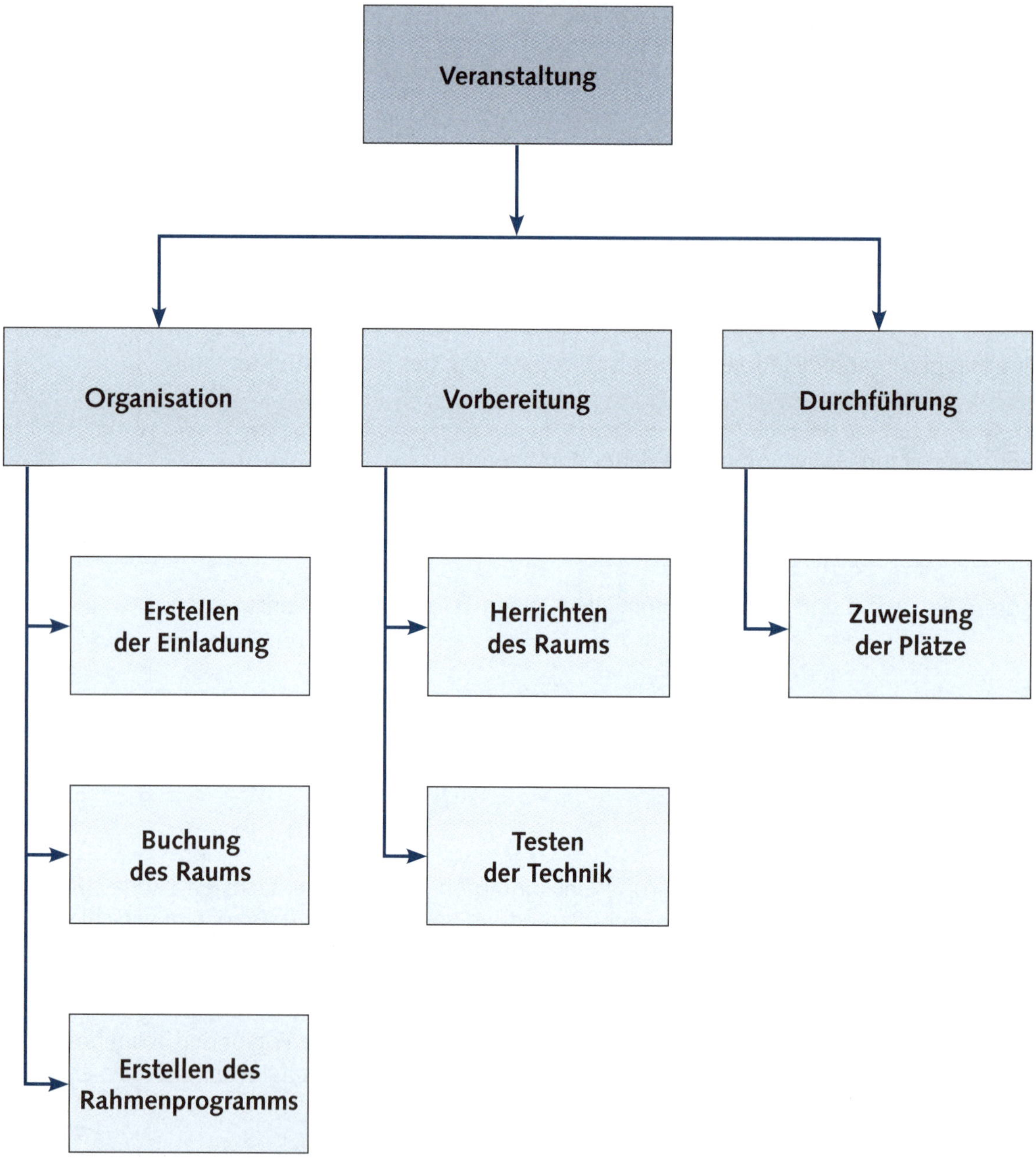

3. Eine Arbeitspaketbeschreibung entspricht einer Erläuterung zu jedem Arbeitspaket und wird durch Unterschrift der Projektleitung abgerundet. Nennen Sie die notwendigen Merkmale, die ein Arbeitspaket beinhaltet.

4. Entwerfen Sie einen Vordruck für die Erstellung einer Arbeitspaketbeschreibung für Ihren Ausbildungsbetrieb.

5. Ordnen Sie die Angaben eines Arbeitspakets den jeweiligen Inhalten des Arbeitspakets zu: Projektinformationen, Merkmale zur Identifizierung, Verantwortung, Ressourcen.

Angaben	Inhalte des Arbeitspakets
a) Arbeitspaket-Nr. 78574	
b) Thorsten Müller (Arbeitspaket-Leiter)	
c) 25-jähriges Firmenjubiläum	
d) Mitwirkung des Sicherheitsbeauftragten Sven Bonger	

Planung des Projektablaufs

1. Der Leiter der Bauabteilung, Michael Unger, wird beauftragt, den Bau eines neuen Bürogebäudes für die DCS GmbH zu planen. Erstellen Sie mithilfe des Projektablaufplans das entsprechende Gantt-Diagramm.

Vorgangs-nummer	Vorgangsbezeichnung (Arbeitspaketbezeichnung)	Nummer des Vorgängers	Dauer (Tagen/Wochen)
1	1.1 Architektenarbeiten	-	1 Wochen
2	2.1 Erdarbeiten	1	1 Wochen
3	2.2 Fundament	2	2 Wochen
4	2.3 Rohbau	3	14 Wochen
5	2.4 Dacharbeiten	4	2 Wochen
6	3.1 Einbau von Fenstern	5	1 Wochen
7	3.2 Einbau von Türen	5	1 Wochen
8	3.3 Elektroarbeiten	6, 7	2 Wochen
9	4.1 Innenputz	6, 7	2 Wochen
10	4.2 Außenputz	6, 7	3 Wochen
11	4.3 Malerarbeiten	8, 9, 10	2 Wochen
12	4.4 Einzug	11	1 Wochen

Vor-gangs-nummer	Gantt-Diagramm																												
1																													
2																													
3																													
4																													
5																													
6																													
7																													
8																													
9																													
10																													
11																													
12																													
	1	2	3	4	5	6	7	8	9	10	11	12	13	14	15	16	17	18	19	20	21	22	23	24	25	26	27	28	29

Dauer in Wochen

2. Erstellen Sie die Vorgangstabelle mithilfe des Projektablaufplans der vorherigen Aufgabe. Nutzen Sie für Ihre Lösung die nachfolgende Tabelle.

Vorgangs-nummer	Vorgangsbezeichnung	Dauer	Vorgänger	Nachfolger
1				
2				
3				
4				
5				
6				
7				
8				
9				
10				
11				
12				

3. Der DCS GmbH liegt der Entwurf des nachfolgenden Netzplans vor. Bisher wurde die zeitliche Komponente im Netzplan nicht ermittelt. Vervollständigen Sie den Netzplan und bestimmen Sie den kritischen Pfad.

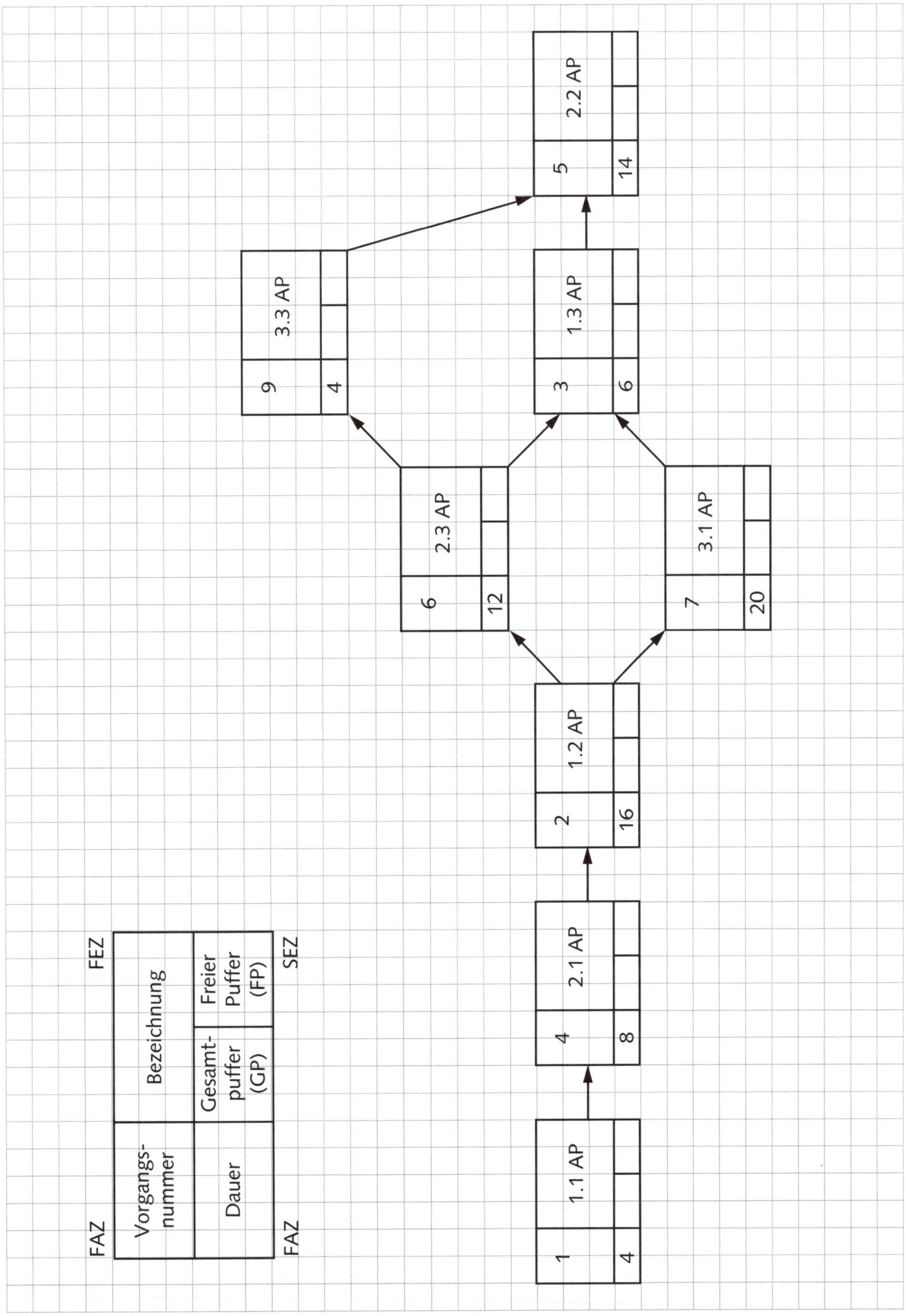

4. Die DCS GmbH hat die grundsätzliche Planung des Ablaufs eines Projekts (Projektstrukturplan, Arbeitspakete, Projektablaufplan, Terminplan, Netzplan) abgeschlossen. Offen ist jetzt noch die Kapazitätsplanung des Projekts; wie ist das grundsätzliche Vorgehen der Kapazitätsplanung im Projekt?

5. Familie Strauch fährt mit dem Wohnwagen nach Italien. Schon auf der Fahrt überlegt sie, wie alle Arbeiten nach ihrer Ankunft zügig ablaufen können, damit sich die Familienmitglieder schnell mit einem Teller Spaghetti von der Anreise erholen können. Im Auto einigt sich die Familie auf folgendes Vorgehen:

   Unmittelbar nach der Anmeldung (Vorgang 1) soll Tochter Marta die Trinkwasserstelle suchen (Vorgang 2). Die übrigen Familienmitglieder werden in der Zeit schon einen schattigen Wohnwagenstellplatz ausfindig machen und die Campingmöbel ausladen (Vorgang 3). Während Herr Strauch danach den Wohnwagen abkoppelt und parkt (Vorgang 4), kann seine zweite Tochter Emilia gleichzeitig die Campingmöbel aufstellen (Vorgang 5). Nachdem Marta die Trinkwasserstelle gefunden hat, wird sie mit einem Kochtopf zum Wasser holen (Vorgang 6) geschickt. Während Herr Strauch noch den Wohnwagen befestigt (Vorgang 7), kocht Frau Strauch schon die Spaghetti (Vorgang 8), vorausgesetzt, das Wasser ist eingetroffen. Wenn die Spaghetti fertig sind, deckt Emilia den Tisch (Vorgang 9). Sobald der Wohnwagen fest verankert und der Tisch gedeckt ist, wird gemeinsam gegessen (Vorgang 10).

   a) Vervollständigen Sie zu dem beschriebenen Ablauf auf dem Campingplatz die **Vorgangsliste** (jeder Vorgang dauert 15 Minuten).

Nr.	Vorgang	Dauer in Minuten	unmittelbarer Vorgänger	unmittelbarer Nachfolger
1	Anmeldung	15	–	2, 3
2				
3				
4				
5				
6				
7				
8				
9				
10				

   b) Ermitteln Sie mithilfe der **Netzplantechnik** nach wieviel Minuten Familie Strauch ihre Spaghetti essen kann (Gesamtdauer). Markieren Sie den kritischen Pfad in Ihrem Netzplan.

Steuerung der Projektdurchführung

Aufgaben bei der Projektdurchführung

1. Die Leiterin des Rechnungswesens der DCS GmbH, Isabell Kost, wird beauftragt, die Arbeitsabläufe der Rechnungsabwicklung zu optimieren. Sie ist sich nicht sicher, welche Aufgaben sie bei der Projektsteuerung als Projektleiterin übernehmen muss. Klären Sie Isabell Kost über ihre Aufgaben bei der Projektsteuerung auf.

2. Eine der Hauptaufgaben einer Projektleitung ist die Dokumentation der einzelnen Schritte des Projektes. Warum ist eine lückenlose Dokumentation wichtig?

3. Die Projektabteilung der DCS GmbH möchte eine Übersicht über alle Berichte, die bei der Durchführung von einem Projekt erstellt werden müssen, anfertigen. Nennen Sie alle erforderlichen Berichte eines Projekts.

Projektabschlussarbeiten

Projekt abschließen

1. Die DCS GmbH hat für einen Kunden erfolgreich ein Projekt durchgeführt. Jetzt steht nur noch die Projektpräsentation aus. Aufgrund eines erhöhten Krankenstandes werden Sie damit beauftragt, die Einladungen zur Präsentation zu versenden. Welche Personen werden für diese Veranstaltung eingeladen?

2. Nachdem die Einladungen zur Präsentation versendet sind, werden Sie mit der Erstellung der Präsentation beauftragt. Welche Punkte muss die Präsentation beinhalten?

Auswertung und Abschluss eines Projektes

1. Die DCS GmbH möchte für die Auswertung bzw. Bewertung von Projekten einen Feedbackfragebogen erstellen. Formulieren Sie sechs grundsätzliche Fragestellungen für einen derartigen Feedbackbogen.

2. Zu den Projektabschlussarbeiten gehört nicht nur die Erstellung des Projektabschlussberichtes, sondern auch das Auflösen des Projektteams. Kann ein Projektteam auch aufgelöst werden, wenn noch weitere, das Projekt betreffende Arbeiten anstehen?